①

① 2018 年 12 月 11 日，在比利時布魯塞爾歐盟委員會總部，英國首相特蕾莎・梅伊與歐盟委員會主席尚 - 克勞德・榮克，為英國脫歐事項會面協商。攝於 2018 年 12 月 11 日。

彩色頁圖片提供｜達志影像

② ①
③

① 在倫敦西敏宮國會大廈外，支持與反對英國脫歐的兩派示威者對峙，引發激烈爭辯。攝於 2019 年 1 月 29 日。

脫歐公投，為英國人民帶來極為巨大的衝擊，自此各界為留歐脫歐議題論辯抗爭不斷，態勢越演越烈。在錯綜複雜、盤根錯節的政治經濟局勢裡，沒有任何人知道這場時代大劇將如何落幕。

② 反英國脫歐示威者，在國會大廈外張貼嘲諷前英國外交大臣鮑里斯 · 約翰遜（Borris Johnson）脫歐發言海報。攝於 2017 年 12 月 13 日。

③ 在中倫敦一場示威活動中，英國脫歐支持者手持標語，與反脫歐者對峙。攝於 2018 年 10 月 20 日。

彩色頁圖片提供｜達志影像

① 自英國脫歐公投後，歐洲股市開盤時交易員始終嚴陣以待。攝於 2016 年 6 月 24 日，倫敦金絲雀碼頭金融中心全球經紀公司 BGC。

② 保加利亞人西蒙•西梅諾夫 2016 年 6 月 16 日攝於英國威布里奇。他和妻子為了給兩個孩子改善生活的機會，千里迢迢來到英國。令他們最擔憂的是，英國脫歐很可能使自己的小孩無法繼續在當地公立學校接受教育。

彩色頁圖片提供｜達志影像

① ②
③

① 歐盟英國脫歐談判代表米歇爾・巴尼耶（立者），2019 年 1 月 16 日在歐洲議會，於英國首相梅伊脫歐協議投票表決後的討論中發表演說。他右手邊坐著的是歐盟委員會第一副總統弗蘭斯。

② 歐盟執行委員會主席尚－克勞德・榮克（左）、愛爾蘭總理李歐・瓦拉德卡（中）和歐盟首席脫歐談判代表米歇爾・巴尼耶（右），2019 年 2 月 6 日共同出席一場會議。2019 年 2 月 6 日攝於比利時布魯塞爾。

③ 英首相梅伊在英國白金漢郡總理國家休養所 Checkers，召開內閣會議，討論英國脫歐行動計劃。攝於 2016 年 8 月 31 日。

彩色頁圖片提供｜達志影像

①

① 反英國脫歐示威團體「這值得嗎？」（Is it worth it?），即將展開為期八天的繞境抗議活動，出發前他們駕駛懸掛著紅色標語的示威巴士，在英國國會大廈外向媒體展示。同時標語中還寫著：「根據政府自己的報告，英國脫歐一星期的花費高達二十億英鎊。」攝於 2018 年 2 月 21 日。

許多人認為必須發展出一個泛歐洲的實體，以馴化和抑制歐洲各國的野心和競爭，由此而有「歐盟」的誕生。麻煩的是，在最初的願景之後，現在事情已經改變了。歐盟真的是歐洲現在所需要的嗎？抑或其實是個大麻煩？

彩色頁圖片提供｜達志影像

中文增訂版

歐盟大麻煩

THE TROUBLE WITH €UROPE

英國脫歐與歐盟前景

羅傑・布特爾
Roger Bootle

侯英豪 譯

名家導讀

英國脫歐公投的啟示

兩度誤判加上輕忽，二〇一六年的「世紀公投」造成英國脫離歐盟成為事實，使歐洲陷入一片焦慮與困惑之中，說明了公投雖是最高民意表徵，也有其侷限性；直接民主可以彌補代議政治的不足，但有人認為直接民主是多數暴力，政治人物不得刻意操作公投，選民也不要迷信公投是萬靈丹，英國脫歐公投就是例證，也足為台灣作為殷鑑。

二〇一六年全世界最重要新聞事件，當屬政治狂人川普贏得美國總統大選，其次就是英國人民於六月二十三日以 51.89% 多數公投通過脫離歐盟，但經歷二年的脫歐程序，二〇一九年三月二十九日大限即將降臨，英國脫歐後的安排仍然充滿變數，不但英國命運未卜，歐盟也必須承受難以彌補的衝擊，脫歐公投的整個決策與實施過程、公投機制、及如何落實引起嚴肅辯論。令人憂慮的是熱中公投的台灣執政當局與政客到目前為止，似乎尚未從脫歐公投得到任何教訓與啟示。

一九五一年六國組成的「歐洲煤鋼共同體（ECSC）」開啟了歐洲經濟整合之路，一九六七年英國稱為歐洲共同市場（Common Market）的「歐洲經濟共同體（EEC）」成立，一九九三年「馬斯垂克條約」生效，歐盟正式成立，並逐漸擴大為經濟、共同外交安全政策、及司法與內政的政治實體。在經歷慘痛的第一次、第二次世界大戰後，歐洲樹立了人類史上最卓越的合作典範，目前擁有二十八個會員國的歐盟，共有五億一千萬人口，GDP 十九兆美元，已構成世界第二大經濟體。羅傑•布特爾在《歐盟大麻煩》一書中，已對歐盟的挑戰及英國脫歐背景做了詳細分析。在英國正式脫歐後，歐盟進入新的分水嶺，隔著英吉利海峽的英國正在進行必要全面性調整，適應新的局面，脫歐是禍？是福？目前難以斷定，但脫歐公投已在歷史上留下重要一頁，並成為現代公投理論與實務最重要案例。

在公投史中，英國脫歐公投的時程、複雜度及衝擊層面是前所未有的，一般選民難窺全貌，表面上是經濟利益驅動英國離開歐盟體系，但實際上英國的主權、政黨政治、國防、科技、交通、貿易、勞工、中小企業、跨國企業、教育文化、邊境管理、移民及外國人社福等都受到波及；在歐洲大陸，英國的脫離代表了歐盟的鬆動，暴露出存在已久的問題與挑戰，助長了歐債風暴以來的負面評價，如何填補英國離開的缺塊，確保歐盟完整將是嚴重挑戰。這些對台灣讀者來說可能過於生澀，透過增訂版的《歐盟大麻煩》，可以得到更清晰、深入的理解，無論對深化專業知識及國際視野都有一定成效，而本文主要從公投面向，探討其對台灣的意義與啟示。

二〇一八年十一月二十四日台灣舉行「九合一」選舉，選民同時領到十張公投票，這次公投類型分別共有三項創制、一項複決、六項關係重大政策，內容涵蓋同婚、能源電力、東奧正名及日本核食等，創下了台灣「公投件數最多、投票人最多」的紀錄。但在審議過程就爭議不斷，投票前政府鮮少為其政策辯護，公共辯論只是聊備一格，既不透明化，多數選民不知道公投案內容及意義，就逕行投票決定。公投結束後，政府罔顧最高與最新民意，似乎無意遵守公投結果。有人形容台灣從「鳥籠公投」演變為「烏龍公投」，民眾對公投的理念、制度及實務運作只有抽象的概念，淪為政客的工具。

英國脫歐公投影響深遠，所造成的衝擊，絕非台灣公投所能比擬，英國脫歐公投是否應該舉行？或脫歐、留歐的優劣點？等許多關鍵問題尚無定論，我們試圖從公投的價值面、制度面、實務操作面等探討，梳理出公投發源地的歐洲能為台灣年輕民主提供何種借鏡。

公投可促進民眾政治參與，提高對公共事務及政策的認知；提升人民社會責任感；及面對政治僵局，藉由全民公投決定，確定國家方向。但公投也有其限制與窒礙難行之處，如公投式直接民主很難有協商辯論的空間；一般民眾對複雜的政策議題興趣缺乏，而且也不易分辨利害，更難以做冷靜、深入思考；公投所涉及的議題既然具有高度爭議性，透過群眾攤牌式的決定，將使得衝突公開化、全面化；相對於折衝協商式決策，公投會面臨可能不易預測的社會成本。

在這些利弊下，許多政治與法律學者對於公投有所保留，他們認為議會政治是很好的制度，過度使用公投會破壞代議式民主的設計，有時甚至會僭越行政權，影響施政持續性與效率，結果往往並不令人滿意。

以全世界最民主國家瑞士為例，瑞士是公投典範，但對公投卻有最嚴謹的規範，除了通過門檻外，對於公投案內容有嚴格限制，甚至考慮到不得與立法權與行政權扞格不入。如聯邦層級的創制權僅限於人民對憲法的修正，複決權的主要對象是國會通過的法律。

雖然有人認為英國舉行脫歐公投是陰錯陽差的結果，前英國保守黨籍首相卡麥隆為了保護政權，承諾如保守黨在二〇一五年贏得選舉，他就會在二〇一七年前舉行歐盟去留公投。卡麥隆當時不認為保守黨會全面大勝，因此就沒有兌現選舉承諾的問題，有人形容卡麥隆無意間打開了地獄之門。但英國選民沒有依照卡麥隆劇本演出，全面贏得選舉的卡麥隆因此必須履行最初那個空泛的承諾。

保守黨佔多數的國會二〇一五年十二月通過「二〇一五歐盟公投法」，賦予脫歐公投法律基礎，立法目的就是決定英國是否要留在歐盟內。換而言之，不論脫歐公投是否因誤判造成？或是否符合英國利益？脫歐公投行動確是經過英國內部的討論，並經國會完成立法程序。同時，英國在一九七五年也曾舉行是否留在歐洲共同市場的公投，因此，舉行脫歐公投確實經過法律程序，並非全然是創舉，也被英國人民所認同，只是沒有預料到會通過。

或許因為當時認為脫歐公投絕不會過關，歐盟公投法立法倉促草率，對公投問題設計過於簡單化，造成誤導，讓選民以為脫歐是很單純的問題，且並未界定公投的地位及如何評估投票結果，象徵了英國對於脫歐沒有充分準備，國會在最短時間內完成立法只是帶來另一個災難的開始。一般民間社團規章對重大議題的投票表決都會有所規範，但歐盟公投法對於投票率及通過門檻都未觸及，只要簡單多數就可通過，這些都埋下以後的爭議與混亂的種子。

歐洲理事會主席圖斯克（Donald Tusk）因此批評堅持脫歐卻沒有安全配套措施的人，地獄已為他們準備了特別位子。

反觀台灣的去年實施的十項公投案，只有一項廢除電業法第九五條第一項的「以核養綠」為行使創制權，其他都屬創制及重大政策案，如依照瑞士標準，許多議題根本不會成案。如與同婚有關的三個公投案都屬於創制，但國人對同婚議題有多少認識，也缺乏共識基礎，更從未充分討論，卻要一次確定未來同婚的法律規範，可以想像其結果絕不會解決問題，只是造成更多的對立與分化。

而公投法修正案廢除由專家組成的公投審議委員會，改由中選會只能做形式審核，管控機制空洞化，五花八門的議題都納入公投，比歐盟公投法立法過程更為鬆散，種下公投失敗的原因。

在執行面，英國脫歐與留歐派態度嚴謹，攻防激烈，執政保守黨堅持留歐立場，更視為是政權保衛戰，脫歐的嚴重後遺症是他們的主要訴求，也因此被批判打「恐怖牌」。脫歐派則主打英國為歐盟付出代多，得不償失，英國的主權逐漸被歐盟侵蝕，最重要的是中低階層的經濟條件只見惡化，脫歐派在英格蘭及威爾斯得到多數支持，使脫歐成為事實。留歐失敗，卡麥隆首相立馬下台，由於工黨無法取得組閣多數，保守黨繼續執政，由梅伊出任首相，負責後續脫歐談判及國會法定程序。

梅伊根據里斯本條約（Treaty of Lisbon）第五十條進行脫歐談判與安排，她必須面對立場強硬的歐盟及英國分歧的內部，無論是軟脫歐、硬脫歐、無協議脫歐、推遲脫歐、甚至再舉行公投，都有爭議，也無法達成共識。她與歐盟達成的協議以二百三十票之差在國會遭到創紀錄的挫敗。雖然面對近乎羞辱式的待遇，梅伊堅持不舉行第二次公投，以逃避脫歐的困境。她的理由崇高，也展現了相當的民主素養，梅伊認為，如舉行第二次公投等同完全否定第一次公投的合法性，如同兒戲，對贊成脫歐者難以交代，只會更擴大英國社會分裂，造成二度傷害。梅伊的堅持值得肯定。

另外，由於脫歐議題實在過於複雜，牽涉面向極廣，人民很難理解，無法深思熟慮，流於短暫的衝動。有人批判直接民主就是多數的暴力，公投就會有這種缺憾，但這些都是事後諸葛亮，已難以挽回大局。由於不確定性嚴重影響經濟及貨幣政策，英國央行已將二〇一九年的經濟成長率從 1.7% 下修到 1.2%，也是二〇〇九年以來的最低點。由於不確定性比預期時程更長，企業界也感到悲觀，換而言之，英國終究難逃脫歐的中長期負面效應。

反觀台灣政治操作鑿痕斑斑，由於公投法門檻過高，民進黨於二〇一七年主導修正公投法，將原來的「雙二分之一（超過二分之一選舉人投票，超過二分之一多數通過）」，修改為「四分之一加簡單多數」，當時民進黨立法委員在議場舉著「人民做主 還權於民」的標語，躊躇滿志，不可一世；同時對於公投案的審核，由於取消了審議委員會，造成門戶大開，許多屬於創制性議題根本不適合公投，但也納入。但在二〇一八年公投之後，發現處境不利，為防堵兩岸和平協議又醞釀修公投法，並大幅提高為「雙公投」門檻，從鳥籠到鳥龍，現又要回到鳥籠，台灣公投隨著當權者喜好而更改，成為民主亂象，已喪失其公正性與權威性。

在公投議題確定後，政府單位及倡議團體對公投內容、目標、必要性及效力很少說明、並進行辯論，許多選舉人根本在不明就裡的情況下，依靠小抄投票，淪為政治操作的對象。如對禁止日本核食進口問題，這是個高度技術性、科學性的問題，又涉及台灣將來參與「跨太平洋夥伴全面進步協定（CPTPP）」，民進黨政府漫不經心，公投通過也等於斷送了台灣短期加入 CPTPP 的機會，對台灣參與區域經濟整合是一個重大挫敗。

而在公投結果出爐後，民進黨的態度與做法更是令人詬病，不是兩手一攤，迴避責任，就是根本不理會民意之所在。這次公投焦點「以核養綠」反對「非核家園」神主牌，在公投得到五百八十九萬票，佔 54.42% 的支持。各界也預期蔡英文政府會修正調整政策，讓核電重回二〇二五年後的供電系統中。但民進黨政府背叛民意，變本加厲逕行宣布核一如期除役、核二與核三不延役、核四不重啟，在核三廠二號機於二〇二五年五月準時除役後，台灣進入非核家園。

更有甚者，反深澳燃煤電廠及反空汙法公投得到更多的選民支持，民進黨政府拒絕核能電廠延役，卻堅持台中火發電廠機組免於除役，無意改善空汙問題，主政者選擇性尊重，或根本悖離公投的結果可以說是台灣公投的最大問題所在。

關於同性婚姻法案，行政院在公投後提出便宜行事、模糊不清的「司法院釋字第七四八號解釋施行法」，顯然不符公投結果，未來必然會帶來更多的問題。

脫歐公投造成英國保守黨政府極大困難，左支右絀，甚至屈辱，但對人民的選擇只有尊重及實踐。根據里斯本條約第五十條，英國可以在任何時間停止脫歐行動，重回歐盟懷抱，或是在所有會員國同意下，推遲大限時間。但梅伊整府仍堅持要期限內完成，她必須尊重公投結果，並深刻理解任何延後或改變只會帶來更多不確定性，更大的傷害。

英國的脫歐公投及台灣的公投雖然不能相提並論，但有共同的缺失，特別是公投設計的法律基礎、運作機制、及其效力都應更為嚴謹，但對公投制度與結果的尊重，英國政府及人民明顯優於台灣，是一種成熟民主政治的體現，反觀台灣，執政黨已完全掌握行政與立法權，仍要操弄公投開民主倒車，扭曲公投的真諦，絕非台灣人民之福。

前中央通訊社副社長　呂志翔

二〇一九年三月

作者序

寫給中文版

撰寫這本《歐盟大麻煩》，如同我的其他書籍一樣，是出於一種信念。在我二〇一二年開始考慮寫這本書時，英國為了歐盟（The European Union）會員資格進行公民投票的可能性似乎還很小。誠然，在二〇一三年一月當時，首相卡麥隆的確提出了一些改革歐盟的建議，並且明確表示，如果保守黨能贏得下一屆大選，他將針對英國的歐盟會員資格舉行公民投票。但是，當時看起來，保守派似乎不大可能贏得下一屆大選。

不過，在二〇一三年開始寫這本書的時候，我就已提出：

1、在即將舉行的大選中，保守黨將勝選；
2、首相卡麥隆將履行承諾——召開全民公投；
3、希望離開歐盟的人，將贏得全民公投。

我確信，以上三件事將會發生。於是乎我們走到了今天。

然而，即使舉行了脫歐公投，英國未來的不確定性仍然存在。就在我寫這篇文章時，英國高等法院才剛剛裁決，新首相梅伊不能在未經國會批准的情況下，逕直援引《里斯本條約》第五十條離開歐盟。再上一級法院——也就是英國最高法院，也許會扭轉高等法院的判決；即便沒有改判，梅伊最終還是很可能得協調國會同意，啟動脫歐程序。再不然，她也可以提前改選，以獲得國會多數同意來排除所有這些障礙。

英國「脫歐派」的根源

為什麼公民投票脫歐派會勝出？毫無疑問，在未來幾十年裡，歷史學家和政治學家們會為這個問題不斷進行辯論。但我認為，答案的根本線索很清楚擺在眼前：英國人民從來不曾喜歡過我們現在所知道的這個歐盟。在英國一九七三年加入這個組織時，它被稱為「共同市場」。英國人從來不喜歡這個計畫的政治面意圖；然而，大多數英國人卻幾乎都沒有意識到，事實上，早在一開始，一九五七年簽署《羅馬條約》時，「政治聯盟」這個目標就已存在於條約之中了。

有些選民之所以希望英國留在歐盟，為的也只是一個簡單的經濟自利上的考量。在二十世紀七〇年代，英國始終像是歐洲「病夫」，相較之下，大多數大陸國家的表現似乎就顯得非常好。不過，英國雖然因為某種經濟失敗的自覺而加入歐盟，這種感覺並沒有進一步衍生出對自身政治制度的幻滅，或放棄英國主權的意願。對比之下，經過戰爭蹂躪的歐洲大陸，原有的政治制度早已被翻轉，政治聯盟這個想法不僅不會對他們造成威脅，甚至對某些人來說，反而是一種救贖。

英國和歐盟其他國家之間的相對地位，在一九七九年柴契爾夫人勝選後不久，就已開始改變；英國的表現逐漸轉好，而歐洲大部分地區卻是開始惡化。但是柴契爾夫人卻在英國的相對成功持續發展的情勢下，失去了權力，乃至後來由東尼•布萊爾帶領的工黨取得執政權。其中真正的致命關鍵是——一九九九年歐元的形成。當時歐元被人們譽為一項政治上的勝利，同時也是歐洲經濟重建成功的關鍵，但是單一貨幣其實已經變成一場災難。事實上，我認為這可能是一項人類歷史上最大的人為經濟創傷。

顯而易見英國地理位置在歐元區之外，同時也不隸屬於「申根國家免持護照自由旅遊區」的範圍，甚至，如果你要說英國只是歐盟的半獨立成員也行。因此在歐元區經濟持續惡化，英國經濟相對之下卻還相當不錯的情況下，越來越多人質疑，就經濟面來看，英國是否還有保留歐盟會員資格的必要性。

與此同時，歐洲聯盟的政治企圖變得越來越明顯。所有人都很清楚，英國已經為了歐盟犧牲眾多主權，如果情況沒有改變，未來幾年內還將轉讓更多。歐盟現正朝著「歐洲合眾國」（United States of Europe）的最終野心前進。

移民的麻煩

如果歐元對歐洲經濟是一場災難，那麼自東歐蜂擁而來的大量移民，對歐洲政客來說更是一個致命打擊。最初，歐洲的政治領袖們希望歐盟能像一個正常國家一樣，因此，自然會在腦中勾勒出人們在聯盟內完全自由遷徙的場景。在一九五七年《羅馬條約》簽署後的頭幾十年裡，自由遷徙之所以沒有造成任何問題，原因很清楚：歐盟的原始成員都處於同樣的經濟發展和生活水平。因此，雖然有相當多人跨越歐洲各國邊界去生活和工作，但當時的移動仍呈現一種相當平衡的交換形式；在聯盟的各個區域之間，並沒有出現大規模的移動。

但是這一切都隨著東歐前共產主義國家的加入而改變。諷刺的是，歐盟的東向延伸曾得到英國支持。正如我在這本書中所說（個人認為這說法非常正確）：為了逃離共產主義和俄羅斯的箝制，前東歐國家難民將歐盟當成他們的收容所。如果沒有別的考量，只就這一點來看，歐盟很值得高度讚許。

問題是，對發展水平較低的國家和人民來說，歐盟範圍內這種大規模的拓展（包括機構和自由遷徙方面的問題），是否有必要做出根本性改變，應該完全沒人會認為必須重新加以考量。

所以你現在就可以看到，這麼多英國人投票脫離歐盟的動機。當中有兩個主要原因：第一，希望限制進入英國移民的水平；其次，希望從歐盟手中收回掌控權，並將其還給英國人民，由國會和英國法院把關。

英國脫歐的後續影響

在旅行世界各地時，很多人對我說，英國選擇脫歐這件不尋常的事，讓他們覺得非常不可思議；在他們看來，這是種極其嚴重的自殘行為。但這話只說明了：他們並不真正理解英國或歐盟！我不知道世界上有多少主權國家，願意接受不受控制的移民，讓自己的領導人失去決定權，服從國外的外國法院管轄？答案應該很清楚。

有些人認定贊成英國脫歐的選票，代表著一種對全球化力量的反抗；就像在美國總統大選中，支持唐納•川普的數百萬美國工人階級一樣。但我認為這樣子類比是種嚴重的誤導。美國先天就是孤立主義者，相形之下，英國從來都是個外向型國家。大多數英國家庭與世界其他地區之間有著密切聯繫，他們並不害怕全球化這件事。他們反對的不是全球化，而是反對歐盟像帝國一般過度擴張。

毫無疑問，未來幾年英國將要面臨的是一條險峻的道路。但是，過往的歷史應該足以讓人相信，英國將會迎接挑戰，並在未來取得成功。我一直是新加坡的崇拜者，這點我非常清楚。當它在一九六五年脫離馬來西亞聯邦時，前途似乎相當嚴峻。然而，在李光耀的輝煌領導，極其良好的政府治理下，它走上一條向世界開放的道路，取得了巨大的經濟成就。

英國不是新加坡，也不可能遵循完全相同的道路。但我希望並且相信新加坡能夠提供一個願景，激勵英國的政治領導人，給予英國人一些信心——你並不需要為了成功，而去參加某個俱樂部（歐盟）。

羅傑•布特爾誌於倫敦

二〇一六年十一月

英國脫歐對台灣的啟示

「英國脫歐」對台灣的讀者來說，似乎是個遠在家園以外的遙遠問題。國人更加關注的是加入「東協」、「跨太平洋夥伴協定」（TPP）等的議題，對於英國要脫離歐盟這個經濟共同體的舉動，坊間對此問題討論的專書並不多見，《歐盟大麻煩》這本書，作者以其資深總體經濟學家身份，詳細梳理歐盟經濟表現不佳、歐元危機，乃至於與移民相關的工作與福利等問題，提供了我們一個深入瞭解此議題的機會。

書中細數歐盟成立的緣由，同時談到歐盟決策體制的缺失，導致歐盟近年來經濟成長不佳的結果。而基於「政治和諧」的理由，使得無法透過一般正常國家採取匯率貶值或者「量化寬鬆」（Quantitative easing，簡稱 QE）的方式，來應對歐元危機，卻迫使富裕的成員國增加負擔，來解決負債國家的經濟問題等等，對於這種「政治」凌駕「經濟專業」的治理現況，作者作了深入的探討。

作者不諱言他支持「英國脫歐」的立場，並為英國脫歐之後，提出七個與歐盟（世界）貿易關係的「選項」（參見第九章）。其中最值得台灣借鏡的是「WTO 世貿專屬選項」。只要是 WTO 的會員國，都可以在世貿組織架構下，根據本身產業與經濟特性的需要，與全球所有國家洽談經貿與關稅協定。台灣已在二○○二年正式成為 WTO 的會員，應把握任何管道擴展全球經貿的關聯性，增強國際競爭力，追求台灣最大經濟利益。

歐洲經濟現正面臨結構調整的問題，短期內「英國脫歐」也將繼續為全球經貿製造波瀾與不安。從總體經濟學來說，政治因素通常是短期效應，中長期的經濟表現，仰賴理性的決策與經濟本身的專業規則。誠摯的推薦這本嚴謹的著作，並期待讀者能從中獲得關於未來的思考方向。

前中華經濟研究院院長　吳中書

重量級推薦

這是一本值得對國際經貿事務有興趣者閱讀的好書，對英國脫離歐盟的觀察深入而發人深省，也對歐盟及英國未來的發展提出諸多可能的方向，可激發出更深入的思考。

經濟部國際貿易局局長　楊珍妮

國際推薦

建議我們的外交官與部會首長來讀這本書，可為他們提供學理上的基礎。對於要發起公投運動的人來說，這本書也是最好的指導手冊。布特爾在本書中針對贊成與反對英國脫歐觀點所做的分析，也將會發揮最大的影響力。

多明尼克•羅森（Dominic Lawson），
《週日時報》（*The Sunday Times*）

本書中關於歐盟將告失敗的闡述出眾而成熟。布特爾說理時冷靜、善言而又嚴謹——就一位經濟學家來說這點非常特別——完全不會冗長艱澀。這是一本讓人大開眼界的書，內容吸睛並且引人入勝，能帶領人徹底全面地想清楚問題——免於引發一場雅座酒吧的口水論戰。

《每日電訊報》（*The Daily Telegraph*）

布特爾以充滿活力的散文寫作風格，提出了一些好的觀點。他所做的有關歐洲貨幣聯盟的討論很有說服力。這個組織沒有必要性，同時前期準備不足，太早開始運作。布特爾是一位有卓越成就的經濟學家，他在所撰寫的《市場大麻煩》（The Trouble with Markets）裡，對金融危機的起源做了精闢深入的分析；而在《歐盟大麻煩》一書中，他探究歐盟出了什麼問題，點出為什麼改革不太可能發生，並且為英國與歐盟關係制定了新的起點。

《金融時報》（*Financial Times*）

布特爾的每一個看法都是正確的。

拉里•艾略特，
《衛報》（*Larry Elliott, The Guardian*）

布特爾從經濟和政治兩方面，敏銳地分析出目前歐盟的問題所在；我們必須採取哪些改革措施，才能使英國覺得維持為歐盟成員國是件明智的事？在歐盟之外我們如何行事最為務實合理？以及是否應該進行這些改革？未來若要發起任何決定脫歐或留歐的公民投票，對於背景資料的掌握，是必不可少的關鍵。

尼格爾•勞森閣下（Rt. Hon. Nigel Lawson），
前英國首相柴契爾內閣財政大臣

羅傑•布特爾正如我的期望，他透過清楚明瞭的分析和鏗鏘有力的評論，直接命中問題的核心。這是目前可賴以了解歐盟機能不良現象的最佳書籍。

傑夫•蘭道爾（Jeff Randall），
天空新聞商業頻道（*Sky News business*）節目主持人

書中解決方案雖然激進，但是很棒。有關歐洲問題，這是我目前讀過的最縝密周延的著述之一。

《周日獨立報》（*Independent on Sunday*）

對於歐洲以外地區來說，這是一套可靠的人生計劃，值得廣泛流通閱讀。

本年度每周商業書籍
（***The Week-Business Books of the Year***）

在羅傑•布特爾這本資料廣博、論證嚴謹的著作裡，他冷酷揭露了在歐盟內部（同時由此也可以想見外部），就歐洲和英國的立場，他們被怎樣的問題困擾。而對於那些打算去投票的人來說，這是你們必須好好去讀的一本書。

大衛•馬什（David Marsh），
英國貨幣金融機構官方論壇（OMFIF）聯合主席；
《歐洲僵局》（Europe's Deadlock）作者

譯者序

一個經濟學家的脫歐意見書

歐盟的原始發想與目的，是政治性，而不是經濟性的。二次戰後的歐洲，到處是一片廢墟，滿目瘡痍。當時，戰敗國與戰勝國之間最大的共識，就是大家應攜手同心；在消極方面，共同避免重啟戰端；積極方面，則希望能進一步建立互信、同盟，在重整家園過程中，逐步把歐洲打造成一個類似美國的聯邦政府，甚至成為一個準聯合國的組織。在歐盟建構與發展過程中，有個最重要的口號（或願景）叫做：「日益緊密的聯盟」，其來有因，絕非空穴來風。

然而，無可避免地，或者也可以說這是一種宿命，歐盟在發展過程中卻不知不覺地把政治同盟的理想擱在一邊，而把努力的重心放在與經濟有關的事務，諸如關稅、貿易、貨幣與財政……等等。換言之，我們也可以說，這是歐盟從一開始就注定失敗的根本原因。優良經濟表現，必須在一個開放、透明與競爭的環境之中才有可能，這原本是經濟學教科書開宗明義就說過的。但歐盟為了達到它的理想——所謂的「和諧」或「日益緊密的聯盟」，試圖去干預許多國家的作為，諸如財政與金融政策、稅務、人權規章與勞工立法……等等。其結果是，歐盟成了一個凌駕在許多主權國家之上的怪獸；疊床架屋，功能不彰，組織運作毫無效率，而且充滿官僚的氣息，其中最具體而明顯的例子就是「歐元」。它本來的目的是協助歐盟達到「和諧」的理想，但不幸也非常諷刺地，歐元自身竟成了歐盟最大的問題，甚至是最大的潛在災難！

反對或懷疑歐盟的聲音，就是從歐盟的效果不彰開始的。然而，在現實的環境中，歐盟效果不彰的原因，並不只牽涉了政治與經濟，也與文化與歷史因素錯縱環繞，糾纏不清。除此之外，作為地球村的一員，歐盟所處的環境是動態的，而不是靜態的；所以，歐盟也不能自外於世界其他部分的變動。新興國家的崛起、中國與印度在世界舞台扮演角色的份量逐漸增加、不同形式的保護主義與區域聯盟……等等，都不斷地在與歐盟交互作用，交互影響。從歐盟的發想到籌備、成立、擴張，直到今天，懷疑或反對歐盟的聲浪從未停歇；近年以來，希臘的財務危機及其與歐盟的關係，引發了諸多的討論；同時英國也正在認真評估，其作為歐盟成員的利弊得失，而英國的態度背後，又摻雜了情緒與歷史的因素。總而言之，歐盟的效果不彰應是眾所公認的；但歐盟應如何改革，為何如此改革，以及改革過程中會碰到何種阻力與問題，卻不是個容易回答的問題。

本書的作者回答了這個複雜而困難的問題：他的論述與分析條理分明，淺顯易懂，真是同類型書籍中難得一見的佳作！作者的分析兼顧了問題的深度與廣度；也體認到歐盟的問題並不是靜態的，所以用了許多篇幅來分析與介紹許多新近發生的事件。英國脫歐、蘇格蘭的獨立公投、希臘危機、難民問題與恐怖主義……等等，都在本書的分析架構之中。

作者是一位英國的重量級經濟學家，但他撰寫本書的原始目的，卻是希望所有的讀者，包括學者、官員以及平民百姓，都能更清楚地了解歐盟問題的核心、來龍去脈，以及未來可能的走向與解決之道。不過，雖然作者已儘量減少使用艱深難懂的專有名詞，但因為歐盟問題本質使然，本書中有關經濟學的理論與分析，仍佔了不少篇幅。作者雖有自己的立場，卻避免在書中提出標準答案。這是因為歐盟問題本就不是個數學問題，可以透過數字的計算來得出答案。

只有在每一位利害關係人，對問題的核心有正確而精準的了解之後，每個人才懂得在變化過程中如何因應，如此歐盟或者歐元的問題，才有機會得到最妥善的解決。

這是作者的初衷，有幸成為本書譯者，我完全贊同他的看法！

侯英豪

二〇一六年十月

目次

III 歐盟在經濟表現上成功嗎？......108

歐盟成立的原始目的也許是政治而非經濟，但是它早期發展的焦點，大部份卻是在經濟的整合上。而評斷歐盟是否成功的重要指標，始終都在它過去的經濟表現。但面對現代資訊科技和全球化的潮流，一味追求進一步整合與和諧，欠缺彈性和適應力的歐盟，呈現相對落後，它還會是一項經濟上的成就嗎？

IV 歐元的麻煩......138

歐洲單一貨幣——歐元，已成為歐洲整合的焦點，但卻也是到目前為止，歐盟壞決策頻出的又一最佳重大例證，甚至可能還可以找到證據，證明它是歐洲動盪不安的原因。歐元的問題並非在一夕之間產生，必須溯源於歐盟的歷史及歐元真正本質。重點應在於它為何出錯，以及我們又該如何從歐盟和歐元的長篇故事中學到教訓。

V 避免經濟浩劫的政策......167

歐元打從一開始就是場災難，它是歐盟決策品質低下的最佳證明；它的政策制訂完全與現實經濟無關，而是任由各國依循政治情勢、國家聲望和討價還價的需求出謀劃策，並且為歐洲追求統合的兒戲策略所支配。對於歐元區的嚴重困境，一般人自然會期待歐盟做出政策上的回應，但可能會是什麼辦法呢？結束歐元能解決部分問題嗎？

VI 黯淡的歐洲經濟前景......189

歐盟的持續性低成長率，無論與已開發或開發中經濟體相較，都是一個經濟上的失敗。要扭轉局勢，就必須讓歐盟的真正本質產生徹底的根本變革。但這種情況真有可能發生嗎？答案是當然可能，只是他們不大會這麼做。因為就像歐元這個插曲一樣，透過歐盟結構與其主流觀念兩者的結合，他們很自然會做出壞的決策，壓抑經濟成長。

Part 3
歐盟的出路：改革、解散或離開 209

勞動力自由遷徙（移民問題）、
歐元區的財政與政治聯盟、
歐元解散與英國脫歐都能迫使歐盟進行根本改革，
但實際上更可能會引發歐盟解散。

VII 歐盟會心甘情願地擁抱改革嗎？ 210

歐盟實在算不得是經濟上的成功，而且它的表現還可能進一步惡化。當歐盟的執政菁英們，一心追求「日益緊密的聯盟」時，不但會與經濟發展越來越背道而馳，在最壞的情況下，政治上也將遭遇極大危險，尤其是在歐洲大眾變得越來越反對歐盟的時候。那麼，該怎麼做才好呢？在本章中，我會探討或許可以拯救歐盟的政治改革。

VIII 迫使歐盟根本改革的四個可能 228

歐盟不管朝哪個方向進行改革，都會遭遇某些重大問題，無論最終是迫使歐盟選擇劇烈改革，或是推動歐盟解體，這些問題的重要性都正與日俱增。在探討促使歐元區財政和貨幣聯盟的原因、歐元崩潰的可能性，以及蘇格蘭公投對歐盟影響等問題之前，我將先從勞動力跨聯盟的自由遷移談起，然後再看英國脫歐對歐盟其他國家的影響。

IX 「脫歐」的成本與效益 249

歐盟的未來除了三種可能：照同樣模式繼續運行；雖繼續運行，但進行基礎改革；歐盟解散。還有第四種，就是某個國家決定離開歐盟。以英國為例，關係到他們能否成為純粹得利者的幾個關鍵是：歐盟的會員費、共同農業政策、貿易關係、英國國會面對的各種選項、單一市場、汽車製造商的立場、外商對英國運作可能會有的反應、倫敦金融城的利益、以及對工作可能帶來的影響。一個合法的退出是可以達成的，但如何衡量離開的好壞，必須整體評估其中各種成本與利益。

X　取代歐盟的可能安排 290

許多歐洲國家可能會認為歐盟是唯一可能的超國家組織形式，其實，還有很多種選擇。本章就是要找出替代性做法的可能形式；歐盟如果分裂或解散，歐洲成員國之間可能有怎樣的政治聯結？歐美之間能否有更緊密的貿易關係？各國是否有被排除在世界貿易集團之外的危險？與這些集團談判有哪些困難？最後再看看目前學者的共識，以及歐洲領袖們對於歐盟願景的批判性評估。

IX　英國公投以及其他相關挑戰 318

經濟成功的秘訣就在於一個國家的體制結構，以及生產的能力；而不良的經濟結果，則往往會製造出醜陋的政治結局。歐盟現正在一個分水嶺上，它所面臨的最重大挑戰是，英國針對歐盟會員資格所舉行的公民投票。英國公投直接擴大了歐盟的核心問題，當中經濟與政治議題深深相互糾葛。因英國公投所引發的辯論，正是二者相互衝撞的結果。

後記｜小心希臘來要禮物 332

附筆｜歷史繼續演進 335

詞彙表 Glossary 336

附錄｜英國脫歐大事記 342

致謝

不能免俗的，在這裡我要感謝許多人。這本書受到了大衛•格林（David Green）的啟發，他所屬的「奇維塔斯 Civitas」智庫，慷慨的提供了一筆研究經費。對於大衛的啟發與鼓勵，以及奇維塔斯的經費贊助，我都極為感激。是大衛提供的動力，促使我寫這本書；同時，因為奇維塔斯提供的經費，讓我能夠聘請研究助理麥蘭妮•迪波羅（Melanie DeBono）、山姆•迪根斯（Sam Dickens），以及康納•麥里諾斯基（Konard Malinowski），他們大大的提高了我的工作效率，使我能夠更快完成這本書。我也非常感激「開放歐洲 Open Europe」智庫，允許我使用許多修正過的表格，像是表 9.1。

也要感謝《每日電訊報》（Daily Telegraph），每週一會刊出我所寫的專欄。因為他們允許我引用一些首度在這專欄中出現的資料，而且還提供了一個平台，供我持續公開發表，討論一些還在發想中的有關歐洲及其他方面的議題。從很多方面來看，這本書其實也是我與《每日電訊報》讀者之間持續了好幾年的「對話」。

當我對這本書的信心與信念有所消減時，我的好友萊納•李普曼（Leonard Lipman）給了我非常必需的鼓勵與安慰。如果沒有他，我不認為這本書能夠完成。

我還要謝謝喬立•史密斯（Joaly Smith）、費思•艾利奧特（Faith Elliott）、哈利•查理克（Hayley Charlick），以及蘇哈拉•依根（Suhayla Egan），他們協助我整理不同版本的原稿。

班•布蘭洽（Ben Blanchard）、亞歷山大•博吉斯（Alexander Burgess）、麗貝嘉•海伍德（Rebecca Heywood）、尼娜•隆卡（Nina Loncar），以及海莉娜•派特森（Helena Patterson）協助提供本書所使用的地圖。

特別要感謝的是我的私人助理珊•浩華 - 卡（Sam Howard-Carr），她不僅在寫稿方面提供協助，也幫助我安頓好自己，同時在撰寫本書時，讓我們的「凱投宏觀（Capital Economics）」總體經濟顧問公司運作如常。她對我的支持是無價的。

就如同我的前三本書，從尼可拉斯•布瑞里（Nicholas Brealey）的編輯團隊得到了有益的批評與指導。還有其他好幾位人士，閱讀初稿並提出重要而有幫助的建議，特別要提的是：大衛•巴恰（David Barchard）、湯尼•柯拉奇斯（Tony Courakis）、大衛•格林（David Green）、約翰生•林德賽（Jonathan Lindsell）、約翰•魯威林（John Llewellyn）、喬治•迪•尼麥思凱里 - 奇斯（George de Nemeskeri-Kiss）、羅勃•羅斯弘（Robert Rowthorn）、克里斯多福•斯茂伍德（Christopher Smallwood）和理查•陶本（Richard Thoburn）。

還有好幾位在經濟顧問公司工作的同事，也審閱並提供意見：保羅•戴爾斯（Paul Dales）、馬克•哈里斯（Mark Harris）、朱利安•傑紹普（Julian Jessop）、約翰生•羅恩斯（Jonathan Loynes）、班•梅（Ben May）以及馬克•普拉格奈爾（Mark Pragnell）。尤其是山姆•湯布斯（Sam Tombs）在收集數據方面，幫了大忙。我對以上所有人都心存感激，不只是因為他們對本書的協助，更因為他們為公司努力工作——特別是在我為了這本書而分身乏術時。

最後（並不表示最不重要），我必須要感謝我的家人，他們必須又一次忍受我把全副精神都放在寫作上。

一如以往，上面提到的所有人，都不應該為本書的錯誤或疏漏負責，照慣例這些都該由作者個人承擔。

羅傑•布特爾

二〇一六年二月於倫敦

前言

英國脫歐能否改變歐洲

二○一四年五月第一版發行之後到現在，有關歐盟這個主題的好幾個重要面向，都出現了新的轉折，不過都還不至於顛覆本書的主要信念。最重要的是，英國將要針對是否繼續保留歐盟會員資格，舉行公民投票。本書將針對與公投相關的一些議題，以及公投的重要性，提出必不可少的分析，為公投結果出來後即將面臨的問題提出了思考方向。

這些問題是重大的。如果英國投票決定離開，接下來要考慮的第一個問題，是未來與歐盟的關係。英國將面臨與歐盟其他會員國為期兩年的協商。此外，英國脫歐將是歐盟一體化計劃推行以來，首次真正嚴重的開倒車。它不只對英國，對歐盟其他成員國必然也將造成重大影響。我們可以想像得到，它可能導致歐盟解體。

同時，許多觀察家認為，一旦英國公投脫歐，那麼要阻擋蘇格蘭二次獨立公投，幾乎是不可能的。歐盟在蘇格蘭比在英格蘭更受歡迎，而且大多數蘇格蘭人投票贊成留在歐盟的可能性似乎很高（譯者按：公投結果確實如此）。要記住，第二次公投很容易會導致蘇格蘭「脫英」，在那種情況下，英國選民投票的結果將要切割的是兩個聯盟——歐盟與大不列顛王國，而不是一個。脫歐的前述後果，不只是讀者們應該關心，如果能瞭解脫歐對英國、歐洲甚至整個世界將造成怎樣的後果，英國選民在公投時也許就會更加慎重了。

如果投票的結果是英國留在歐盟，一切看起來似乎可以船過水無痕，但是，問題其實還沒有解決。英國首相大衛•卡麥隆就算能讓英國選民投留在歐盟一票，藉此贏得歐盟的一些讓步，但在英國與歐盟的關係當中，還有其他許多議題等待協商。歐盟的未來，距離完全沒有麻煩，還遠的很。整個歐洲大陸，到處都有呼籲歐盟進行根本改革的聲音，歐盟會回應這些呼籲嗎？又或者，只要英國脫歐問題暫時得以平息，歐盟就可以一如既往維持不變？

在被掩蓋的各種麻煩問題底下，還有一個更為重要的問題，就是歐盟一體化目的何在的本質問題。自從本書第二版出版之後，如同書中的分析，大量移民的問題，在歐洲議程中的重要性顯著上升。在許多苦難悲劇的新聞畫面中，我們看到來自敘利亞以及其他國家的大量難民湧進歐洲。很顯然，還有好幾百萬人要加入這個行列。歐盟應該如何因應？

因為大規模遷徙引發的深沉的人道主義問題，已影響了歐洲的經濟、政治以及社會的凝聚力。它導致歐洲陷入強烈的緊張狀態，允許免護照跨越歐洲大部分地區旅行的申根集團，因此瀕臨瓦解。這可能是歐洲一體化計劃即將面對的第二大倒退。

還有，這些事態的發展雖然掩蓋了歐元的問題，但一如我在本書中所做的檢視，有關單一貨幣的問題仍然在到處延燒。的確，希臘危機持續沸沸揚揚，義大利經濟狀況仍然那麼悲慘，法國經濟依舊落在德國之後，而且還在持續疲弱之中。

同時，幾乎對所有歐盟成員國而言，歐盟都越來越不受歡迎了。在好幾個國家裡，持歐盟懷疑論的政黨增加了；而他們對歐盟的批判，又更助長了英國的脫歐運動。隨著法國與德國二〇一七年的重要選舉將屆，這種普遍升高的憎恨情緒，可能導致重大的政治風暴。

現在的歐盟可以說正面臨有史以來最嚴重的危機，因為同時出現了四大挑戰：最大成員國可能出走、申根集團瓦解、歐元持續疲弱，以及歐盟不受歐洲選民歡迎的形勢高漲。這些威脅是相互關聯的，當中任何一項出現震動，都可能引發其他三項的連鎖反應。這是真的，我們活在「歐盟的大麻煩」之中。

在第三版裡，我不但視需要更新了事例與數據，在新版最後一章中，還引用了大量的新資料來加以探討，除了既有的議題之外，更有新增的議題。

非常幸運地本書前兩版獲得許多讚譽，但同時也收到了一些應當承受的批評；從這些批評中，我獲益良多。不過其中有三項批評實在惹惱了我：第一項，認為我在結論中表現得不夠果斷。在文中很顯然，我似乎認為有些很好的論點，可以同時用來支持留歐與脫歐。不僅如此，在牽涉到必須加以量化的各種成本和收益時，雖然引用了大量數據，我仍然不願意輕易訂下一個斬釘截鐵的數字作為最終結論。沒錯，我所要強調的是，影響這些議題的許多因素都還存在不確定性。天可憐見，千萬不要認為，這種各方面兼顧的做法在我來說只是一種美德！

另一項批評正好完全相反，他們抱怨，儘管我承認這些不確定性的存在，但卻還是做出結論，說英國可以成功地在歐盟之外存活。他們為我居然贊同這樣的說法感到震驚，如果沒有確定性和精確性，下這種結論太過冒險。天啊，我沒有！我從來就不認為只要做出了留歐的選擇，不確定性就不復存在。我不會為了自己力求公正、承認困難危險與不確定而道歉。

第三種批評，我覺得可能有點傷人，在有關歐盟的辯論和討論中，我曾多次遇到一開口就堅稱和我不一樣的人，他們反對我的論點，並說自己是「贊成歐盟的」。我想，我因此被認定是個「反對歐盟的人」了。這對我來說，還真是新聞。有一次，當我在讚揚英國政治機構的優點，批評歐盟的有關機構基本上既不民主又脆弱時，我甚至被指控為種族主義者！

這實在是難以想像，人們竟被當前親歐盟意識洗腦到了這個程度，以致於連一個聯盟體的文化文明和它的組織結構是不同的兩回事，都失去了分辨的能力。

很多事情，發生了就發生了，無須理會它。構成本書主題的這些紛紛擾擾的議題，無論我們怎麼加以看待，比起本書第一版出版的時候，它們都更加耀眼生動了。總之，歐洲陷入了動盪，它的未來還在各種角力之中。

身為讀者的你，在未來的塑造上，也有關鍵的角色需要扮演。我寫這本書的目的，是要幫你充分扮演好這個角色：清楚瞭解關鍵議題、充分認識歐盟未來不同走向的各種不同後果。作為一個作者，我實在無法期待更好的回報了。

羅傑•布特爾

寫於倫敦，二〇一六年三月

作者序
歐洲的大麻煩

歐盟正處在一個抉擇點上。當初它成立時設定的目標，以及它現有各種關係的設想，都在將它推向完全的政治聯盟：有點像是歐洲合眾國（United States of Europe），或至少是歐元區的合眾國。換句話說，歐洲各國參與越多，整合就越深。這點同歐盟的歷史發展以及歐盟過去的成就，其主軸是一致的。

但是對當今的世界來說，歐盟其實是個無法正常運作的架構，甚至對於明日來說更是如此。它需要經歷根本上的改革，否則就會解體。它當初被設想出來的時候的環境，是一個充斥大型集團的世界，受制於美國和蘇聯，處於冷戰對峙狀態，同時也是在全球化和新興市場崛起之際。它尋求一致化和整體化的日程，無可避免地導致過多的規範和扼殺了競爭。這就是一般以為歐盟經濟是成功的，而實際上它的經濟表現卻相當差勁的原因。

此外，如果沒有任何改變的話，歐盟對世界總生產毛額的佔比將開始大幅削減，歐洲對世界的影響力也將隨之大幅下降。而這正是歐盟一體化整合試圖避免的。同時，歐盟正逐漸變得越來越不受歡迎，大多數人不想逼近一個完全的政治聯盟，而且歐盟公民中越來越多人想要徹底離開歐盟。不論在哪種情況下，歐盟都面臨著空前的挑戰。

我的觀點是基於一個經濟學家以及英國公民的立場。因此，可能有人會批評我低估了政治議題的重要性。然而我充分認識到歐盟議題中，政治和經濟是密切相關的。事實上，在這本書中，我把政治放在首要的位置。這是一個經濟服從於政治的案例。

我認為，歐盟飽受折磨的政治運作導致了不佳的經濟表現，其中最清楚的例子就是歐元的形成。正如我在第四章說明的，歐元的形成是基於歐盟一體化本質的政治理由。結果已經顯示，歐元對歐洲經濟來說，是一場災難。

身為一個英國公民，我註定會在歐洲受到攻擊，然而，這本書並不出於任何對歐洲的敵意，正好相反。就像許多英國老百姓一樣，我覺得我既是英國人也是歐洲人。事實上，儘管英國和美洲存在相當緊密的關係，但每當我到了美國，我還是覺得自己更多的是歐洲人。我熱愛的文化出自歐洲：歐洲的食物、美酒、歷史、以及建築，歐洲的文學、藝術，包括其中我特別喜歡的歐洲音樂。正因為我是如此道地的歐洲人，也因為我是如此迫切地希望歐洲在世界上取得成功，我才會選擇有關歐盟的議題。對我來說，歐盟是歐洲邁向成功之路上最重要的議題。不過，這本書並不是特別為英國讀者所寫的。這本書會試著採取一種歐洲的觀點，並指出典型的英國疑歐立場出現了哪些錯誤和毛病。

儘管，身為一個經濟學家，我充分重視經濟議題，但我這本書不是為專業經濟學家而寫，而是為了一般讀者。為此，我一直試著儘量不使用專業術語。為了讓讀者感到方便，我在本書最後歸納了一套名詞解釋與縮寫的詞彙表。我也把文本中的註解維持在最低限度。

這本書的目的，是要告知所有可能參與為歐洲的未來做出決定，或他們的國家參與其中的人，有關歐洲如何立足世界、歐盟機構如何促成立足、歐洲的前景在哪裡、是不要歐盟等。當我們需要尋找資料來幫助大家形成觀點的時候，許多人只會去找那些辯論雙方極端份子的胡言亂語、一堆無法理解的統計數據，或是大量令人費解的歐洲語言。

相對來說，我要針對歐盟的發展以及它目前所面臨的議題，提供一個平衡而且容易理解的描述。即便如此，我也無法聲稱自己是個不帶任何觀點、遠距離的觀察者。關於未來，我確實已有了決然的立場。在一個理想的世界中，我會希望歐盟可以持續，而英國仍然是它的一部份，但那樣理想中的歐盟將是經過了徹底改變的歐盟，幾乎看不到一點現在歐盟的樣子。

但是，在卡麥隆的「重新協商」沒能取得任何明顯成果之後，這現在似乎成了一個白日夢。所以，我很不情願的決定了英國應該離開歐盟。我在本書中描繪了導引至此一結論的歷程，最後在新增的第十一章總結。

第一部份講政治、機構、與意識形態方面的問題。第一章說明歐盟如何逐步成為現在的樣子、那些塑造它的人所抱持的指導信念、曾經希望或仍然希望加入歐盟的國家的動機。這部份講述的是一個過去發展曾經相當成功的故事。

接著，第二章我會說明，歐盟現在的樣子如何讓它變得不適合目前的經濟與政治現實，並說明這樣的狀況往往會導致差勁的決策，因而產生差勁的經濟表現。

第二部份則專門討論經濟議題。在第三章分析歐盟的經濟紀錄，並說明它是如何地讓人失望、又是為何讓人失望。第四章會討論歐盟所做過的最糟糕的決定之一，就是發行歐元。第五章討論政治可以如何解救歐盟的經濟困境。第六章則探討，如果什麼都沒變，歐盟的經濟前景將會如何，並針對歐洲持續衰退的觀點進行討論。

第三部份專門討論改變。第七章和第八章討論改革的可能性。第九章探討的議題，是單一國家留下或離開歐盟的決定，應如何透過政府治理來處理。第十章則考量，如果歐盟真的解散的話，什麼樣的組織架構可以取代歐盟的地位。第十一章檢驗了環繞著英國公投以及其他當前歐盟面對的威脅的相關問題。

但起點肯定在於歐盟的起源，以及支撐其發展的理念！

Part 1

歷史的創傷、
政治的目的、
意想不到的世局變化

歐盟的歷史是個了不起的開發故事，
麻煩的是，事情已經改變了。
歐盟真的是歐洲現在所需要的嗎？
還是它其實是歐洲的一個大問題呢？

I 歐盟的歷史與成就

> 我們必須建立一個歐洲的合眾國……要想重建歐洲大家庭的第一步，就是法國和德國之間要有夥伴關係。
>
> —溫斯頓•邱吉爾（Winston Churchill），一九四六年
>
> 對德國來說，歐洲不僅是無法撇下的，也是我們身分認同當中很重要的部份。我們總是說，德國統一、歐洲統一和整合，其實就是同一枚硬幣的兩面。
>
> —安格拉•梅克爾（Angela Merkel），德國總理，二〇一一年六月

歐盟的歷史是個了不起的開發故事。在本章當中，我會追溯它在戰爭上的起源，接著再進一步討論，就它和會員國之間的關係，以及它的地理位置這兩方面，來看歐盟是如何轉變的。然後我會探討驅使它朝向整合邁進的因素，以及各國過去甚至到現在想加入歐盟的原因。

戰爭與和平

我們現在所謂的「歐盟」，是出於第二次世界大戰的大屠殺，因殘酷的種族淨化與種族仇恨的行為，大約有六百萬猶太人在納粹手中喪生；驚人的是，其中約有百分之六十均為歐洲猶太人。就人口比例或是事發當時狀況的驚恐程度，沒有什麼能比得

上這場浩劫的。

然而，還有其他好幾百萬人也喪生了，大多數是傳統戰爭殺戮的結果。對俄羅斯死亡人數的估算，比較合理的近似值，大約是兩千萬俄羅斯人（更準確點說，蘇聯人）在戰爭期間因為戰爭而喪生，大約是總人口的百分之十。這些人當中，約有三分之一是平民。

比較不那麼廣為人知，也比較不那麼廣被承認的，則是大約有七百萬德國人在戰爭中，因為戰爭因素而喪生，也大約是總人口的百分之十，而且其中有超過一半的人是平民，多半死於空襲、盟軍攻擊、或飢寒。

至於哪段情節對一般德國人來說，才是最痛苦的回憶，不同的人往往會持不同的意見。很多人會認為是在德勒斯登或漢堡發生的大轟炸，他們引述的理由也很充分。但觸動我最深刻的影像，卻是悲慘不幸的人群，包括老人、女人和小孩，在東普魯士的遼闊地域上，試圖躲避不斷逼近的蘇聯紅軍。他們沿著那裡結冰的沿岸潟湖，在絕望之下試著向西走，遠離不斷逼近的蘇聯軍隊，他們最害怕聽到同行難民說出的話，就是：「冰在裂了。」

在禮貌的社交場合，德國人想當然會覺得很難吐露這樣的感傷，但是，身為大英帝國自豪又愛國的子民，我可以毫不羞愧地這麼說：第二次世界大戰期間，某些因戰爭而造成的最大苦難，都是由德國人所承擔的。除了德國施加於他人的恐怖的罪責（公認於理有據），如果你能體會德國人民所遭受的恐怖的程度，還有他們國家的分裂，以及紅軍的部份佔領，你就可以很容易看出，為什麼德國人總是歐洲計畫最熱心的支持者之一。與這些恐怖相對比，法國雖「只」失去了大約八十萬人（大約是總人口的百分之二），仍然令人感到震驚。這類的傷亡有許多是發生在一九四〇年的德國入侵；另外大約有五萬人是在諾曼第登陸之後，遭到盟軍無心射殺；約有兩萬人則是死於卡爾瓦多斯省；坎城也幾乎被盟軍摧毀殆盡。相較之下，在第二次世界大戰期間，英國是僥倖躲過戰火的，死亡總數相對來得少，不到四十萬人（總人口的百分之零點八），其中包含參戰的軍人和平民百姓。只要想想他們對於整個戰爭，而不只是英國戰役的體驗，歐洲大陸的人們應該就很容易明白，英國人為什麼會認為這是「他們最光榮的時刻」。

人們普遍認為，在第二次世界大戰期間，所有歐洲屠殺總數，還遠不及第一次世界大戰；就總數來說，一戰比第二次世界大戰血腥多了。儘管，在第一次世界大戰期間，英國失去了百分之二以上的人口，而法國更慘。在第一次世界大戰中，法國死了將近二百萬人，超過總人口的百分之四。所以，在一九四〇年期間，他們對於一再進攻表現得極度抗拒，也就不足為奇了。

由於在第一次世界大戰期間的這些重大損失，和第二次世界大戰期間不小的損失，以及三次遭到德國軍隊（包括一八七〇年被普魯士軍隊）擊敗的羞辱，在戰後，法國對於有關他們國家安全的基本問題，想要尋求歐洲的回答，也就不讓人意外了。

的確，在一九三九到一九四五年間的破壞發生之後，歐洲各地一般百姓和掌權的菁英，都在內心發誓，絕對不能再讓任何類似的事情發生。有許多人認為歐洲的領導者，必須發展某些泛歐洲的實體，以便可以馴化並抑制歐洲各國的野心和競爭。很快的，誓言成了願景，願景又轉為現實。這個由願景激發出來的現實，就是我們現在所謂的「歐盟」。

歐盟之父

對於歐盟的理念，最早表態支持的人之一，正是邱吉爾。早在一九三〇年，他就已經開始提出一些歐洲「共通性」的概念。一九四六年，在蘇黎世舉行的一場演講中，他發表了本章開頭引用的這段話：「我們必須建立一個歐洲的合眾國……要想重建歐洲大家庭，第一步，就是法國和德國之間要有夥伴關係。」

有些人把他的言論，視為對於英國在這樣的聯盟中會員資格的背書，但這顯然不是邱吉爾所想的。在同樣一場演講中，他還說到：「英國、大英國協、強大的美國和我，都相信蘇聯（因為這樣確實一切都會很美好）必定會是這個嶄新的歐洲的朋友與支持者，也必定會擁護它生存且發光發亮的權利。」很顯然地，他認為英國還處在這樣的歐洲聯合體之外。

歐盟的演變，有很大一部份要歸功於把邱吉爾的歐盟願景轉換成行動的兩個人：莫內（Jean Monnet）和舒曼（Robert Schuman），大家普遍認為他們是歐盟的創始之父。他們所留下的風範，直到今日都還體現在歐盟之中，尤其是對於未來的願景。

有趣的是，第二次世界大戰剛開打時，身為法國政治經濟學家與外交家，莫內卻提倡要在法國與英國之間建立一個正式的政治聯盟，以便對抗納粹主義。一九四三年八月五日，他說道：

> 如果各國回復到國家主權的基礎，歐洲將會不得安寧……歐洲各國實在太小了，以致於無法向自己人民保證必要的繁榮和社會發展。必須讓歐洲各國形成一個聯邦。

戰爭結束後，莫內就著手展開創建歐洲共同體（European Community）的工作。一九五〇年五月九日，時任法國外交部長的舒曼，發表了由莫內所構思的「舒曼宣言」（Schuman Declaration），提議將法國和德國所有的煤鋼生產，交由一個中央機構管理。這個提議奠定了「歐洲煤鋼共同體」（European Coal and Steel Community）的基礎，也就是「歐洲經濟共同體」（European Economic Community）的前身。事實上，直到今天這個日期都還被當作歐盟的生日來慶祝。

一九五〇年公布的舒曼宣言，規劃了即將主導歐洲組織發展的關鍵主題。在宣言中說到：

> 歐洲共同體不會當下根據某個單一的計劃就形成，而是要透過達成一些具體作為去建立，這樣的成就首先將會創造一種事實上的團結。欲整合歐洲各國，必須消除法國和德國長久以來的對立。

舒曼是歐洲進一步整合的擁護者。一九五八年，他被任命為歐洲議事大會的第一任主席，這個會議可以被視為歐洲議會（European Parliament）的前身。一九六〇年卸任之後，他更被尊稱為「歐洲之父」。

歐洲經濟共同體（EEC）本身，是於1957年依據《羅馬條約》所建立。（在英國，歐洲經濟共同體被稱作「共同市場」，當時他們曾針對會員資格舉行公民投票。）儘管早期的抱負看起來也許經濟色彩並不太重，但是在創始條約的前言中，經濟可是被奉為必不可少的推動力。《羅馬條約》的簽署者（六個創始成員的國家元首：法國、德國、意大利、比利時、荷蘭和盧森堡）宣稱，他們決志要為未來歐洲人民之間日益緊密的聯盟奠定基礎。

不斷的改變

最初共同體的設立，是以超越其原本的狀態為目的。意思就是說，當下的努力和犧牲，只有在未來，完全整合之後才會有回報。從那時起，身為共同體會員國這件事，與其說是在此時此地接受了某種特定的條件，還不如說這代表著，他們參與到一個最終將通往某目的地的過程。不過，這只是眼前的情況，最終的目的地還沒到來。

讀者不必詳細知道哪個條約對誰做了什麼。關鍵點在於，一連串的條約已經改變了這個聯盟的本質。而在這個過程中，歐盟機構的權力，也已有了徹底的提升。它的重大發展如下：

- 一九五七年，簽署《羅馬條約》，建立歐洲經濟共同體。
- 一九六五年，《布魯塞爾條約》（Brussels Treaty）整併歐洲機構、組成理事會，並決定哪個機構將被設置在共同體的三大中心：布魯塞爾、史特拉斯堡及盧森堡。
- 一九八六年，《歐洲單一法案》（Single European Act）成為分水嶺，因為它提高了理事會投票中，合格代表多數的數量，使得單一國家更難否決提出的法案。

- 一九九二年，著名的《馬斯垂克條約》（Maastricht Treaty）預先為歐洲貨幣聯盟（European -Monetary Union）鋪路，並引進成立政治性聯盟需要的元素——公民身分、共同的國外與內部事務政策。當時 EEC 去除其縮寫中的一個 E，成為歐洲共同體（EC）。這是從一個大型經濟聯盟，走向具有明顯政治特色的轉折點。
- 一九九五年，《申根公約》（Schengen Agreement）正式生效，七個國家（之後陸續有其他國家加入）之間取消邊境檢查：比利時、法國、德國、盧森堡、荷蘭、葡萄牙與西班牙。
- 一九九七年，從《阿姆斯特丹條約》（Treaty of Amsterdam）中，已經可以看到英國同意了《馬斯垂克條約》的「社會憲章」。此外，該條約還創造了一種高階職稱，一個專屬歐盟的外交部長，稱為「歐盟外交暨安全政策高級代表」（High Representative for Common Foreign and Security Policy）。
- 二〇〇一年，《尼斯條約》（Treaty of Nice）在二十七個不同領域中，以合格代表多數決的制度，取代了全體一致的投票，也再次削弱了單一國家阻擋該國不歡迎措施的權力。
- 二〇〇七年，《里斯本條約》（Treaty of Lisbon）把合格代表多數決的規定，擴大到更多領域，為歐盟建立了合法的身分，並創造了新的職稱：歐洲理事會主席（President of the European Council）。在里斯本條約中，寫下了一項條款，清楚說明單一國家可以如何離開歐盟，這在歐盟成立史上是頭一遭。

但故事還沒完。人們普遍認為，不久的將來，歐盟主席這個職位，應該由整個歐盟直接舉辦選舉，讓勝利者來擔任。當然，歐盟已經有國旗和國歌，歐洲軍隊的計畫也已被提出討論。對於極端整合主義者來說，最後的目的相當清楚：就是歐洲的合眾國。

即便整合沒能夠發展到那一步，但是考慮到歐元的存在，事情也不可能維持原樣。正如我將在第五章明確指出的那樣，如果歐元想要持續，某種財政與政治方面的聯盟就有必要存在。就算還沒有屬於歐洲的聯盟，一個歐元區的合眾國也已經在醞釀籌畫了。事實上，二〇一四年一月，歐洲執行委員會（European Commission）的副主席維維亞娜•蕾汀（Viviane Reding）表示：「我們必須建立一個歐洲的合眾國，其中委員會將擔任政府的角色，兩個議院則是：歐洲議會和會員國的「參議院」。所以歐洲合眾國並不只是癡心妄想，它其實是一個很實際的遠景，或者，也有些人會說，它甚至是政治的必然。

地域上的擴張

在整個過程之中，歐盟在每個會員國事務上所扮演的角色，不斷地變大，因此屬於聯盟的國家數量也跟著顯著增加。一九八八年，在著名的布魯日（Bruges）演說中，當時的英國首相柴契爾夫人，區分了聯盟「深化」與「擴大」之間的對比，也就是說，允許更多國家加入。她希望能減少前者，並增加後者。結果，歐盟在這兩方面都有更多的進展。

圖 1.1 顯示歐盟擴張的階段。一九五七年最先簽署《羅馬條約》有六個國家，一九七三年時多加進三個國家：丹麥、愛爾蘭及英國。希臘在一九八一年加入，接著一九八六年葡萄牙和西班牙加入。一九九五年，奧地利、芬蘭和瑞典也加入，組成一個擁有十五個國家的聯盟。

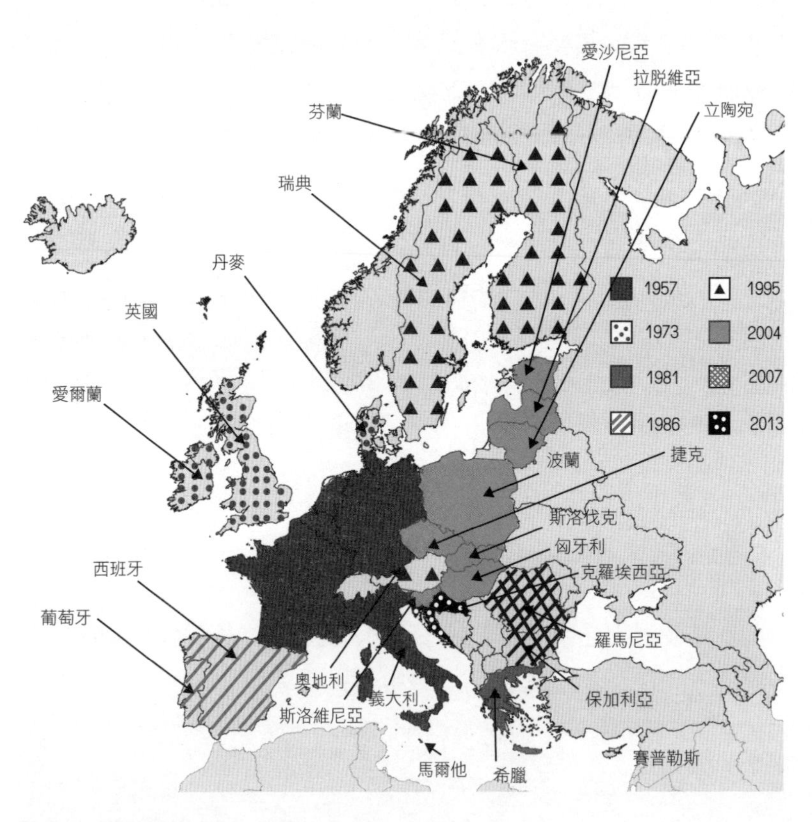

圖 1.1 歐盟擴張的階段。出處：www.europa.eu

然而，一直到二〇〇四年，歐盟才真正轉變。這是所有擴張當中最大的一次，帶進了八個前蘇聯集團的會員國，加上馬爾他和塞普勒斯。二〇〇七年，羅馬尼亞和保加利亞的加入，讓會員國的總數增加到二十七個，克羅埃西亞則在二〇一三年加入，使歐盟成為一個擁有二十八個國家的聯盟，和一九五七年最初踏上這條路時的六個國家相比，已有很大的不同。此外，正如我在第二章裡的解釋，還有其他好幾個國家正排隊要加入。

向心力

為什麼這些國家都想加入歐盟（而且還有其他這麼多國家也想）？這裡必須做個說明。其中一個理由很簡單，隨著歐盟越變越大，剩下的歐盟外國家，就會變得越來越不自在：不論是在外交、政治，以及經濟上。局外人會害怕受限於歐盟壓倒性的政治勢力，但同樣的，如果他們一直都不在歐盟裡面，就會被排除在歐盟巨大、而且還在成長的市場之外。

這幾乎就像是投資者所面臨的決定，是否應該對某個極大的股市泡沫袖手旁觀，比如科技熱潮，因為它還在持續膨脹。歷史顯示，在科技熱潮中，很少投資人會這麼做。即便是一開始就避免加入的人，通常到了最後也會深陷其中。泡沫變得越大，吸引其他人加入的力量，也就跟著變大。

許多批評歐洲整合的人都會認為，除了這些新會員的「陷入」，其實還有一些赤裸裸的自私動機在運作。他們的看法有道理，正如我很快就要做的說明，這和整合背後動機的重要終極目標，相去甚遠。

財務利益

儘管，實際上，好幾個近幾年受吸引加入會員的國家，都確實具有與金錢相關層面的動機。所有新加入的國家，長久以來都相當貧窮。也因此，他們可以受益於歐盟金錢上的實質挹注，而這些錢，則是由較為富有的國家所提供的，這些國家可以說是純粹的捐贈者。

二〇一二年，根據歐盟執委會的說法，歐盟資金最大的純粹受援國是波蘭，該國獲得一百二十億歐元，接著依序是葡萄牙（五十億歐元）、希臘（四十五億歐元）、西班牙（四十億歐元）、匈牙利（三十三億歐元）以及捷克（三十億歐元）。

你或許可以猜到，純粹的捐贈者是哪些國家：按照升冪排列，分別是：塞普勒斯、盧森堡、芬蘭、奧地利、丹麥、比利時、瑞典、荷蘭、義大利、英國、法國及德國（平均各國支付大約一百二十億歐元）。五大貢獻最多的國家是：德國、法國、義大利、英國及西班牙，總共捐贈了將近總金額的百分之六十五。

儘管這是淨值，而非用來衡量一國貢獻給歐盟，或是從歐盟得到的實質總數。對於可能透過現金流動買到的支持，卻不是數字大小可以估量的。因為當歐盟花錢的時候（比如說，在區域發展援助，或是道路建設上），它事實上是在做一件大事，因為是歐盟資助計劃，所以會不斷地展現裝飾著黃色星星的藍色旗幟。

然而這一切的資助，其實藏在會員國的國家帳本中，一般的納稅人根本不會知道。他們正在對自己的國家利益作出貢獻，卻反而會被鼓勵去相信歐盟的慷慨，就如同來自天堂的「嗎哪」（manna。譯者按：摩西及其子民在曠野中所得到的神恩賜的食物。）降在他們身上。

菁英的利益

這些加入歐盟的國家中，包括資助的會員國和近期的新成員，他們的政治菁英都很清楚知道加入之後對自己的好處，也就是說，能夠參與歐洲的統治，享有政治方面的利益、權力、地位，以及我敢說——金錢。我會在第二章中說明為歐盟工作的金錢誘因。

這樣的利益，對小國來說一直都是很強大的吸引力，因為歐盟的結構是經過特別設計的，好讓他們更有份量，而不只是因為純粹靠國內生產毛額或是人口數的多寡來確認他們的正當性。因此，對許多歐洲小國的政治領袖來說，歐盟一直是個很棒的政治生涯表現機會。這就好像他們已經從一個普普通通的當地教區議會成員，晉升為內閣大臣一樣。比如說，尚–克勞德•榮克（Jean-Claude Juncker），當他擔任小國盧森堡的首相時，曾經兩度擔任歐盟理事會主席，代表所有歐盟的會員國。而他也是現任的歐盟執行委員會主席。

至於對強大的德國、法國和英國的政治菁英來說，這可就是不同的故事了。雖然他們已各自擁有利益和誘因，不論是在金錢或其他方面。以德國來說，可以被接受為同等、而不是被遺棄的邊緣國家，比什麼都重要。為了確保這點，多年來德國領導人和官員，一直都很樂於在國際事務上，扮演一個羞澀而保守的角色，特別是扮演法國的副手，至少一直到最近都是如此。

相反的，對法國來說，歐盟代表了一種增加權力、影響世界的方式。法國把這稱為「射擊」但開火的卻是一個更大的主體。就在二〇一二年，現任的法國總統歐蘭德（Francois Hollande），表示：「要在明天的世界有影響力，要捍衛我們的價值觀和我們的發展模式，法國就需要歐洲，歐洲也需要法國。」。法國和德國對歐盟態度的改變，會在第二章有更多探討。

而對於英國政治家和官員來說，戰後的世界，最大的特色就是帝國地位的喪失和持續不斷的相對衰敗，也讓人煩了一段時期了。儘管成為歐盟的會員國，是一條崎嶇的道路，至少它還是給了英國一個舞台，讓它的菁英可以試圖影響世界，他們應該是這麼認為的。這點很重要，英國的勞斯萊斯等級的外交官和資深官員們，已經準備好要統治世界，但卻面臨可能只被限制在統治他們自己小小地方的危險。不過，這至少意味著他們還會繼續坐在上位，掌握大權。而這種「上位症候群」（Top Table Syndrome），就像我幫它取的名字，從此就影響了他們的看法。

指導的信念

雖然一些憤世嫉俗的說法是很淺薄的，但就整體而言，尤其是在偉大的企業裡，大家必須要相信他們在做的事。這也是盎格魯•撒克遜自由市場的經濟學家們，往往會完全忽略的重點，而且在過程中還會大大低估種族平等傾向的人在歐陸的力量。除了那些廣受美國經濟學家們喜愛的了無生氣的數學模式外，人生並不完全是在追求利益或效用的最大化。

人類歷史受到人類作為的支配，而無論好壞，人們都會相信他們本身以外的事物，這樣的信念會帶來力量、耐性和決心。如果有必要的話，甚至會讓你有能力去殺人。這就是為什麼軍官通常會這麼重視他們手下帶的兵的士氣狀態。因為到最後，這就是勝敗的關鍵。有些類似情況，也出現在政治上。

在納粹德國時期，儘管有些犯行可怕的壞蛋，認為他們只是在遵守命令，大多數的人做了他們所做的事，是因為他們相信做這些事的理由。

數十年來，有許多人為蘇聯而戰，要不對抗它的外部敵人、要不就是對抗它所認定的內部敵人。這麼做不是因為他們看到了一些隨之帶來的自身利益，而是因為他們相信共產主義。誠然，就像是在史達林格勒一樣，有些軍隊是因為蘇聯秘密警察拿機關槍抵著他們的背，才被迫上場作戰的，所以有些在和平時期為蘇聯利益工作的人，其實是因為不得不為。

如果蘇聯的創建有許多程度歸功於信念的力量，那麼它的崩潰也有著相似的理由。當然，這是個複雜的問題，但在蘇聯的失敗原因中，最首要的肯定是它的人民，領導和被領導的人都一樣，都已經不再相信它被創建時的神話。一旦如此，它的各種缺點就會變得難以忍受。

對於歐洲整合的追求，現在依然由五大信念支持：避免另一次歐洲戰爭的渴望、認為歐洲統一本應如此的理念、在經濟和政治認為規模大小真的很重要的概念、認為歐洲需要被統一才能對抗來自亞洲的競爭的觀念、以及認為歐洲整合無可避免的想法。

不論程度大小，這些信念一直都是已經加入歐盟的國家人民所共有的，包括資助的會員國和新加入的國家。但有的國家也受到其他一些需要另外注意的因素驅動：英國、前東方集團（eastern bloc）的成員，還有芬蘭、愛爾蘭、西班牙、葡萄牙和希臘。在討論完所有重要的指導信念之後，我會簡潔的說明這些特例。

迴避戰爭

避免戰爭肯定是最高尚的動機，不過英國老百姓卻往往很不經心地小看這一點。很多人都認為，其實是北大西洋公約組織、或是美國人、或是對於核彈的恐懼，而不是歐盟，使歐洲保持和平，不管你對於這個論點的看法是什麼，在一九五〇年代初期，歐洲整合被討論的時候，都還沒有人知道接下來六十年的演變。

而且，一如往常，倒讀歷史也是不對的。誰知道歐洲歷史會有怎樣替代性的演出，如果歐盟和它的先驅根本不存在的話？畢竟，在戰後好像義大利和法國即將變成共產國家了。同時，西班牙和葡萄牙也受到獨裁政權統治。

歐洲經濟共同體的六個發起會員國，由三個小國（比利時、荷蘭及盧森堡）和三個大國（法國、義大利、德國）組成，而這些國家的背後，都有戰爭猴子堅定依附著。對這些國家中的五個國家來說，最主要的恐懼其實和德國有關。而其中有四個國家，他們的恐懼則在於被德國人佔領、統治或羞辱。這適用在法國、荷蘭、比利時和盧森堡的情況。想到從《凡爾賽條約》到第二次世界大戰爆發中間只相隔二十年，這就完全可以理解，在二次世界大戰之後，這些國家應該會很害怕不久又再次爆發同樣的老問題。

第五個國家也很害怕德國，因為德國很害怕它自己：怕的是如果被放任自生自滅，那會變成怎樣，還有害怕接下來可能會有怎樣的結果，不只對它自己，也對其他國家。除了害怕它自己的孤立和被國際遺棄的狀態，它也很渴望在各國之間獲得尊敬。德國的財政部長沃夫岡•蕭伯樂（Wolfgang Schauble）二〇一二年在接受《明鏡周刊》的訪談中，毫不避諱地表示：「德國早就準備好把權力讓給布魯塞爾，因為只有透過歐洲，我們才能接收到第二次世界大戰之後的新機會。」

而第六個國家，義大利，也很害怕它自己，但卻是因為不同的理由。它也經歷過一段法西斯主義的時期、戰時的破壞和極大的痛苦。然而除此之外，許多義大利人卻懷疑，戰後的義大利政府為民眾帶來繁榮穩定生活和誠實的能力。義大利共和黨（Italian Republican Party）的戰後領導人烏戈•拉瑪法（Ugo La Malfa），曾經針對歐洲整合說過一段很有名的話：「要把義大利拴好在阿爾卑斯山上，以免它會沉進地中海裡。」隨後而來的發展，確認了義大利政府的這類恐懼，其實是很有根據的——即便義大利都已經被拴在阿爾卑斯山上了。

歐洲再統一

第二個關鍵想法，是認為歐洲已經被錯誤地分化了好幾世紀。想像著歐洲的歷史命運就是要被統一，是格外貌似合理的。畢竟，在羅馬帝國統治之下，正如圖 1.2 所示，它統一的範圍已經從西邊的伊比利半島沿岸，延伸到東北邊的萊茵河和多瑙河，並從北邊的蘇格蘭邊界延伸到南邊大多數的地中海小島。

要注意的是，這和今天對歐洲的概念有些許的不同。羅馬帝國基本上是建立在地中海（拉丁文中的「我們的海」）的周圍。有趣的是，大多數德國的區域和北邊我們所謂的東歐地區，其實在帝國的領土之外。這並不是因為羅馬人覺得德國人太沒教養而無法下嚥（這是今日他們當中有些人的後裔，對艱苦對抗德國而有所感）。事實上，羅馬歷史學家塔西陀（Tacitus）曾寫下很多作品，讚賞德國的生活與習俗。所以，他們是覺得德國太難征服了。

不過，有趣的是，除了土耳其全區、北邊的非洲沿海地區，以及大部份我們所謂的中東地區以外，東歐的南部地區，包含某些還不是歐盟成員的國家，都位在帝國的領土範圍內。很諷刺的，當初簽下《羅馬條約》的國家繼任者，現在卻覺得這些區域太難應付了。

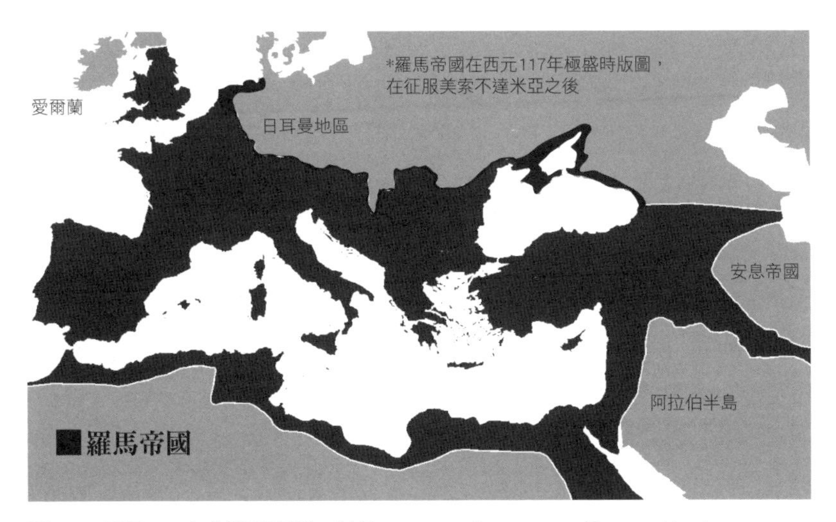

圖 1.2　西元 117 年的羅馬帝國。出處：www.ancient.eu.com/Roman_Empire

羅馬帝國滅亡之後，有過其他幾次統一歐洲的企圖，但卻沒有一次比得上羅馬帝國曾達到的規模。在中世紀時，也有過「基督教王國」的概念，意思是，受到基督教規範的國家，廣泛地包括了跟羅馬帝國一樣的領域；而不同於羅馬帝國的，由於七世紀的「穆斯林擴張」之後，使得基督教王國在地域上有所限制，並沒有到達北非或中東，但卻進一步延伸到了東歐；不只包含了許多的現今德國地區的小邦國，還包括一部份的斯堪地那維亞、烏克蘭、波西米亞、波蘭和俄國（Muscovy，後來成為歐洲俄羅斯 European Russia 的核心）；請看圖 1.3（見下頁）。

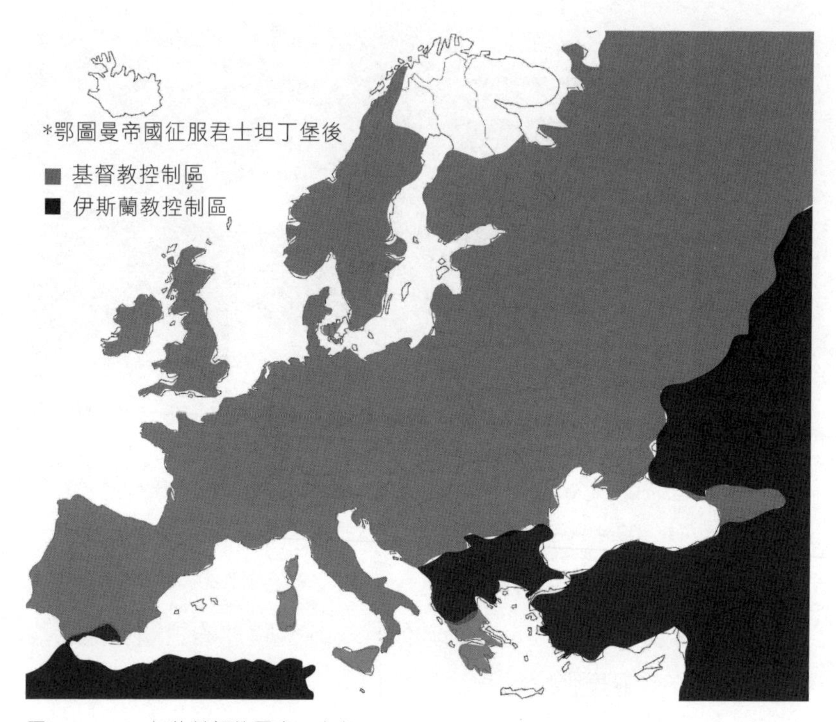

圖 1.3　1453 年的基督教國家。出處：commons.wikimedia.org；www.timemaps.com

當然，基督教王國並不是政治體制，比較像是對一塊領土的描述，而這塊領土鬆散且搖擺地跨越了某些假設和對國家的忠誠。儘管，在某些情況來說，基督教王國的君主們會一起作戰、捍衛他們自己的宗教（以及增進他們自己的物質收益），對抗伊斯蘭教的力量。即使在宗教改革造成基督教王國再一次分裂，讓它一分為三：天主教、新教、和東正教之後，基督教治理土地聯盟的那種不太明確的想法，卻也留存了下來。

一種廣泛超越國家的歐洲聯盟概念，也存活在神聖羅馬帝國的類型中（如同圖 1.4 所描繪）。雖然如此，套句酸溜溜的名言：

「它既不神聖，也不羅馬，更非帝國。」更具體來說，有四位歐洲領導者曾在不同時期，試圖建立橫跨歐洲大半地區的霸權：法國的路易十四、西班牙的查理五世、拿破崙及希特勒。他們各自都成功了一段有限的時間，但不久之後，歐洲又回到之前的樣子，變成一群小國和彼此競爭的大國。

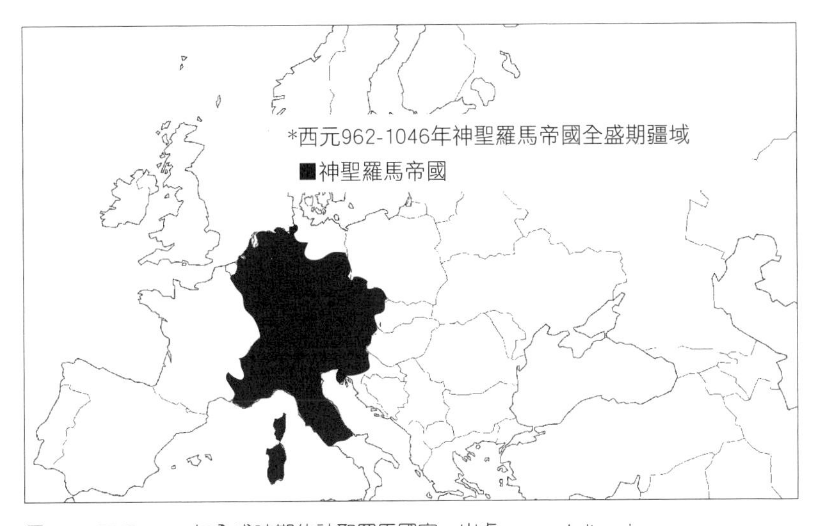

圖 1.4　西元 1000 年全盛時期的神聖羅馬國家。出處：www.britannica.com

有鑒於歐洲大陸的久遠歷史，應該可以把拿破崙戰爭結束後所出現的歐洲各國（與在一九一九年的凡爾賽條約後出現，大部份在一九四五年之後持續至今的不同），視為是無效能、沒有邏輯且危險的；甚至是完全非屬於歐洲。一九九九年十月，在一場對歐洲議會發表的演說中，歐盟執委會的前主席、也是義大利的前總理羅馬諾•普羅迪（Romano Prodi），曾經極盡坦白地表示：

> 我們現在必須面對艱難的任務，朝向一個單一的經濟體、一個單一的政治體邁進從羅馬帝國滅亡之後第一次，我們能有機會統一歐洲。

在巨人之間被擠壓

追求歐洲整合衝動背後的第三個想法，和這樣的熱望是有一個清楚的連結：國家大小很重要。第二次世界大戰之後的十年，是由冷戰掌控。世界分成了兩個陣營，分別由各自的老大領導：美國以及蘇聯。因為戰爭削弱國力，也打算要擺脫先前的帝國，相較於兩大巨獸，甚至歐洲、英國和法國以往的強大殖民力量，小國顯得畏縮，也不在意像荷蘭和比利時這樣越來越沒影響力的國家。

當然，西歐的國家也是所謂美國領導的「西方」的一部份，然而，這卻把他們放在美國附庸國的地位，這點顯得和歷史文化的深度有所衝突。此外，美國絕對不是一個美德的模範。如果歐洲可以統一，那也可以用同樣的問題面對美國和蘇聯，世界也會因此而受惠。因為可以對這兩大專橫的巨人有所平衡，對他們灌輸，經過好幾世紀精練的所有歐洲美德。

很明顯的，就連柴契爾夫人也支持這樣的看法。在一九六六年發表的一場競選演說中，她表示：「歐洲已經成為我們競選活動的基石⋯⋯我相信團結在一起，我們就可以形成一個巨大的板塊，擁有像美國或俄羅斯一樣的力量。」

這種想法也具有經濟上的面向。歐洲盛行的觀念裡，認為在經濟學上，「大小」真的很重要。市場的大小，決定了經濟規模的範圍。此外，單一國家或是多個國家組成一個聯盟，是它是否有力量作經濟協商的關鍵因素。

不管投票或民意，無疑地都受到美國方面極大的影響。美國在經濟上之所以表現「英勇」，主要取決於它的本土市場規模。但假如這是真的的話，為什麼某些結合產生的歐洲政體（無論歐洲合眾國或某個比一個完整政治聯盟小一點的政體）無法享有同樣的好處？事實上有一些很好的理由，可以解釋為什麼歐洲無法輕易模仿美國，我會在第七章中討論。

有趣的是，打從很早期，早在歐元出現之前，就已經有一種想法，認為美國可以藉由發行世界的貨幣，享有超越歐洲的巨大好處，也能因此大大降低財務上的成本。法國總統戴高樂認為這是美國「要求過高的特權」。因為已經經歷過歐元作為美元的對手，我很懷疑許多歐洲人還會覺得是「享有特權」，但是這個主題必須等到第四章再進行完整的討論。

所以，基於安全或是保衛的理由建立、或是屬於某個大型國家聯盟的目標，是和推動歐洲繁榮的目標密切相關的。它們將會依次有助於提升歐洲在世界上的影響力。

這種歐洲對於整合利益的思考，可以反映到大西洋的另一邊。一直都有一些美國權勢集團的會員國，看到歐洲統一對美國霸權形成潛在威脅的迫切感。即便如此，從一開始，佔優勢的美國對歐洲整合的態度就是很正面的。再強調一次，這是基於政治和經濟上的理由。在政治上，戰後的最初十年，美國全神貫注於共產主義的威脅，並把一個較為整合的歐洲，視為一個對抗共產主義的堡壘。

經濟的因素，也進入了政治的方程式。歐洲越是在經濟上成功，共產主義就越不可能在其中散播。不只如此，更大的經濟成功，也會在經濟上有助於美國，透過貿易以及投資上的連結，更有助於減少美國對全球防衛、援助、以及國際組織的付出。

至於如何在歐洲達到更大的繁榮狀態，對大多數的美國權勢集團來說，似乎很顯然就是降低貿易障礙和促進整合。事實上，美國做得還不只如此，有長達四年的時間，從一九四七年開始，根據馬歇爾計劃，美國每年都移轉超過百分之一的國內生產毛額，援助受到戰爭破壞的歐洲各國。

然而，一旦歐洲計劃啟動之後，資深的美國官員和外交官卻似乎從來沒想過，如果歐洲制度建構得很差，或是盛行的經濟意識型態是中央集權論和主張干預國際事務的，那麼更緊密的整合，實際上就可能會傷害經濟的成長。若要客觀，就只有讓歐洲再度成長，這才是刻不容緩的優先事項。此外，當時幾乎沒有經濟學家認為制度是重要的，他們覺得「簡單的經濟力量」會帶來繁榮。這要等到共產主義垮台，以及新興市場崛起，才能恍然大悟。或許更讓人驚訝的是，本身作為一個很大的民主政體，美國卻令人費解的沒有意識到，在歐盟核心隱隱約約存在的民主缺陷。

東方的挑戰

近幾年來，隨著蘇聯已經解體，甚至美國霸權的終結也近在咫尺，第四個因素也隨著浮現，那就是對於東方的恐懼。有人認為，世界將會被中國和印度主宰，還有一些力爭上游的，比如印尼的緊追不捨。如果歐洲沒有統一，那麼它要怎麼讓自己的聲音在全世界被聽到呢？它要怎麼跟這些國家競爭呢？的確，它又該怎麼生存呢？

捍衛歐盟的人常會指出，如果沒有歐盟，在二十年內，沒有一個單一歐洲國家，甚至德國，能夠坐上決策桌，而且透過和各歐洲國家個別協商，中國就能分化並且掌握他們。正如二〇一三年七月，在一場和英國首相大衛•卡麥隆在漆咸樓（Chatham House，譯註：正式名稱為皇家國際事務研究所 The Royal Institute of International Affairs，是一個位於倫敦的非營利的非政府智庫組織）舉辦的聯合演講中，義大利總理恩里科•萊塔（Enrico Letta）所說的：

> 今天，「大小」再度很重要。會員國需要歐盟集體的力量才能發揮槓桿作用，否則他們就不會擁有必要的權力和財富，好在世界政治佔有一席之地。歐洲要不就經濟、外交和防衛政策扮演全球角色，會員國就會各自苦於維持它在過去一世紀所扮演的角色。

實際上，二十或三十年內，世界有可能會變得多極化，而且會有非常不同的制度，正如我會在第十章提出的論證。儘管如此，對於如果歐盟不能存續，害怕歐洲變得無關緊要和無能為力的念頭，已經引起了更多，超越歐盟所能承受的，對挫敗的容忍度。

必然性

在竭力主張歐洲整合背後的第五個信念，其實是其他四個想法的匯集，意即，認為歐洲整合實在無可避免。這種必然性會在那些相信這點的人身上，賦予一種神奇的力量。既然「無可避免」的事件或結果會發生，那麼無論你做了什麼，或不做什麼，都是無可避免的了。然而，事實上，人們似乎是會被驅使而採取行動的，因為他們相信所做的和歷史的步調是一致的。

在《戰爭與和平》中，托爾斯泰質疑為什麼成千上萬的人，會在歐洲各處移動，前進拿破崙戰爭中的最大武裝衝突。他為特定人士提供了各種具體的解釋，但是他很清楚，他們都只是無足輕重的成員。他把整個移動的畫布，視為命運的結果。

在托爾斯泰寫下他的大作之後不久，無可避免的必然性想法就逐漸在共產主義的崛起過程中，扮演關鍵的角色。馬克思發展出一套經濟和社會的革命理論，讓共產主義變得「無可避免」。許多隨後在俄國和其他地方作戰，讓共產主義得以實現的革命者，都真心地覺得它的最終勝利是無可避免的。這使他們的意志變得堅定，並讓他們預備好不惜一切，以便把願景變成現實。

歐洲整合也有一種無可避免的氛圍。這似乎是對過去以及未來方向的累加與療癒。民族國家將成為歷史，統一的歐洲將會體現最好的歐洲傳統，同時穩固歐洲在現代世界中的未來。

這種無可避免的感覺，甚至影響了反對整合的人，他們常常會覺得他們要對抗一種強權，無論如何都會繼續壓過他們。即便大多數人的反對都受到忽略。當針對提出的《歐盟憲法》所舉行的公投被法國和荷蘭否決時，歐洲的菁英就只是無論如何都繼續執行在投票中已經被否決的關鍵要素，只是基於禮貌，不想用髒字問候人家媽媽而已！

二〇〇八年，當愛爾蘭人投票否決《里斯本條約》時，隨後而來的問題讓他們再次公投，這次准了，但可想而知，如果他們在第一次公投就通過，就不會有第二次了。因而留下來的印象是他們會被強迫繼續投票，直到他們同意，一旦他們同意，就不會再被要求了。

只在近幾年，無可避免的必然性光環，才開始減弱，對支持者和反對者都一樣。事實上，進一步的歐洲整合絕非無可避免的，但既然現在似乎不再如此，所以事實上就比較不可能了。

所以，歐洲整合運動有五大引導信念，這五大信念支持了對繼續整合的推動。他們激發也驅使了這個運動的支持者，在他們心裡填滿一種道德優越感，認為歷史是站在他們這邊的。

想得更寬廣一點，這個運動不只它自己的思想體系，由這五大想法所組成，也有自己的神聖文本——《羅馬條約》、自己的守護神——莫內和舒曼，以及終極的目標——形成一個在歐洲的合眾國。換句話說，它具有許多宗教的裝飾。這肯定有助於說明支持歐洲進一步整合者的精神力量，以及他們繼續達成目標的決心，即便數以百萬計的公民同胞，都不贊同他們的觀點。

英國的尷尬定位

除了歐洲以外，這五大引導信念（以及主張種族平等的宗教）也對英國有很重大的影響。其中有一些關鍵的經濟考量，影響著英國在一九七三年加入 EEC 的決定，這點我在第三章才會討論。然而，針對這個地緣政治學的情況，有一個很特別的英國面向，儘管它具有一種明確的美國式扭轉。

邱吉爾已經成功地建構了對於兩個大的大西洋民主政體的敘述：美國和英國，它們曾一起並肩作戰，接著又一起為戰後的世界奠定基礎，除了共同的利益之外，支撐他們的，還有同袍的感覺、共同的語言和共有的遺產。這點有一種實質上的真確性，但這段關係中也有黑暗面。在戰時與戰後，美國一直很渴望抓住商業上的好處，在世界市場超越英國，而且相對地，想確保大英帝國廢除。

多數英國人，從來都不曾了解有見識的美國人，是如何看待英國和它的海外殖民地子民，以及國內的階級系統的運作，包含一位世襲的君主擔任國家元首、以及名為上議院的政治主體，彷彿不是真正的民主政體。此外，英國一般來說並沒有認知到什麼樣的程度，才算結束戰爭。羅斯福總統試圖拉攏史達林，讓邱吉爾孤立。對許多確實知道這件事、或是之後才知道的人，這具有深遠的影響。即使在早期的階段，儘管這段「特殊的關係」就某種程度上而言，並不是完全的欺騙和善意。然而，它都絕不會近似一種平等的關係。更有甚者，美國意圖要讓它變得再不平等一點。因為他們試圖要減少英國在世界上的立足之地，而且，當然，美國已經成功了。

一九五六年的蘇伊士運河危機，當美國有效地幫英法聯軍扯了後腿，為從埃及總統納賽爾（Nasser）手上奪回蘇伊士運河的企圖，提供了致命的一擊。蘇伊士一役是極大的國家羞辱。在那之後，英國的選擇顯然就只剩下成為美國耍著玩的小狗、或是投入歐洲的懷抱。

在蘇伊士戰爭之後，新任的英國首相哈羅德•麥克米倫（Harold Macmillan），喜歡把英國的選項看得比較不那麼刻板。他天真地設想英國處於三段關鍵關係的中心：和美國、歐洲、還有大英國協之間，因為英國之前的帝國型態，現在已成了一種相當於國際上的上議院了。他認為，這種三角狀況讓英國成為一個極其重要的國家，英國對世界事務的經驗與老練，使它對美國來說格外有價值。正如他所說的，他認為英國扮演的是美國羅馬的希臘角色。

但隨著這幾年過去，歐洲整合加深，這種自滿的看法，顯得越來越偏離現實。英國會想要加入歐洲的計畫嗎？許多英國的機構現在都把加入歐盟視為「無可避免」。結果證實，法國的戴高樂總統對於英國的提議說了「不」。然而，到最後，戴高樂才下台，英國的確就加入歐洲經濟共同體，而大多數的英國人是沒有意識到他們正在加入「日益緊密的聯盟」的計畫。大家還以為只是加入了一個共同市場。當然，英國也還是持續扮演讓美國耍著玩的小狗。

逃離共產主義

對歐盟的幾個新成員國來說，吸引他們成為會員的向心力是很不一樣的，他們各自的情況還牽涉到與大國之間的關係。這些國家是前東方集團的成員，而他們在蘇聯的統治之下，經歷了很長一段時間被西方國家排除與切割。在蘇聯倒台之後，他們現在渴望能成為「西方俱樂部」的一員，並能被視為正常的國家。而比較負面地去看，他們還是繼續害怕一個再度信奉領土擴張論的俄國，會想要併吞他們。波蘭、捷克、匈牙利、波羅的海三國的拉脫維亞、愛沙尼亞和立陶宛、斯洛伐克、斯洛維尼亞、克羅埃西亞、保加利亞以及羅馬尼亞，都有類似程度不同的情況。

芬蘭也差不多，一九三九年到一九四四年間，它大半都在跟蘇聯交戰。而且，芬蘭在一八〇九年到一九一七年之間，還是俄羅斯帝國的一部份。除了芬蘭的種族和語言傳統，這也讓它不同於其他的北歐國家，其他要不是獨立在歐盟之外（挪威），要不就是像英國一樣，一直在歐盟裡，但卻和歐元區保持距離（瑞典和丹麥）。

對所有這些國家來說，歐盟會員國的身分，是一種和西方國家再結盟的象徵，而且顯然會發出一種清楚的警告並引發關注——說不定俄國在未來可能變得好戰。（所有前東方集團的成員，但不包含芬蘭，也曾加入北大西洋公約組織，而這個舉動可得到具體的保護，並無需妥協國家的主權，詳見第十章。）

雖然最初的設想，歐盟並不會扮演這種角色（事實上，它真的是有可能的），當前東方集團的成員從蘇聯統治的噩夢中脫離出來時，歐盟是對他們扮演了一個接待所的角色。至於成為歐盟會員國最渴望達到的目的，就是想藉此宣傳痛苦政經改革的基本理由，並有助於檢視任何自此墮落的傾向。若不談其他，單以這個成就而言，歐盟可說是成功的，而且也對人類有所貢獻。

其他國家，其他動機

針對現在我們所謂的愛爾蘭共和國，煩惱的重點不會放在熊（俄羅斯）上面，而是一隻骯髒的老獅子（英國）。愛爾蘭南部區域的愛爾蘭（Eire），在一九二二年獨立成為自由邦。然而，直到一九八四年，英國王室的責任才完全解除，成為共和國。即便在當時，英國當局仍然繼續插手該國多數事務，直到一九七九年才打破和英國貨幣之間的連結，不與英鎊掛鉤 .。它成為歐盟的會員國之後，代表真實逃離英國的影響，愛爾蘭成為一個國家的時代來臨——並非主權與國家身分的喪失，反而是他們清楚的權利聲明。

有趣的是，歐盟有三個麻煩的南部會員國，也把歐盟視為自由的保證者和賦予者，得以免於外在統治、免於專制和壓迫。因為這三個國家是獨裁統治的逃脫者，儘管這些獨裁政權並不屬於共產體制。一九七四年，希臘擺脫軍事強人長達七年的統治。西班牙從一九三六直到一九七五年，一直受到法西斯獨裁政權統治，多數時間是在佛朗哥將軍統治之下。而葡萄牙則從一九二六直到一九七四年，受到獨裁政權統治。

對這些國家來說，把權力讓給布魯塞爾，並不至於像許多英國人那樣，認為是不祥預兆。正好相反，它代表的是一種自由和逃離，一種明顯的民主保證和自我治理，以及加入值得尊敬的外國俱樂部的會員。

成就的歷史

因此，歐盟的發展與成形，出於許多不同的動機。有些對幾乎所有加入的成員國都是共通的，有些則只特定適用單一的國家。有些動機具有經濟的層面，也就是說新成員會認為，他們將名列一個經濟成功的故事內頁，而且他們自己的經濟表現也會跟著改善（我會在第三章中單獨探討歐盟的經濟表現）。但就算沒有全部，還是有許多加入歐盟的國家，具有很明確的政治動機：就是要與聯盟的政治血源保持一致。

先暫且把經濟放到一邊，在許多方面，對歐盟的期待與希望，都可以說是成功的：

- 已經不再有歐洲戰事。
- 特別是法國和德國現為關係密切的聯盟。
- 歐盟已經幫助了來自前蘇聯集團的國家重新被西方所接納。
- 還有好幾個國家正排隊等著要加入。
- 歐盟已經使會員國在世界舞台上的權力和影響力發揮效用。
- 歐盟的機構似乎正處於轉變的時間點，以至於歐盟本身，或者可以說是歐盟中的很大一部份，已經準備好要實現建立歐洲合眾國的最初夢想。

麻煩的是，在創始之父的最初願景之後，事情已經改變了。歐盟真的是歐洲現在需要的嗎？還是它其實是歐洲的大問題呢？

II 歐盟作為一種政治機構的麻煩

我相信政治聯盟，我相信政治上的歐洲，我相信歐洲的整合，我相信一個我們能把經濟、文化和政治結合在一起的歐洲。

—尼古拉•薩科吉（**Nicolas Sarkozy**），法國總統，二○○七年

就算牛出生在馬廄裡，牠還是牛。

—佚名

對越來越多的當代觀察家來說，歐盟的成功似乎和過去脫不了關係。然而，對於現在，甚至與未來更有關的，它還具有幾個關鍵性的缺陷：

- 它深受巨大的認同危機之苦。
- 它的體制基本上結構很差，管理狀況也很糟。
- 受限於和諧與整合的目標，它必須專注在一個多半沒有關連的議程上，因而產生了過多的規範並抑制競爭。
- 它和全體選民之間很疏離。

這些缺陷所導致的一個主要的結果，就是它有做壞決策的傾向，然後接著就會影響其他許多事務，其中包含經濟表現在下一章我將分析這個問題，而現在我要討論的是歐盟的政治和制度特性。我會先探討為什麼制度很重要，之後再檢視歐盟制度結構的缺失，從最根本的認同問題開始，然後考量歐盟制度本身，並分析各成員國全體選民不斷改變的看法。

統治的重要性

就我們大多數的歷史來說，實際上人們對他們受到統治的方式，從來無法置喙。他們之所以會受到這樣的方式統治，是因為長久以來一向如此，直到其他某些強權到來，篡奪了前一個政權。王朝和帝國來來去去，基本上並沒有太多邏輯依據，除了行使蠻力以外，還間或使用傳統、法律與習俗的非暴力力量。

不該被遺忘的是，這段漫長的專制歷史，也被視為一段在經濟上毫無成長的漫長歷史。其中的原因當然很複雜，這裡要強調的重點在於，統治真的很重要，不只是針對人類自由和幸福（這肯定是最重要的目標），也是對經濟成長而言。因此，在十七和十八世紀，專制力量被縮減、承認法律的力量和權威，以及一個充滿活力的公民社會的開展，都和西歐開始成長有關連。

在過去幾百年來，工業革命最先發生在英國的原因，一直不斷有學者們激烈辯論，往後無疑還會繼續。但是讓我這樣說吧：這並不全和煤炭和水力的可利用性有關。除了在財務的範疇裡，政治和制度發生的變化也扮演了很重要的角色。

回顧過去四個世紀，有三次關鍵的革命，都和當時君主可從人民身上攫取金錢的權力正當性，以及意見產生分歧密切相關。在英國內戰中，查理一世掉了腦袋，英國短暫成為共和體制，而戰爭最初開始的原因，是議會反對查理一世收取稅金以資助他的戰爭。一七八九年的法國大革命，也同樣部份起因於拒絕苛刻的稅捐。一七七六年的美國獨立戰爭，也是始於稅收問題，當時革命軍喊出了「無代表權，不納稅」的口號。而在英國和當時還是殖民地的美國，君主權力受限，特別是經濟層面的限制，在隨後經濟上的成功，至為關鍵。

制度真的很重要：好壞都是。在《國家為什麼會失敗》（Why Nations Fail）一書中，戴倫•艾塞默魯（Daron Acemoglu）和詹姆斯•羅賓森（James Robinson），強調廣納型（inclusive）和榨取型（extractive）制度之間的差別。廣納型制度會保障公眾的利益，而榨取型制度基本上則會保障統治者或某些特殊利益團體的利益（這跟我在《市場的大麻煩 The Trouble with Markets》中，對創意型 creative 與分配型 distributive 做法之間做出的區別很相似）。只有當廣納型制度凌駕於榨取型制度之上時，社會才會進步。

經濟學家與諾貝爾獎得主道格拉斯•諾斯（Douglass North）曾經強調，重要的制度並不只是正規的制度。他所稱的「非正規制度」也很重要，比如制裁、禁忌、習俗、傳統及行為準則。他指出說，在獨立之後，拉丁美洲國家實際上都採用美國憲法的複寫本，儘管這並不能確保良好的統治。諾斯說，真正的原因其實是幾乎所有拉丁美洲國家都曾經是西班牙殖民地，也因此充滿了西班牙的非正規制度；在這樣的制度中，對許多政治與經濟上的交換來說，「個人」關係是關鍵。相反地是，美國一開始是英國的殖民地，因此受惠於英國的非正規制度，能夠允許複雜的非個人交換。

那麼，歐盟的制度又是怎樣的情況呢？它們的結構完善嗎？在歐盟的條約與附加協定中，是否有具體說明對強權的清楚限制？針對我們所知的，歐盟的制度是否有可能以一種利於促進經濟成長的方式運作？這些制度是否有可能贏得受他們支配的人民的忠誠與喜愛？要開始回答這些問題，就得要先探討根本的認同問題。

怎樣才算是歐洲？

歐盟一直飽受巨大的認同危機之苦，這必須追溯到聯盟的基礎。歐盟創始之父懷抱一體化構想，但對於聯盟可行或理想的範圍，卻沒有明確的概念。由於他們是在冷戰期間著手進行計劃的，當時蘇聯陰森地大舉逼近，而且對於東歐能夠而且願意加入我們現在所謂歐盟的想法，不過只是白日夢，他們或許並不需要去想這個議題。但現在卻有必要好好考慮。

歐盟的重點到底是什麼？是要連結屬於「歐洲的」國家和人民嗎？是要連結在地理上緊密連結的國家和人民嗎？是要連結用某種方式行事、準備好也能夠遵守歐盟法律的國家嗎？還是只是要儘可能地進行擴張，因為越大越好，這樣歐盟才能被視為一個世界政府的先驅？如果對這些問題沒有明確的答案，就會很難明白，為什麼歐盟不應該考慮擴張到地理上相近的國家，像是以色列或北非的國家，儘管嚴格來說它們並不屬於歐洲。歐洲復興開發銀行的職權範圍，並沒有延伸到中東和北非。或者，如果關鍵的概念是文化，那在性格和歷史上極為「歐洲」，但地理上卻很遙遠的國家？比如加拿大、澳洲或紐西蘭？

這個問題就「存在」上來說，是很重要的。因為，如果對於「歐盟會員國應該開展到多遠」這個問題沒有明確答案，那或許就應該將它限制在一個更小的範圍裡，或說真的，也許歐盟根本就不應該存在。

正式的準則

顯然，歐盟會員國並沒有開放給任何老國家。根據哥本哈根的標準（一九九三年由歐盟理事會在哥本哈根所建立的），要成為歐盟會員國的候選人，一個國家必須：

- 具有穩定的制度，可以確保民主、法律規範、人權，以及對於少數族群的尊重與保護；
- 具有能發揮功能的市場經濟，以及處理歐盟中的競爭與市場影響的能力；
- 有能力且能有效承擔並執行會員國的義務，包括遵循政治、經濟與貨幣聯盟的目標；
- 採用組成歐盟法律的共同規範、標準與政策。

然而，這些準則還是沒有清楚說明，哪些國家可以、哪些國家不能成為會員國。因為我們很快就會看到，產生了一些難解的情況。

隨著歐盟的發展與蘇聯的倒下，使得歐洲的統一變得可能想像，這個想法是來自歐盟可以代表歐洲的典範。因此，它的範圍應該受到歐洲本身的範圍支配。這聽起來夠簡單了吧？但直到你開始檢視這些難題為止。

圖 2.1 顯示的是進一步可能擴張的範圍。歐洲包含第二波蘇聯集團之前的成員國，羅馬尼亞、保加利亞和在二〇一三年七月成為歐盟第二十八個會員國的克羅埃西亞。此外，有五個國家正式被承認為候選人：冰島、馬其頓共和國、蒙特內哥羅、塞爾維亞和土耳其。土耳其本身是個很重要的議題，我很快就會談到。還有其他三個國家，雖然沒被正式承認，但已經廣被認可為潛在候選人：阿爾巴尼亞、波士尼亞及科索沃。

更嚴重的問題是，有關於兩個甚至還不在潛在候選人名單中，但最終可能會加入的國家，即烏克蘭與俄羅斯。這兩個國家可以被視為部分歐洲，但是它們已經有段時間處於主流歐洲政治文化之外，而且無法被視為受到法規統治的完全西方民主政體（儘管這並沒有阻止俄羅斯被包含在八大工業國組織 G-8 之內。）此外，這兩國都非常大。烏克蘭擁有大約四千五百萬人口，俄羅斯則擁有超過一億四千萬的人口。

在這兩國中，烏克蘭是比較看似合理的候選人。它的人口或許很多，儘管在西歐的國家中，比起伴隨著羅馬尼亞與保加利亞加入產生的成本，肯定不是沒有更大的擔心。即使烏克蘭成功地完成了改革計劃，但非常低水準的人均國內生產毛額，以及含糊不清的政治文化，將會讓烏克蘭的加入，對歐盟來說格外難以下嚥。這些同樣的重點，加上大小、地理和歷史，肯定會把俄羅斯排除在外。

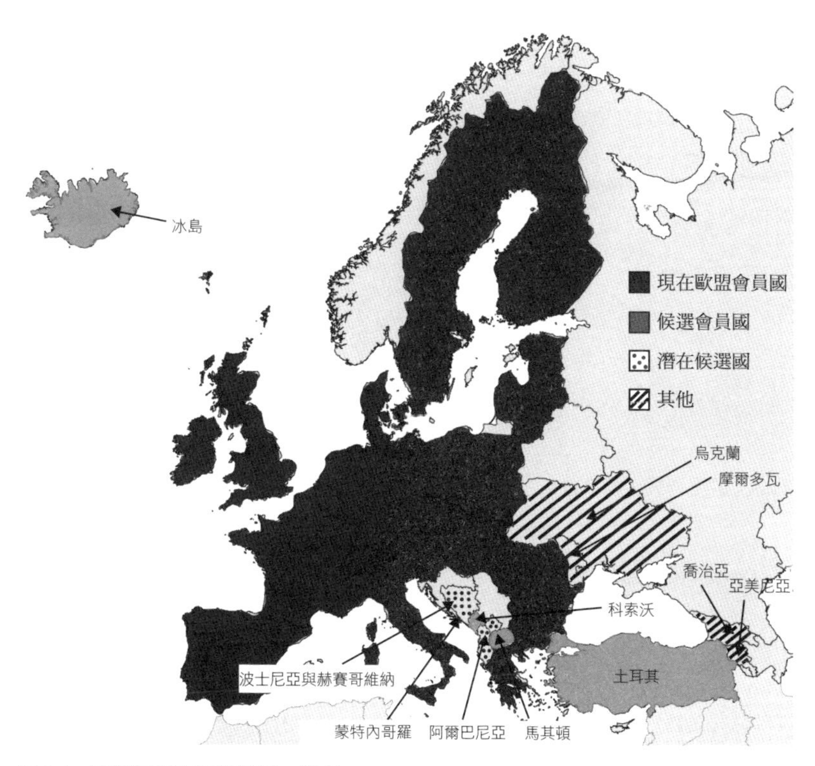

圖 2.1　歐盟的潛在擴張版圖。出處：www.europa.eu

巧的是，這兩個國家最近都剛進一步遠離可能的會員資格。俄羅斯已經決定要訂製自己的聯盟，有可能的話，就把之前蘇聯的共和國都包含在內（我會在第十章裡多談這件事）。它顯然想把這個視為針對歐盟的對手，透過這樣的組織，希望可以把前蘇聯的共和國納入它的影響範圍，以避免它們像前東方集團的衛星國，比如匈牙利和捷克那樣，被拉向歐盟（請看下頁圖 2.2）。

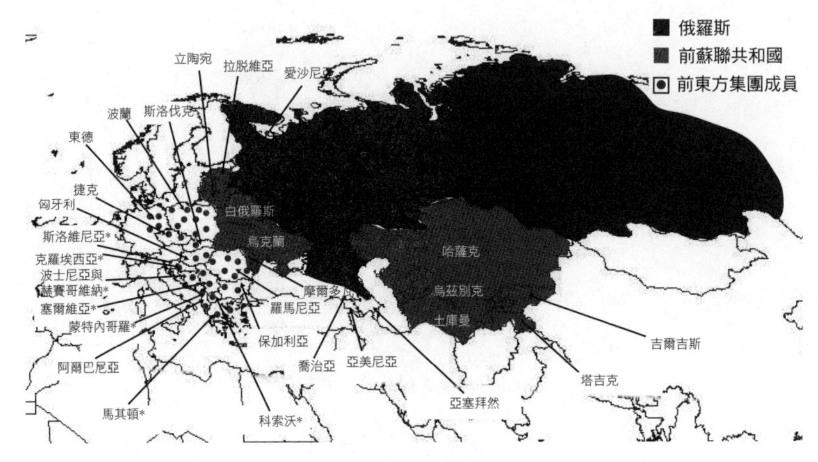

圖 2.2　前蘇聯與其衛星國。出處：www.britannica.com

烏克蘭要走的方向，則還懸而未決。早在二〇一三年十一月，一場在立陶宛首都維爾紐斯（Vilnius）舉行的高峰會上，它就已經被期待要和歐盟簽下貿易協定。但是在最後一刻，受到來自俄羅斯強烈的經濟與政治壓力之下，烏克蘭退縮了。隨後才知道，俄羅斯提供了烏克蘭相當可觀的經濟援助，包括買下它的債券、並以低於市場的價格供應能源。這顯然是俄羅斯的意圖，認為烏克蘭應該加入它的歐亞聯盟（Eurasian Union），而且也因此，它應該要退出歐盟。這在烏克蘭引起了相當多的不安定，包括暴動以及街頭的示威遊行。

二〇一四年，俄羅斯從烏克蘭手中奪走了克里米亞，並將它整合入俄羅斯，同時還明顯地在東烏克蘭挑起動亂，據說是打算讓該區域變得不穩，可能還會導致它被合併到俄羅斯當中。這些行動，促使雙方都採取重大的軍事謀略，並使西方對俄羅斯採取經濟制裁。整個事件似乎對歐盟的東進擴張，標示了清楚的限制。

俄羅斯的意圖，也同樣會對其他三個前蘇聯的共和國——摩爾多瓦、喬治亞及亞美尼亞有很大影響；他們曾和歐盟建立密切的關係，現在卻已停滯在未達完全歐盟候選人資格的靜止狀態裡。無論歐盟是否會希望他們加入，而實際上無論他們自己是否希望加入，他們都會被俄羅斯的明顯期待壓垮——就是不要讓他們加入。

一種不同的擴張

當要思考歐盟的進一步擴張時，俄羅斯的人口規模與態度，並不是唯一需要列入考慮的因素，另外還有關於經濟發展的批判性議題。對這個議題來說，人均國內生產毛額是個很合理的基準。對於現有的歐盟、歐盟會員國的候選人、以及潛在候選人之間，國內生產毛額水準的懸殊差異到底有多大，實在難以形容。

圖 2.3（見下頁）顯示的是歐洲經濟共同體的六大發起會員國，在一九五七年的人均國內生產毛額；除了極小的盧森堡以外，最富有的國家是荷蘭，但該國人均國內生產毛額，也就只是義大利的兩倍。在接下來幾十年間，這個落差逐漸拉近。在一九七三年的第一次會員國擴大中，新會員國丹麥、愛爾蘭和英國，擁有的人均國內生產毛額，大體上與既有的會員國一致。

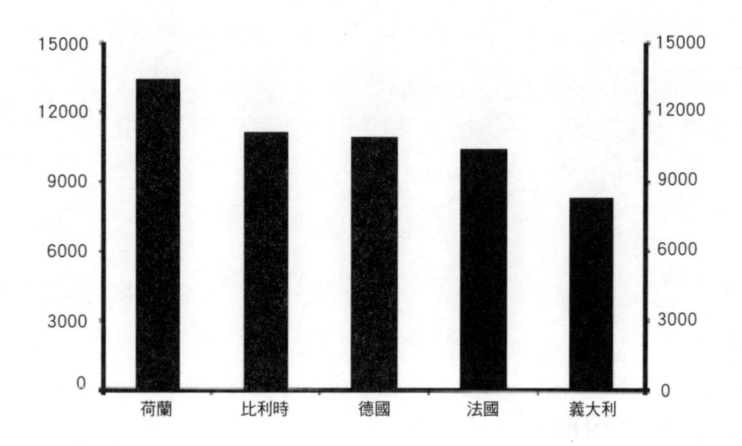

圖 2.3　歐洲經濟共同體六大發起會員國，1957 年的人均國內生產毛額（除了盧森堡以外，用美元計價的購買力平價，2011 年的價格。）
出處：UN, The Economist, Penn World, Datastream,Maddison

這肯定更不是發生在二〇〇四年的大擴張情況，如圖 2.4 所示。最窮的新會員國的人均國內生產毛額大約是最富有國的三分之一（除了盧森堡以外）。二〇〇七年當保加利亞和羅馬尼亞加入時，他們甚至還更窮。同樣的，如圖 2.5 所示的，除了冰島以外，現有和潛在候選人的人均國內生產毛額，都是歐盟平均的很小部份。

隨著歐盟往東擴張，各國也出現了非常不同程度的進展。特別是人民可以在聯盟內部自由遷徙的中心思想。結果已經到了一種移居的程度，也嚴重地讓會員國的原住人口感到苦惱，而且不只激起了反歐盟的觀感，還引發了種族主義和仇外的情緒。

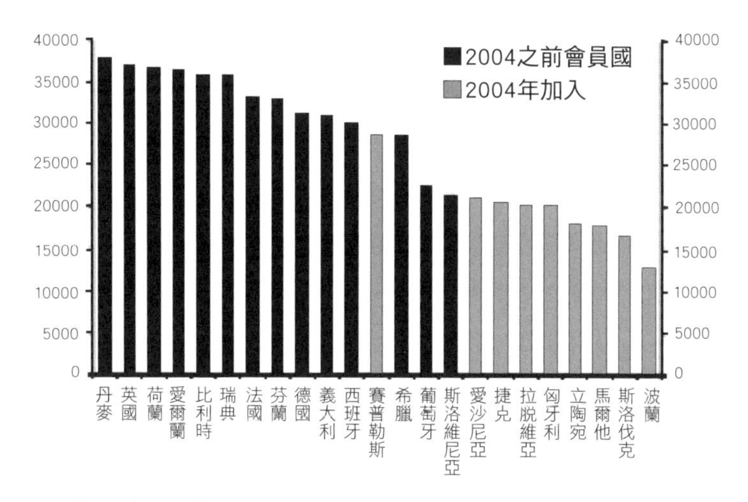

圖 2.4　歐洲經濟共同體現存的 14 個會員國，2004 年的人均國內生產毛額（除了盧森堡以外），以及該年加入的新會員國（用美元計價的購買力平價，2011 年的價格。）出處：World Bank

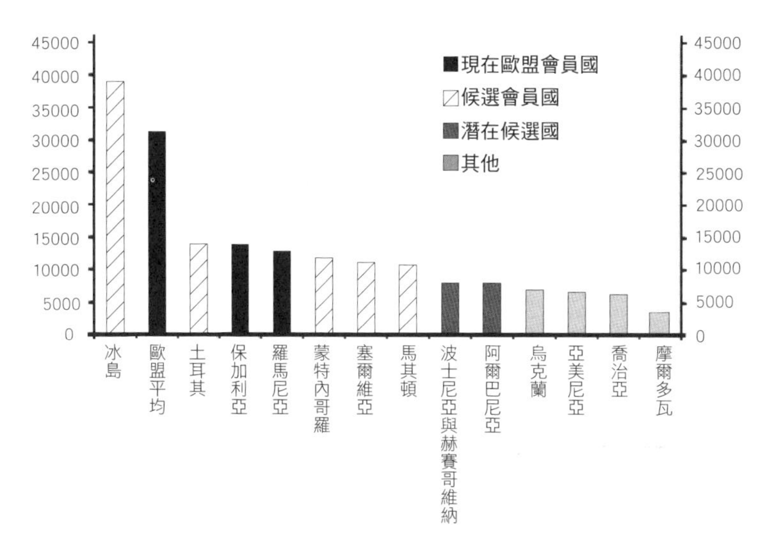

圖 2.5　現存的歐盟會員國，以及各種可能的新會員國，2013 年的人均國內生產毛額。（用美元計價的購買力平價，2011 年的價格。）出處：IMF

歐洲經濟共同體形成的時候，或是在一九七三年擴大時，這個問題並沒有產生，因為當時發起會員國之間的發展差異比較小。然而，二〇〇四和二〇〇七年的擴大就不同了。未來的擴大，似乎也開始遵照這個比較相近的模式。

這幾乎就好像是生成歐盟兩大議題（勞工自由遷徙 vs. 強烈主張擴大）的人，誰也不理誰。

土耳其的問題

對於歐盟最具挑戰性的潛在新會員——土耳其，以它的發展程度，還不是歐盟所面對的唯一，或甚至主要的議題。只不過土耳其可能成為會員國的這個議題，已經直入歐盟認同危機的核心。

在許多方面，土耳其都很自然屬於歐洲。不像俄羅斯，它是北大西洋公約組織的成員，而且還參加歐洲歌唱大賽（Eurovision Song Contest）、以及歐洲足協舉辦的歐洲冠軍聯賽（Champions League）及歐洲足聯杯（Europa League）。就地理上來說，儘管土耳其大部份的領土位於亞洲，它有一部份還是很清楚地位於歐洲。橫跨兩洲的著名城市伊斯坦堡，它是土耳其的主要城市（雖然不是首都），歐洲的四大文明搖籃之一。當現在的伊斯坦堡還名為君士坦丁堡時期，顯示它是由羅馬皇帝君士坦丁所建立的，是東羅馬帝國的首都。而當它名為拜占庭時，則是在羅馬城淪陷之後、直到近代，殘留下來的羅馬帝國部份的首都，並在一四五三年臣服於突厥人。

在我們現在所稱土耳其的靠亞洲那岸，矗立著特洛伊、以弗所（Ephesus）和哈利卡那索斯（Halicarnassus）的城市，它們在歐洲歷史的想像裡被描繪得如此巨大。穿過了安那托利亞（Anatolia，又名亞洲土耳其）的高原，亞歷山大大帝擊敗波斯國王大流士的軍隊，並以一種影響深遠的方式，在過程中讓中東大部份地區都希臘化（Hellenizing），不僅僅只是之後的基督教福音傳播。也正是在安那托利亞的岸邊，亞歷山大命令他的馬其頓軍隊「破釜沈舟」：這句話我們到今天都還在用。這一切對我來說，都顯得很「歐洲」。

此外，伊斯坦堡離布魯塞爾，還比雅典跟布魯塞爾的距離少個幾英哩；而且它跟赫爾辛基或里斯本的距離，並不比跟布魯塞爾的距離遠多少。然而，在別的事務上，它可就遠得多了。當拜占庭在一四五三年被鄂圖曼軍隊攻陷時，用文化的術語來說，我們現在所稱的伊斯坦堡就「東方化」了。在二十世紀期間它再次向西方移動，最近土耳其則又往東移動。到如今，它已經是個主要受到伊斯蘭教影響的國家，但還是一個非宗教的世俗政權。即使是這樣也似乎不怎麼安全。而且它的歷史上，充斥著政變和不那麼依法的人治。

所以，土耳其應該成為歐盟的一部份嗎？有幾個歐洲國家裡，可能會有許多伊斯蘭教的少數人口，但這可不等同於要認可一個伊斯蘭教國家加入歐盟，而且這個國家現在有大約七千六百萬的人口，以及，根據土耳其統計學會表示，從現在起的二十年，將會開始超過九千萬人。歐盟已經對這個挑戰做出回應，透過在土耳其會員資格的這件事情上，表現得拖拖拉拉，結果反而是土耳其人自己對這個想法很冷淡了。

土耳其是個試金石。歐盟是否打算成為基督教王國的現代化身？還是它是一個地理位置相近國家的聯盟，以滿足某些枯燥的會員標準？如果歐盟的存在只是為了把鄰居聚在一起，這樣的聯盟要怎麼才能彼此密切、並以共同的價值觀為基礎呢？

聯盟的限制

有趣的是，法國前任總統尼古拉•薩科吉，最近才剛針對歐洲認同的問題，發表一些相當清楚的聲明，特別是土耳其應不應該被認可加入歐盟。他表示：

> 歐洲是什麼？歐洲並不是聯合國的一個分支地區。它是一個政治計劃，一種整合。對於歐洲的擴大與整合，我們必須不斷考慮當前發生的事。我想要一個經過整合的歐洲，換句話說，一個有邊界的歐洲。土耳其位於小亞細亞，俄羅斯也不是歐洲。但是巴爾幹半島的國家，它們是歐洲的一部份。那烏克蘭呢？我們必須把烏克蘭納入。然後，我們才會擁有一個極為龐大、以至於沒有人可以輕易撼動的歐洲。針對這點，我們已經擁有聯合國的功能了。

除了一致性和共享利益的言論以外，薩科吉還提出是否應該對歐盟的大小設立上限的問題，好讓它可以以有效的民主政體和受到公民尊敬（就算不到喜愛的程度）的制度，適當地運作。其實他這麼做是對的。

對於允許（事實上是要求）人民可以在邊界自由遷徙的一個聯盟，在大小和類型方面，當然要有一些上限。單單這點，就一定會把土耳其的會員資格排除在外，但它也一定會對烏克蘭拋出一個嚴重的問號（不用擔心俄羅斯）。要不的話，烏克蘭就必須轉變成和創始元老的夢想全然不同的國家，因為他們受到「日益緊密的聯盟」的盼望驅使（我會在第八章繼續這個主題）。人民在歐盟邊界的自由遷徙，已經是單一市場的基本原則，但它對於在收入和文化上都有極大差異的會員國，卻產生很大的衝突。

歐盟現在擁有的會員國，其大小和多樣性已經無法維持它的制度、它的抱負、以及它的自我認定、它存在的意義。歐盟一路跌跌撞撞地走到現在的位置，卻沒有足夠的事前考慮。它在擴張地理界限的同時，還繼續懷抱著「日益緊密的聯盟」的想法，而擴張的版圖，早已超出歐盟的創始元老們可以想像得到的範圍、也超出了有效治理的合理希望。

就許多方面來說，這個問題是成功帶來的後果：一直都有無數的國家想要加入歐盟（基於許多不同的動機），而對歐盟來說，被需要且變得更大是可以接受的。即便如此，要避免變成一隻可怕的怪獸，歐盟就必須做出選擇。它可以繼續維持現有的規模，或甚至進一步擴張，但不要追求完全整合與更緊密的聯盟。或許它可以保持這個目標，但只針對比較小的一群國家——那些目前屬於歐元區的國家。然而，正如我們很快就會看到的，甚至要讓這個目標成功，都會是個艱難的挑戰。

制度上的結構

歐盟是一群即將成為「一個國家」的諸國，但它其實還沒走到那裡。結果就是，它已經削弱了在某些區域的獨立國家角色，但沒有完全取代它們。這結果真是一團混亂。

現在有一項提案，是要讓歐元區擁有屬於自己的主席。事實上，這將會是歐盟的第五個主席。歐盟目前已經有歐盟執行委員會主席、歐盟理事會主席、部長理事會（意即各成員國輪值主席）及歐洲議會主席，更不用說歐盟高級代表（譯註：作者書寫此段時的代表是英國的艾希頓男爵夫人 Baroness Ashton；二〇一四至二〇一九年的現任代表，為義大利的費德麗卡•墨格里尼 Federica Mogherinihe）了。這點正呼應了亨利•季辛吉（Henry Kissinger，原美國國家安全顧問，後擔任尼克森政府的國務卿）的調侃，他說因為歐洲是由這麼多獨立國家所組成，因此他想要辦好任何事，都沒有一個單一的電話號碼可以打。即使他試著和歐盟聯絡，但和其他會員國不同，可能會需要打四、五通電話才能奏效。

每六個月輪換一次的歐盟理事會主席，更是特別奇怪，因為像是德國或英國之類的國家，卻會受到跟盧森堡或克羅埃西亞一樣的待遇，後面兩國的高級官員和外交官人數都比較少，而且大體上來說，也比較缺乏能力與經驗。

就外交政策來說，歐盟執行委員會主席榮克，參加了七大工業國組織的會議，與會的還有會員國的總理和總統。然而，這並不表示針對要討論的任何議題，他們就會有意見一致的歐洲政策。事實上，七大工業國組織中的歐盟會員國（法國、德國、英國和義大利）都有他們自己自由遵循的外交政策，而且他們經常這麼做。

雖然歐盟的委員會是歐盟孕育出來的政府，它的組成卻受到歐盟的多國家特質所支配。委員會設有二十八個委員，每個委員代表歐盟的各成員國。委員原本應該代表所有的歐盟公民、而不僅是他們自己的國家，但是實際上，各國確實會期待他們自己的委員為自己的情況辯駁。而且委員會本身就是種奇怪的動物，一項由親歐盟智庫「歐洲改革中心 Centre for European Reform」所出版的研究文件，把它形容為：開始立法並拉攏會員國之間妥協的政治團體、評判會員國經濟表現的專門團體、監督市場與執行法規的類司法權威，以及代表會員國調整共同政策的單位。

此外，還有部長理事會，會中各國的領袖會彼此當面碰頭。在這個場合中，各國應該要能夠保護自己國家的利益，但是會員資格現在卻大到就連大國都有困難達到這個目標。比如說，英國的投票比例現在降到了百分之八，而它影響、甚至於是阻擋會影響該國利益的措施的能力，肯定是有限的。事實上，許多關鍵決定都是在總理與總統之間的雙邊會議中所做成的。既然法國和德國廣被接受為歐盟的發動機，這些會議中最重要的，當然會和法國總統與德國總理有關。

歐洲議會設立的用意，原本並不是要像各國國會那樣運作。它可以建議或修改法律，但是它的決定對歐盟理事會並無拘束力。歐洲選區的面積很大，而且在歐洲議會議員和一般民眾之間，並沒有什麼連結。歐洲議會的選區，都是分散在某單一會員國的，而不是延伸到各國，這個事實鞏固了議會在各國與整個聯盟之間的地位。而儘管議會當中只有七個跨國的政治團體，由於不同國家代表之間有極大的語言與文化差異，所以對會員國本身幾乎產生不了什麼影響。

類似的問題也讓歐洲法院很苦惱。不論大小如何，各國都要提出一位法官。這對法院的表現幾乎不會有任何助益，更不用說它的聲譽。誠然，法院所做的某些判決，廣受稱讚。最著名的或許就是一九七九年的「第戎甜酒」（Cassis de Dijon）裁決，該案首次確立了相互承認原則；即在某一會員國已經合法製造和銷售的產品，在其他會員國也必須允許銷售。儘管如此，也有許多判決曾經讓人錯愕。其中一個最具爭議的判決就是二〇一一年的裁決，反對保險中的性別歧視，《經濟學人》稱之為「相當愚蠢」。它的結果是想避免保險公司的差別待遇，有利於年輕的女性駕駛，跟年輕男性相比，她們的意外次數往往比較少。這項判決也強迫保險公司要對男性和女性退休者，給予同樣的年金利率，即使男性和女性具有明顯不同的平均餘命。

更總體來說，歐洲法院一直遭受批評，不只是在英國，還包括其他幾個會員國，認為它「審判太過激進」，意思是說，它有一種會超越職權範圍、偏向歐洲整合的傾向。在一系列的制度失靈清單中，歐洲中央銀行（ECB）可以說是例外。就技術方面來說，它的運作非常良好。不過，由於各國代表是想以整體概念，設立針對歐元區的貨幣政策，歐洲央行也很容易有困擾其他歐洲制度的相同困難。事實上，許多歐洲央行所做的政策行動（特別是沒有行動）都一直受到很大的質疑。然而，實際上，它還是被賦予一個艱鉅的任務，就是要試著管理歐元。（我會在第四章和第五章中討論單一貨幣的問題。）

民主缺陷

這些制度架構的結果，就是個別國家的全體選民，不再有權力實行對他們統治者的最終控制。即使是在像英國這樣一個擁有強大民主傳統的國家，民主制度也從來不曾相當於塑造、更何況是否決的能力，尤其是針對法律或政府的常規。基本上，英國的民主制度，就像其他地方一樣，當他們選擇或被迫尋求全體選民的支持時，一直都跟剷除執政黨與其領袖有關。如今，英國人民必須接受施加在他們的身上的法律，這是在歐盟執委會和其他歐洲會員國的領導者之間，錯綜複雜的鬥爭權謀的結果。這代表了一種對數世紀英國歷史的否定，這種否定的中心主題，就是漸進的權力轉移，從王室到人民選出來的代表，這些代表可以在選舉時被人民免職。

事實上，民主傳統在英國根深柢固的程度，並未受到廣泛的認可。誠然，盎格魯撒克遜時代的國王，並不是由普選選出，而是由顧問委員會（Advisory Council），即所謂的諮議院 / 賢人會議（witenagemot），經過投票在貴族之中選出。在一〇六六年的諾曼征服之後，英國的國王比較像是獨裁者，而且不久他們就因為長子繼承制，並非因獲選而成功。但即使是在當時，他們還是必須聽從貴族們的同意與建議來統治，諾曼人的專制主義就因為受到盎格魯撒克遜時代的傳統、以及不斷提升的議會權力影響，而變得溫和。

一三二七年，議會廢黜了愛德華二世，一三九九年，理查二世也被廢，都是因為他們的絕對權力並非英國人民所賦予的。隨後，其他重大的時刻也跟著發生：查理一世與詹姆斯二世的廢黜、以及在一六八八年的光榮革命之下，國會至高無上地位的清楚確立，這就是大家都知道的英國民主歷程。到了今天，歐盟執委會卻擁有比多數英國君王更大的權力，可以忽視議會的存在，這是令人驚訝的。

當然，英國國會的相對萎縮（而且實際上，其他國家的國會也是）與歐盟的統治相比，不需要被看作一個致命的缺陷，如果有人單單接受政治體的大小會受到這些已經增加的民主限制支配，就像克羅伊登（Croydon，南倫敦的一個鎮）的人民無法靠他們自己的力量推翻英國政府，所以這可能會顯得很沒什麼大不了的，英國的人民，要不直接或透過他們的國會，也無法靠自己的力量推翻歐洲政府。

的確，這實在是個太任性的結論，因為即使是歐洲的選民整體，也無法驅逐歐盟執委會，同時歐洲議會卻是個懶散、無效的機構組織。此外，正如我在第七章會提出證據說明的，即使歐盟的制度被徹底重新調整，還是有很好的理由來解釋為什麼歐洲民主不會運作得非常順利。

行政失靈

考慮到歐盟的演進和其制度結構上的壓力與緊張，幾乎不令人意外的，大部份的歐盟運作都沒什麼效率。誠然，糟糕甚至混亂的管理並不限於歐盟。金（King）教授與克魯（Crewe）教授已經發出一種儘管迷人，卻令人毛骨悚然的描述，說明英國政府這幾年來犯下的大錯，包括柴契爾政府，在一九八〇年代與一九九

○年代初期的計畫，鼓勵人民投入私人退休金計畫，其中有數百萬人因此魯莽地轉換他們既有的退休金計畫。於是，數字龐大的補償性支付接踵而至。

抱怨的聲音在英國聽得特別清楚，但也在其他的會員國，歐盟並沒有特別無能或容易犯下的絕對錯誤，而是它施加了太多規範，只是為了要強化而付出代價，或是為了貫徹系統導致的連鎖反應。此外，當這樣的規範被以整體方式施加在歐盟各國時，即便在一些國家大體上來說很恰當也很實際，但卻可能完全不適合其他國家。還有，一般都認為，有許多歐盟實際或提出的規範相當瑣碎，以致於「刺激因素」會比任何可以量化的經濟支出要高得多。

例如，二○一三年五月，歐盟執委會提出基於公眾安全的理由，餐廳不能用碟子或罐子提供橄欖油的禁令。經過歐洲各地一陣普遍憤慨與懷疑反應之後，委員會主席只好終止這項提案。

二○一二年六月，對於歐盟執委會要對資料保護法實行改革計畫所產生的爭議，則讓歐洲企業頗為沮喪。在歐盟各國，企業認為如果這項措施通過，他們將必須增加成本，而非常使人憤怒的，其實是讓人感覺那些在布魯塞爾設計這項措施的人，完全沒有接觸過真實世界，也沒有察覺到可能會隨之而來的後果。

不相關的議程

上述的抱怨，經常來自反對歐盟的人士，雖然嚴重，卻沒有嚴重到足以對經濟的表現造成實際差別。不過，卻有某種在本質上很政治性的抱怨，會造成差別：歐盟盛行的風氣，是要把它推向干涉主義。基於關係密切的利益（就像「日益緊密的聯盟」一樣），歐盟一直都很渴望在廣泛的經濟與社會事務上，進行協議與結果的調和。既然歐盟各國是帶著顯著的歷史、結構、情況、品味以及偏好的差異，而加入這個聯盟的，這種想要自然調和的衝動，就意味著干涉以及對於國家差異的壓抑。

我會在下一章討論這個現象在經濟上可能產生的結果，但請留意這個現象會導致歐盟受到各種瑣事困擾，同時不願意對它的公民所在意的重大事務做出明顯的差別，這是很重要的。歐洲統治菁英的能量與注意力，原本都應該奉獻在為經濟成長奠定實際基礎上，就像亞洲小龍的經濟發展情況那樣；反而被貢獻在主張種族平等的人，當時所進行的任何得意計畫上。

為了公平起見，有時候歐洲菁英會認可把重點放在支持經濟成功的實質因素上的必要性。然而，他們卻從來無法帶進同樣的能量與動力，來實行有效的經濟措施，就像他們對各種政治計畫付出的那樣。

最明顯的例子就是里斯本議程（Lisbon Agenda），這是一組在二〇〇〇年通過的目標：

- 每年達到百分之三的經濟成長。
- 要在二〇一〇年之前達到明確的就業目標。
- 增加用於大學與企業之間的研究與「日益緊密的連結」的花費。
- 支持中小企業，包括減少規範與朝向自由化邁進的活動。
- 節約能源並促進環保技術。

這組目標其實並不差，而且該議程還在二〇〇五年重新推出，加上更新的針對成長與就業的重點。然而，實際上，里斯本議程已經被證實，不過是誇大其詞。它幾乎等同於只是一張願望清單，沒有任何實質行動獲得認可，也沒有實行。正如法國經濟學家查爾斯•維普洛斯（Charles Wyplosz）在二〇一〇年一月所說的：「用來讓歐盟成為世界最具競爭力的經濟體的里斯本策略，是個失敗，然而針對失敗的一項延伸正在進行中（歐洲二〇二〇策略）。」

投票人的疏離

關於完全整合歐盟的想法，有一個很嚴重的問題，就是這種觀念已經逐漸和人民所希望的脫節。當然，多數主要既存的政黨都是贊成歐盟的，但這已經不再是全面的說法了。英國的反歐盟政黨英國獨立黨（UK Independence Party, UKIP），在民調中贏得很高的數字。除了英國以外，現在在荷蘭、義大利、奧地利、希臘、芬蘭、法國，甚至德國也開始出現了主要的反歐盟政黨。在某些情況中，他們的懷疑態度只會影響到歐元，但他們還是繼續支持歐盟。而在其他一些情況中，除了歐元以外，就連歐盟會員國本身也會受到質疑。

很自然地，就輿論的轉變來說，這些政黨的出現，既是原因，也是結果。隨著歐元區菁英進一步往日益緊密的聯盟邁進，大體上來說，歐洲全體選民也跟著往支持更鬆散的聯盟靠攏，或是根本不需要有聯盟存在。正如我會在下面提出證據說明的，這是一次跟之前數十年相比極大的變化，當時歐盟還贏得普遍的支持，甚至在某些情況中，支持者還極為狂熱。之所以如此喪失民心，跟兩個主要原因有關：

- 它顯示了，要不就是因為歐盟已經改變了，或是因為它的公民改變了，或是兩者都是，歐盟不再和公民大體上的希望相符。在一個民主政體中，這就應該值得關注了。
- 對於更為整合、更為侵擾的歐盟，缺乏民意支持的狀況，如果歐盟要繼續進行完全政治聯盟的話，將讓它很難有作用、並會凸顯導致公民疏離的危險。

選舉提供了一種衡量投票人態度的方法。在最近一次的歐盟議會選舉中，全歐盟參與投票的投票人數，平均有百分之四十三，低於一九七九年的百分之六十二。二〇〇九年在英國，參與投票的投票人數則少於百分之三十五。在過去兩次的歐盟議會選舉中，斯洛伐克參與投票的投票人數還低於百分之二十。

還有一種衡量對歐盟會員國普遍支持態度的方法，就是利用「歐洲輿論晴雨表」。這是一種由歐盟執委會進行的調查，用以檢視會員國當中的輿論。對於歐盟會員國的淨支持度計算的方式，是測量覺得歐盟會員國是件「好事」、以及覺得這是件「壞事」的應答者，他們之間比例的落差。有關歐盟會員國的問題，早在第一次的歐洲輿論晴雨表在一九七三年發表時就已出現，不幸的是，它卻在二〇一一年底被從調查中移除。

二〇一一年第三季，歐盟上下作為一體，對歐盟的淨支持度是自有這項調查以來的最低水準：百分之二十九，相較於一九九一年第一季所記錄的高水準：百分之六十四。更多由皮尤研究中心（Pew Research Centre，美國的一間獨立民調機構，針對那些影響美國乃至世界的問題、態度與潮流提供資訊）所做的近期調查發現，顯示對歐盟會員國及增加整合的支持度，在二〇一一年與二〇一三年間更進一步衰退。

德國和法國的民意

儘管不同的歐盟會員國中，在民意上有顯著的差異，但大多數的國家中，過去幾年的支持度卻有顯著下降。因為法國和德國是歐洲計劃的兩大主要動力，所以這兩國對於歐盟發展的民意，與聯盟的未來就非常重要。而在這兩國中，人民的意見在實質上也有很大的轉變。

德國的政策和商業菁英，一直以來、而且到現在仍然，完全知道歐盟對他們國家帶來的顯著利益——德國出口的新市場、在世界舞台上的演出能力，以及友好的鄰國。儘管如此，他們卻和歐洲更加整合的情況漸行漸遠。在政治家當中，對更加整合的傳統跨黨派共識，正在分解。聯邦主義者還抱怨說，無論他們針對更緊密的歐盟想推動什麼策略，其他會員國都會反對他們。

德國民眾的意見，也有很顯著的轉變。在冷戰期間，德國民眾把歐盟的會員資格，視為一種對蘇聯威脅的屏障，同時也是一種整合進入西方世界的方式。大多數人仍然相信歐盟的會員資格是件好事。然而，卻有越來越多的人，現在認為進一步的歐盟整合，其實是為了其他歐盟會員國的好處所做的犧牲。在歐元危機期間，逐漸增加的反歐盟主義，已經受到在德國大眾媒體激烈的反歐盟與反歐元活動推進，這是之前從來不曾出現過的情況。而且現在也有反歐盟政黨，「德國另類選擇黨 Alternative fur Deutschland, AFD」會反映且激發焦慮。

同時，法國也不斷變得更加反歐盟，一九九二年針對《馬斯垂克條約》的公投是轉捩點。極右與極左的政黨都同聲反對這項條約。到最後，雖然表決通過，卻只有百分之五十一的人支持。法國民眾還藏了一招，讓他們的領導人感到震驚，當他們在二〇〇五年舉行的公投中否決歐盟憲法時。他們的優先考量重點放在國家的利益上，用很清楚的底限去支持歐洲整合計畫。如今，反歐盟的民族陣線，甚至在法國的民調中取得領先。

有趣的是，法國對於歐洲制度，以及進一步整合的目標態度冷卻，就整體上來說，卻和在其餘的北歐國家，尤其是英國所盛行的理由相反。許多法國的投票人反對歐盟憲法的草案，是因為它被視為太自由且不夠貿易保護主義！

因此，看來分裂似乎已經在歐盟的兩大驅動權威，法國和德國之間出現。法國的觀點不只改變了，他們還開始看起來越來越不像德國盛行的態度，而比較像是西班牙、義大利和希臘的態度。此外，正如我在第四章中會主張的，法國的經濟正朝同一個方向移動。

打從一開始，這個制度就有一些極度奇怪的地方，其中某個國家（德國）實力被明顯低估，因而支付了不成比例的帳單；另一個國家（法國），則因為幾十年前讓歐洲大陸蒙受恥辱的一連串事件，而被明顯高估。最重要的是，在歐盟的中心，一直都有一種包羅萬象的矛盾：一個是因為歷史經驗，準備好自我貶抑的國家認同而成為新的歐洲主義國家；另一個，則部份因為它自己的弱小以及歷史經驗，而執著於作為一個驕傲國家的自我認同。

義大利的改變

義大利在傳統上，一直都是歐盟最強力的支持者之一，政治家和人民都一樣。天主教民主黨的創始人，阿爾契德•加斯貝利（Alcide De Gasperi）曾說過，義大利已經「準備要把極大的權力轉移給歐洲共同體，只要它以民主方式組織，並保證生命和發展」。

為支持歐洲更深度的整合，就連義大利共產黨在一九六〇年代中期，都採取一種親歐的態度。在過去，義大利的民眾經常把歐盟視為通往民主與穩定的管道。

由歐盟執委會的前主席羅馬諾•普羅迪（Romano Prodi）帶領的中間偏左政府，早已公開支持歐洲整合的所有主要面向。相反地，儘管由西爾維奧•貝魯斯柯尼（Silvio Berlusconi）帶領的中間偏右政府支持歐盟會員國的資格，他們卻也對移民和新的氣候變遷規範之類的議題，發出批評。二〇一三年四月，義大利政府發佈了一份對歐盟的空前評論，甚至還質疑義大利的歐盟會員國資格。緊接在這份評論之後，歐盟執委會就拒絕對來自北非的移民提供暫時的保護。貝魯斯柯尼說得很直接：「要不歐盟就得是某個具體的東西，要不就最好分道揚鑣。」

在義大利民眾當中，自一九九〇年代初期以來，特別是在過去十年，對歐盟的支持度已經大幅下降。現在的歐盟，因為有了新加入且不那麼富有的會員國，所以不再被視為民主的前提。更近期地，由德國和其他北方國家對義大利施加壓力，要他們必須改革並實施撙節措施，已經引發對歐元和歐盟逐漸增長的氣憤與懷疑。事實上，義大利的三大主要反對黨，全都反對歐元。

英國存在更明顯的歐洲懷疑論

除了某些創始會員外，幾乎沒有英國民眾曾經涉入過現在歐盟的政治局勢。事實上，當英國在一九七三年元旦加入歐洲經濟共同體時，會員資格到底意味著什麼完整的政治意涵，還沒有被正確地察覺。

一九七五年，有一場針對英國是否應該留在歐盟的公投。在活動期間，保守黨和工黨的歐盟支持者，都把重點放在經濟層面，往往忽略了政治和憲法的議題。相反地，反對方，則清楚地意識到認同和憲法的問題，也預示了即將到來的發展。

這讓在其他多數議題上，一直強烈反對彼此的某些個別人士團結了起來，包括前保守黨大臣、已故的以諾•鮑威爾（Enoch Powell），以及時任工業大臣的左翼煽動者托尼•本恩（Tony Benn），預見到也強烈反對這件事。一九七四年十二月，在他寫給自己布里斯托（Bristol）選民的信中寫道：「如果英國繼續保持共同體的會員資格，將意味著英國作為完全自治國家的終結，以及我們的民選國會作為英國至高立法機構的終結。」

就是受到他們領袖的誤導，以及在過程中被剝奪選舉權的感覺，才造就了現在英國很普遍的「歐洲懷疑論」。最典型反對的，就是所謂的歐盟會員國，包括英國在內，曾經簽署的都不是一組既定的協議，而是一個他們認為自己參與或投票了，事情就會在他們眼前改變的程序。正如英國法官、已故的丹寧爵士（Lord Denning）在一九七四年所說的：「《羅馬條約》就像是漲潮。它流進了河口、又流到河裡。它無法退縮。」

在英國，給歐盟下料現在已經成了全國運動。二〇一三年六月，《每日電訊報》的布魯諾•華特菲爾德（Bruno Waterfield）和提姆•羅斯（Tim Ross），揭露有一本歐洲議會發行的兒童著色小簿子，名為「MEP 夫婦和他們的助手」。他們寫道：「有一則『MEP 夫婦和他們的助手』的練習，畫的是一封需要四個人簽字才能寄出的信。而當歐元代表抵達機場時，受到納稅人付錢的豪華轎車迎接；到達時間提早一天，餐點和購物包括在內。」

對於著色簿事件的關注相當荒謬。正如歐洲議會的發言人，在二〇一三年六月二十八日接受《哈芬登郵報》（Huffington Post）的採訪中所說的：

> 在一星期內，歐洲議會確保了一筆投資，是針對成長、中小企業、創新、以及幫助年輕失業人口找到工作的穩健投資（這筆投資將持續超過七年，總值九千六百億歐元），但令人驚訝的是，人們卻為了給小孩子的一本只要七分錢的著色本而加以抨擊（總共是一千零六十六歐元）。

由英國人的反應可見歐盟懷疑論的增長。在二〇一五年的普選中，英國獨立黨也許只贏得一個席次，但它卻得到了幾乎四百萬票。

在其他國家越來越不受歡迎

比起會員國剛剛加入的時候，一些較小的歐盟成員當中，也已經有了顯著的意見轉變。荷蘭在傳統上，一直都是最熱心的歐盟會員國之一，但是針對人民希望整合進行到怎樣的程度，也一直都有限制。對更深刻歐洲整合的政治共識，在一九九〇年代開始瓦解。政府不斷表示，荷蘭對歐盟的預算貢獻了太多。在二〇〇五年的一場公投中，對歐洲憲法的否決也凸顯了人民對歐洲整合態度的轉變。儘管大多數都支持，卻有百分之六十一點六的人民投票反對採用憲法。此外，二〇一三年六月，荷蘭政府還列出了一張清單，說明它想保留在國家、而非歐洲層次的五十四項權力。在該國近期的政治轉變是一種對歐洲整合比較懷疑的態度，這是最顯著的。

相反的，比利時一直都是比較固定的親歐盟國家。曾在一九八一年擔任總理，並在擔任外交部長任內帶頭簽署《馬斯垂克條約》的馬克•艾斯肯（Mark Eyskens），將盛行的比利時情緒總結為「歐洲就像一個被愛的祖國」。絕大多數的比利時選民，都持續支持他們國家的歐盟會員資格以及歐元。並沒有民調顯示比利時支持歐盟的民意，在過去幾年間有減弱的跡象。事實上，在二〇一三年五月公佈的歐洲輿論晴雨表調查，就顯示比較多的比利時人認為，歐盟可以解決經濟危機，而支持國家政府的只有百分之十五，以及另外百分之十五支持國際貨幣基金。

然而，在西班牙與葡萄牙，對於歐盟會員資格的民意，卻一直不斷地劇烈變化。全球經濟危機的爆發、房地產的崩盤、經濟的嚴重衰退、逐漸升高的失業率與撙節措施，都讓人民的情緒變得不快，歐盟也因此就頻繁地受到責難。從二〇〇七年起，西班牙對歐盟的贊成將近減半；而在葡萄牙，對歐盟的公眾支持則是歐盟當中最低的，還有英國和希臘也是。

在芬蘭，反歐盟與民粹主義的正統芬蘭人黨（True Finns）在二 一一年的議會選舉中，拿下將近五分之一的選票。在瑞典和丹麥，人民的反歐盟主義重心一直放在歐元與共同的外交政策，打從危機開始，這兩項都一直受到絕大多數人民的反對。在丹麥，一項由 Ramboell 公司進行的民調，在二〇一三年一月二十五號揭露，顯示有百分之四十七點二接受調查的選民，都贊成重新檢視丹麥與歐盟之間的關係。

在一九九〇年代初期，之前東歐各地，包括政治家和民眾都展現出一種明顯的意願，想要加入歐盟。事實上，許多人都對歐盟的會員資格感到狂熱。但是近年的經濟危機爆發，導致了民眾態度上的重大轉變。這些國家中的大多數公民，還是贊同歐盟，有部份或許是因為從歐盟預算中獲取了極大數目。儘管如此，對歐盟的支持，尤其是歐元，卻還是有明顯的降低。

瑞士的例外

或許有關民意最顯著的發展，其實是發生在一個甚至不是歐盟成員的國家——瑞士。儘管它不是會員國，正如我在第九章中會討論的，瑞士卻一直保持和歐盟之間非常密切的關係，同時還保有一些屬於國際往來的自由。許多瑞士人，包括為數良多的商業領導人，都希望瑞士可以在適當的時機，成為完全的歐盟會員國。同樣的，許多反歐盟的人，包括英國在內，都希望瑞士的協定可以為像英國一樣、可能會決定離開歐盟的國家，提供一種新的關係典範。

然而在二〇一四年二月的公投中，瑞士人卻投票限制移民到瑞士，包括來自歐盟的移民，因此違反了該國和布魯塞爾的協定，這並沒有辦法像目前憲法所規定的要和歐盟一致。歐盟要不就是必須得針對勞工自由遷徙的議題進行改革，要不就是瑞士會進一步遠離歐盟。最值得關注的就是，瑞士選民已經表達了一種觀點，而且歐盟上下多半都贊同這樣的觀點。

已經改變的世界

所以，我們該怎麼看待這些轉變呢？我們現在所稱的歐盟，連同進一步整合的相關程序，一直都是歐洲社會頂層構思的計畫，它已經是歐洲菁英的想法。無論如何，它都想有一種橫跨幾乎所有會員國的熱切支持，但是如今已經不存在了。在統治的菁英與被統治的人民之間已經有一種危險的分化界線。歐洲歷史教會我們，要極度小心這樣的發展。

當然，可能有人會認為對歐盟的熱切幻想破滅，是基於對現況以及人民自身利益的誤解。不過，這並不是個明智、或具正當性的結論。事實是，當莫內和舒曼在做著他們的夢想（並且實現其中某些夢想）時，世界還是一個很不同的地方。最重要的是，第二次世界大戰的記憶，還凸顯在人們所想與所做的一切事物上。相對來說，二〇一五年，距離戰爭結束已經七十年了。想不到，我們卻還在試圖脫離戰爭的陰影。

然而，正是在這樣的陰影下，歐盟的型態才得以被塑造。最重要的是，戰爭結束後，德國成了一個分裂的國家，幾乎沒有希望可以重新統一。此外，蘇聯主宰了歐洲的安全問題。在冷戰肆虐當下，人們只得容忍一直存在的核戰毀滅世界的恐懼。

在當時，中國和印度這兩個經濟與政治的強勢力量，還沒嶄露頭角，它們都還陷在貧窮中。儘管日本已經成功地開始向全球崛起，卻沒有其他值得關注的亞洲國家跟進。

就科技的觀點來看，搭飛機旅行是有可能的，但對多數人來說，絕不會是件很頻繁的事。同樣的，那時也有了電話和電視，但電腦還沒問世；或者，更精確地來說，這些都是一般人無法得到的，肯定也意味著沒有網路和電子郵件。什麼所謂的新興市場或全球化：當時根本沒人聽過這些名詞。和今天的世界現況相比，當時還像是黑暗時代。

在隨後的幾十年間，世界在改變，歐盟也在改變：但並不是以一種讓它和外面不斷改變的狀況更一致的方式。當然，它的會員國急速增加，也變得越來越多元。而且，它自詡為獨立國家的意圖，也越來越明顯，除了德國和其他幾個國家之外，許多國家都對此感到不滿。

在此同時，有一些最初因為恐懼才支持歐盟的情況也變得舒緩了——例如，害怕再發生一次歐洲戰爭、害怕蘇聯、害怕獨裁統治。這些都被新的恐懼給取代——害怕經濟衰退與失業、害怕移民、害怕犯罪與動亂、害怕面對這些威脅時政府的無能為力。

二〇一四年，俄羅斯奪取克里米亞的動作，以及為了將東烏克蘭整合進入俄羅斯，打算讓它變得不穩定的明顯企圖，讓人曾經短暫地希望歐盟能成為歐洲安全的救世主與擔保人。

儘管如此，這情況卻不會持續很久。一般都相信，在一個可以被合理視為俄羅斯「影響範圍」一部份的國家面前，會因為靠攏烏克蘭，及懸而不決的要不要讓它成為歐盟（或是北大西洋公約組織）會員國，都會是導致普丁總統挑釁的部分原因。此外，有關面對俄羅斯的想法，歐盟的幾個領導國家其實有嚴重的分歧。特別是，由於在能源供應極度依靠俄羅斯，及與俄羅斯緊密的貿易關係，德國確實對採取強硬態度缺乏熱情。

因此，即使是在二〇一四年，當事態嚴重時，對於他們的安全，歐洲國家指望的卻不是歐盟，而是北大西洋公約組織。換句話說，他們在軍事上還是得仰賴美國。

經濟大衰退與歐元危機明顯增加大家對歐洲菁英的不滿，但這些並不被認是政治領袖完全無須負責的意外狀況。畢竟，他們的作為和不作為，不只是對美國，也會對歐洲的經濟大衰退「奠定基石」。至於歐元，就更完全是他們自己的作為。

因此，一般都認為，歐洲政治家和政策就是造成許多歐洲人覺得自己深陷混亂中的原因，這種看法並非不恰當或不公平。就某方面來說，歐盟本身就被看作是許多問題的根源，即便不是，它也太無能或太不經心，以致無法針對這些問題做出任何回應。這兩種推論，都有很多可以繼續探討的地方。結果就是，歐盟的公民變得越來越困惑，也越來越不滿足於一個儘管有很多缺點卻還是繼續擴張、也越加侵擾的組織。

從政治到經濟

你或許會很容易相信，無論歐盟在政治上的缺點是什麼，它還是可以透過卓越的經濟表現，來證明它的存在是合理的。其實這是下一章的主題，所以我不會在這裡搶先爆料。儘管如此，我還是必須這樣說，身為讀者的你，不論自己搜集到的歐盟經濟紀錄資料多讓人訝異，都應該要留意造成這樣經濟表現的根源在於——歐盟的政治、歐盟的制度和它盛行的價值觀，起源於它在一九五〇年代籠罩在一場剛剛結束的恐怖衝突陰影之下，並在另一場全新且更恐怖也可能很快就會開始的衝突預兆之下的創見。

Part 2

為歐盟的經濟表現把脈

歐元打從一開始就是一場災難，
被證明是歐洲動盪不安的原因。
歐元的結束可能會是歐盟困境的解藥嗎？

III 歐盟在經濟表現上成功嗎？

> 總而言之，我們必須點出重點，那就是我們必須成為這個世界上最具創意地區的一份子，才能維持歐洲的進步。
>
> —安格拉•梅克爾，德國總理，二〇〇五年七月對《金融時報》談話

也許歐盟成立的原始目的是政治而非經濟，即便如此，它大部份早期發展的焦點，卻是在經濟的整合。更進一步看，無論是對它自己的公民或外籍人士而言，它過去在經濟上的表現，卻是評斷它是否成功的重要指標，目前也仍然如此。所以，現在該是我們來盤點一下歐盟是否為一項經濟成就的時候了。

成功的印象

對一般的觀察者來說，歐盟的成功似乎是明顯的。整體而言，它畢竟是世界上最大的經濟體和貿易集團。它佔了接近全球百分之三十的產出，百分之十五的貨物貿易以及大約百分之二十四的全球貿易。

更進一步看，它的人民是富足的；他們所擁有的生活水準對上一代的父母與祖父母來說，只能是夢想的。基於這些事實，一

般的歐洲公民具備了所有物質成就的指標，還包括慷慨的社會福利和豐厚的休閒生活。

事實上，這並不能證明什麼。光看國土大小不足以決定，蘇聯就曾經是巨大的。假如我們看人均國民所得，這問題就有了轉折。從這個數字來看，歐盟的表現並不出色。世界上大部份的國家，包括地處歐洲的非歐盟成員，他們所享有的生活水準，當然是遠高於三、四十年前。更不用說其他世界各地多如蒼穹繁星的國家，它們人民的生活在轉型過程中，並未有太大改善。

也許，我們至少可以說歐盟並不是最失敗的。至少它沒有導致今天仍然存在於非洲某部份的赤貧。歐盟的人民也沒有像今天北韓的狀況，相對於一個進步的南韓，北韓人民過著一種遭到強制壓縮的生活。也不像今天我們可以在古巴目睹到的，物質落後與科技進步並存的狀況。

說了這許多，問題是多少歐盟成員的成功，以及多少歐盟成員的失敗，可以歸因於歐盟成員本身。我們可能永遠無法確定我們的答案，因為我們缺乏經濟學家所說的「反向事證」（counter-factual）：假如歐盟不存在，事情會如何發展？我們現在最多能做的，就是觀察歐盟成員所做的，與非成員來比較，評估歐盟成員的作為與不作為，對結果的影響（我在第九章檢視了作為歐盟成員好處的一些事證，特別是針對單一市場）。

接下來，我會開始標示出歐盟的早期成功，然後再來談較令人失望的近期表現。之後，我會簡略的檢視歐盟經濟表現失敗的藉口，包括各國政府而不是歐盟的政策應為此負責。我不會討論歐元是否為歐洲失敗的肇因，因為緊接這一章之後，會有一整章的篇幅，來討論這個題目。

本章的核心，是探討對歐盟經濟表現有主要影響的重點領域。我們試著找出歐盟在哪些地方犯了錯誤，包括分析歐盟的中心思想，因為歐盟的領土大小與經濟規模為成員帶來的好處。在本章結論處會討論政府之間競爭的重要性，當然，這與政府之間的合諧與整併是對立的。

早期的成功

在稍早時期，歐盟的確展現了許多成功的訊息。歐盟成立的前幾十年，所展現的特色是強勁的經濟成長。從一九五七到一九七三年（英國加入歐盟），德國的年平均成長率是百分之四點七，法國百分之五點二，荷蘭百分之四點六，而義大利是百分之五點三。在一九五七年創立歐盟的六個國家，包括以上四國加上比利時與盧森堡，其年平均成長率是百分之四點九。相較之下，英國在同一時期的平均年成長率是百分之二點八。

雖然以英國的標準來看，百分之二點八已是非常高了，但是英國對歐陸正在失去根據地的這個事實，卻是英國成為歐盟會員的推動力量之一。英國深信，作為一個大的結盟，是具有重要的利益的。而且大家也擔心如不參與結盟，就會被邊緣化。

事實上，六個國家的強勁成長，大部份並不是加入歐盟所帶來的利益。所有國家享受高經濟成長的主因，是他們轉化了戰爭破壞所導致的正面效果。當中有好幾個國家也享受到了生產力的大幅提升，這情況發生在大量人民離開家鄉去城裡找到工作的時候。

相對而言，英國並沒有在戰爭中遭到嚴重破壞。它的農業是比較小規模而有效率的，這在過去幾年當中的無數研究都有記載。有許多因素會導致經濟成長相對遲緩，但都跟英國被排除在歐盟之外無關。

英國的成長遲緩，原因環繞在幾個比較根本、傳統上又有些吊詭的問題：比如工會勢力過強，資方軟弱，投資不足以及不健康的經濟結構。當英國在柴契爾夫人擔任首相時正視到這些問題後，它的相對成長率改善了。這並不是因為當時英國已在歐盟之內，而是因為英國終於掌握了真正讓國家落後的核心問題。

的確，我們可以進一步證明這不是當時的歐洲經濟共同體所導致的差別，其他盟邦之外的國家，在同一期間（一九五七至七三）也有顯著的成長，直到英國加入。例如：瑞士與瑞典的平均成長率為百分之四點三，美國百分之三點八，挪威百分之四點一，澳洲百分之四點八，而加拿大是百分之四點六。

事實就是，歐盟成員的快速成長，並不是歐盟的會員資格所帶來的。但是許多柴契爾的繼任者，以及許多不稱職的英國官員，認為加入一個「俱樂部」就可以解決國家的問題。

近期的放慢腳步

相對於初期的顯著成功，過去幾十年大部份歐盟成員的成長，是令人失望的。經濟成長率不但是與自己過去的歷史相比是落後的，即使與美國甚至與英國相比，也是較低的；更不用說快速成長的亞洲國家了。不過，有些歐盟國家的表現是很好的，瑞典就是一個值得一提的例子。

在一九八〇（柴契爾主政的第一個整年）和二〇〇七（金融危機發生之前）年間，法國的平均經濟成長率為百分之二點一，德國百分之一點六，荷蘭百分之二點四，義大利則是百分之一點八。這些數據可與英國的百分之二點四和美國的百分之二點九作個對照。

如果我們把期間延伸到二〇一四年，包括金融海嘯影響下的整個區間和後來的恢復區間，英國領先歐盟的情形仍然存在！在此一期間之內，歐盟六國即最早《羅馬條約》的簽署國的平均成長率是百分之一點六，相較於英國的百分之二點三，到二〇一四年底為止，美英兩國仍然持續在復甦之中，但大部份的歐盟地區卻掙扎著要擺脫蕭條。的確，我們必須承認，表面上的成長數字應根據人口數和工作時數來做調整，這樣的調整，可以讓歐盟看起來比美國要好，但無法讓落差完全消失。

現在，歐盟已經在起跑點上輸給美國與英國了。就如同我稍後要討論的細節，除了疲弱的經濟成長以外，歐盟已成為世界上的失業重災區之一。歐盟很難被認為是經濟成功的指標。

至少從二〇一五年初開始，某種跨越歐洲的經濟復甦是被期待的。這包括從歐元區的一些指標來看，周邊國家好像正在做出一些非常必要的調整，讓許多觀察者相信歐元危機已經結束了，但這只是表相。在這些周邊國家中，失業率仍然是居高不下，國內生產毛額不是維持不變，就是下滑。因為這些國家的政府，都在赤字預算下運作，表示負債對國內生產毛額的比率，仍然在攀高。歐元區的危機，並未蓋棺論定，只是在休眠之中。我將會在第四章中更詳細的討論這個題目。

進一步說，讓歐洲困擾許久的根本經濟問題，依舊嚴重如昔。即使德國總理梅克爾都承認它的嚴重性。二〇一二年十二月十一日，她在接受《金融時報》訪問時說：

> 如果歐洲人口只略微超過全球人口的百分之七，產出大約全球國民生產毛額的百分之二十五，卻必須負擔全球社會福利支出的百分之五十，那很明顯的，它必須辛勤工作，以維持它的繁榮與生活的方式。

我們必須承認，歐盟是目前世上最為大家所認同的國外直接投資目的地；雖然過去十年以來，歐盟佔全球國外直接投資（包括歐盟國家之間的投資）的比重，從二〇〇一年的百分之四十五大幅下降至二〇一〇年的百分之二十三，這主要因為新興市場佔比的增加。有趣的是，兩個非歐盟會員的歐洲國家，挪威與瑞士，也與歐盟國家一樣，在吸引國外直接投資上極為成功。它的成功，甚至超越某些歐盟國家，例如義大利。

經濟失敗的藉口

我們討論了許多相對經濟表現的事實，那原因呢？相對較差的經濟表現的一個藉口就是，歐盟的成員國或至少是它們當中的多數，都落在所謂的「中等收入陷阱」，如同拉丁美洲國家正經歷著成長的遲緩，而且並非只有他們如此。所有的「金磚四國」（巴西、俄羅斯、印度和中國）近來都經歷了明確的較緩成長。然而，這完全無法作為歐盟令人失望表現的一個藉口。剛開始時歐盟的成長並未放緩，但有很長一段時間是不理想的。更進一步說，當歐盟的成員國開始掙扎時，它們並不屬於「中等收入」國家之列。

另一個相當不同的論調，就是歐洲的生活水準如此之高，從這個水準再進步，是不容易達到的，而且也不是大部份人民所渴望的。我個人對此一觀點，也並不認同。瑞士與挪威的生活水準與歐盟成員相當，甚至超過，然而那兒的國內生產毛額，依舊較歐盟國家增長更快。新加坡的人均國內生產毛額高於英國、法國與德國，而在過去四年當中，它的經濟成長率，依舊是每年約百分之五，這遠超過歐盟的平均、甚至表現最佳的成員。

有時候，另一個爭論也會被提出。那就是用經濟方面的表現來判斷歐盟，並不妥當。因為從一開始，歐洲結盟就是個明顯的政治計畫，其規劃的主要目的，是歐洲的和平與穩定。進一步說，如從這個角度來看，歐盟可說是成功的。

在第一章中，我已經給了歐盟的政治緣起相當多的篇幅，也提及了令其緊密結合的政治力量的強度，但這並不表示經濟表現與此無關。假如我們相信這個觀點，就會讓歐盟的領導者太容易推卸責任。雖然推動歐盟成立的原始力量是政治，但經濟上的利益，也總是被設想的，就是擴大市場規模以及減少貿易障礙。

而這整個的目的，就是能在世界的舞台上矗立。但只是把幾個歐洲國家拼湊在一起截長補短，是無法達到這個目標的。歐洲整合的目的，是要讓歐洲更進步，然後才能與美國平起平坐。

一直到最近幾年，歐洲整合必須付出代價的觀念，才開始被廣泛討論和部分的被接受。有關歐元的個案，曾被提出來爭論，特別是其與德國的關係。歐洲的菁英們，進一步闡述「維繫歐元代價昂貴」的觀念——尤其德國人特別愛這麼說，但歐元的建立是讓歐盟自己存活所必備的。然而，此一觀念並沒有在歐元成形之前，甚至在歐元建立的早幾年提出。一直到了近幾年，發生歐元危機了，這個觀念才出現。

富裕而不虞匱乏的歐洲人所擁有不同的價值體系，包括為了政治目的去金援歐盟，以促成物質生活的進步。然而，歐盟的經濟表現不佳，並不是他們的理性選擇，也不是事前就預期為了整合與保障付出代價，所造成的結果。簡單的說，經濟的相對不佳，是不好的政策所造成的。

大部份的人，並非只有歐洲的菁英，仍然都拒絕承認此一事實。例如，一個常見的爭論是，如果保護員工的法律和總量管理的政策，包括「量化寬鬆」（QE）是成功的關鍵，那英國直到最近才開始復甦，以及二〇〇八年之後它表現不佳的背後原因，就令人疑惑了。這個觀點倒果為因，沒有人說英國的經濟政策是德政。的確，英國的經濟弱點是深厚的，特別是有關教育水平不佳和技術取得方面。對照歐洲大陸，這些方面的經濟政策，是比較被放在公共政策中積極處理的。

然而，這些經濟表現的面向是根深柢固、很難撼動的。那接下來的一個重要問題就環繞著，如果不處理這些缺陷，經濟政策要如何推動？重點是雖然有供給面的不理想，但英國的整體表現是不俗的。這大部份都與政策有關。相對於英國，雖然擁有許多人力與物質資產的自始挹注，但大部份歐洲大陸的整體表現是令人失望的，這主要肇因於不好的政策。

並非所有的事都該歸咎於歐盟

除了歐盟以外，是不是有一些其他因素可以解釋歐盟的相對失敗？答案是肯定的。在許多歐盟成員國當中，有許多限制投資和妨害雇用及生產力的因素，存在於個別國家而不是歐盟的立法中。造成的結果是，歐盟經常被錯誤或被不公平的指責，要為其會員國經濟的失敗負責。

這可以從歐盟成員國中非常不同的失業狀況看出。在二〇一二年，荷蘭的失業率是百分之五點三，德國百分之五點五，法國是百分之十點二，而希臘是百分之二十四點三，西班牙百分之二十五。然而，所有這些國家都依照同樣的歐盟法律與規章行事。我們必須承認，西班牙與希臘的高失業率，是因為相對於其他會員國的歐元缺乏價格競爭力所造成的。下一章，將會在這方面討論更多。無論如何，一大部份的原因要歸責於結構性的因素和個別國家的法律與執行。

的確，許多歐盟國家有關勞動市場規章的差異，是令人驚訝的。經濟合作暨發展組織綜整了「雇用保護指標」（Employment Protection Indicators）試圖來衡量，解雇個別或團體勞工而雇用定期或臨時性就業服務機構派遣人員來取代的難易度和成本高低。指數愈高，表示所需的成本和困難度愈高。在二〇一三年，有關個人解雇的關鍵指標，其結果從最高的葡萄牙百分之三點一，到最低的英國百分之一；而其他所有歐盟國家落在兩者之間。

類似的是，國與國之間的社會安全支出（包括失業給付）的差異，也是巨大的。歐盟整體的平均是二十八，正好在國內生產毛額的百分之三十以下，然而國家之間的差異，可從新成員如保加利亞、拉脫維亞和羅馬尼亞的百分之十八，到法國與丹麥的超過百分之三十三。

所以，即使傷害歐洲經濟表現的原因，並非都來自歐盟，而且大部份的原因，都可歸咎於各國政府本身。當然，這其中的確有一些原因，是可直接或間接歸責於歐盟的。

歐盟的間接角色，會使成員國的菁英被一種假性的安全感所催眠。他們相信，無論他們本國的經濟有多差，其他歐盟成員國會用類似的方法操持他們的經濟，而且無論在任何情況之下，都會感受到有一個「歐洲」會解救他們。實務上，在會員國層次的不當決定，會因為在布魯塞爾與史特拉斯堡所做的更糟的決定，而被複雜化！

有五個主要原因讓歐盟可以直接影響經濟的表現：貿易、資金與人員的流動、勞工法、競爭，以及巨額經費的開支。目前看來，假如歐盟還不曾有過經濟上的優良表現，我們可以假設，這是因為它在這五個層面的表現並不盡理想，或者這五個層面有帶來任何利益，卻被其他因素掩蓋了。我希望在我照順序檢驗了每一個因素之後，你能夠看到對這些問題的回應。

貿易

歐盟最重要的經濟貢獻，來自貿易。歐盟的許多條約，就是要會員國避免對其他成員課徵關稅或運用其他的貿易障礙。更進一步的是，希望達到與非會員國之間的貿易，是在歐盟層次受到管轄。歐盟對世上所有其他國家進口貨物課徵了一個統一的外部關稅。在二〇一二年時，單純的平均關稅稅率為百分之五點五，但是它的級距是很大的。舉例來說，乳製品承擔了平均為百分之五十二點九的關稅；而進口的金屬以及非電子機械的平均關稅是百分之一點九。

只要是歐盟增加了貿易，它理應可以透過所有正常管道帶來經濟效益。貿易透過促進更好的資源分配方式，來提升效率；也運用鼓勵專業分工、透過增加經濟規模的方式，產生了獲利。也就是說，隨著產量的增加，導致了每單位成本的下降。

然而，在歐盟中，鼓吹貿易卻並不會總被讚美的。歐盟不是一個單純的自由貿易區，在其內部或許沒有關稅、配額或者其他的貿易限制，但歐盟反而是一個關稅聯盟，內部是個自由貿易區，但對歐盟外的國家使用「統一的障礙」，也就是統一對外課稅。

「關稅聯盟經濟學」的說法早就存在，而早期在爭辯英國會員資格時，就達成了一些結論。重點是，關稅聯盟製造了聯盟內部的貿易，但也讓外部國家的貿易轉向。促成內部貿易的利益，究竟是否大於外部貿易轉向的損失，除非有實際證據，否則不可能從理論上推論出結果。

在歐盟內部創造了多大的貿易利益，很難提出明確的證據。許多學術研究認為，內部貿易的創造大於所抵消的外部貿易轉向。不管怎麼說，雖然記錄顯示在過去幾年歐盟會員國之間的貿易大幅增加，增加額度超過了與非歐盟國家之間的貿易。結果是，從佔整體貿易的比重來看，歐盟會員國對其他會員國的外銷佔比，卻從二〇〇一年的百分之六十八降到了二〇一二年的百分之六十三。

這其中的理由是，歐盟會員國之間貿易增加所獲得的利益，相對是較小的；而全球整體貿易成長，才有可能帶來巨大的利益。首先，因為關稅暨貿易總協定促使貿易自由化；後來，則是在全球化的過程中，中國與其他新興市場的快速發展，並享受到了高比例的國內生產毛額成長。

重點在於，一群歐洲官僚們為一個歐洲貿易聯盟成員國所夢想的利益，被世界等級規模的經濟自然成長所帶來的利益超越，是個事實；因為那個巨大的，以往是落後而孤立的世界，現在卻是連結全球市場經濟的一部份了。

資金與人才

歐盟成員的另一個類似福利，應該是來自跨越歐盟疆界的資金流動，造成了一種潛在較佳的資源分配和競爭力的提升。這種作法是有某些好處的，如借錢的一方，可以有較大的資金來源；而投資機構，有比較不受限制的投資選擇。

但是資金的自由流動，也可能被過度運用了。如果我們目前的假設是資金在歐盟內部的流動是有利的，那我們必須承認，資金在全球的流動也是同時在發生的。能夠在幾個過度規範、成長緩慢、又被反商文化把持的國家間進行資金重分配，並不等同於遊戲規則的改變。

人才的自由流動，則是一個不一樣的故事。很清楚的，這對某些歐盟成員國有巨大的效果，其中之一是英國。經歷了高額度的東歐移民淨流入，這是好事嗎？這是個弔詭的領域，有些證據顯示，在這過程中造就了一些明顯的輸家。最糟的還不是勤奮的工人，發覺他們現在與移民勞工間有了更尖銳的競爭。我會在第八章中討論這個題目的更多細節。

勞工法

如果歐盟的福利之一，是人才在歐盟之內的自由流動，隨著它移除了自由勞動市場的障礙，其他的福利應該伴隨而來。雖然，如我在前面所點出的，成員國之間的勞工法是有巨大差異的，歐盟的確採取了一些跨越聯盟的干涉。這些干涉所包含的範圍有性別平等、工作時間、社會福利規章等對工作條件和有利於某些族群如少數族裔與女性的權益的介入，和非典型的雇用契約，例如那些會影響非全職工作、人力仲介機構和臨時派遣工作的契約。

至於如何評估歐盟在這方面的影響力，毫無疑問的，很多人認為歐盟的作法對他們是有幫助的。以一個相信市場功能（雖然我也承認並不是所有的經濟學家都相信）的經濟學家來說，我認為歐盟對勞動市場的干涉是一個災難。歐盟的委員會實施了一系列的規章，使得雇用成本更高，以較具彈性的方式運用被雇者更加困難，當被雇人表現不佳時，解雇他們也更加昂貴。

工時指令（Working Time Directive, WTD）是最引起爭議的歐盟規章之一。它列出了每日與每周最長的工作時間，每日最低休息時間，最低的工作暫休時間，最低的有薪休假以及對夜間工作者的額外保護。

英國的雇主協會以及北歐國家均強烈批評工時指令。「開放歐洲 Open Europe」智庫估計歐盟的社會政策讓英國的企業與政府，一年增加了八十六億英鎊的成本。其中，又以工時指令為歐盟最昂貴的社會立法。雖然如此，個別的勞工是可以選擇不受工時指令規範的，而事實上只有城市勞工和英國的醫生做此選擇。

仲介勞工指令（Agency Workers Directive），於二〇一一年十月生效，也廣泛遭到批評。它列出了臨時勞工可享有與全職勞工一樣的薪資、休假津貼和加班費。明顯地降低了勞動市場的彈性，特別是讓小型企業增加了額外的負擔，而這些企業又是特別需要有關臨時勞工的彈性安排。

我們必須承認的是，歐盟的指令經常會因為它的反商偏見而凌駕了國家勞工法令。進而言之，全歐盟的失業率和經濟成長指標的不同，此一明顯的事證並不單純只是歐盟的問題。然而，這並不能為歐盟面對的兩難找到藉口。

競爭政策

然而，並非所有來自歐盟干預的運作，都是違反競爭市場的概念。談起了競爭政策，它的干預機制的設計，是為了要確保一個跨越所有歐盟會員國更具競爭力的架構。歐盟只會在兩個會員國之間的貿易有所影響時，採取干預競爭政策。所以，是由個別會員國主管競爭的權責機構，管理自身有關競爭的問題。當會員國之間的貿易受到影響了，歐盟的競爭政策會在六大主要領域扮演角色：限制運作、濫用獨佔市場地位來排除競爭者、併購、市場自由化、國家補貼，以及確保歐盟競爭法律是跨越所有會員國一體適用的。

在此一領域當中的行為，整體來講歐盟可能是有獲利的。歐盟委員會曾執行過幾個違反競爭做法的行業的調查，例如航空、化學、能源與電腦遊戲。自從一九九〇年以來，它曾做出超過一百件有關寡佔的決定，涉及超過七百家的公司。

在二〇一五年，剛好有助於英國脫歐公投的推動（或者只是巧合）？它確定了在二〇一七年中之前，將廣為大家痛恨的行動電話公司所收取的「漫遊費用」，全面撤銷。歐盟在阻擋國家對本地工業補助方面一向很有效率。有一篇在二〇一二年二月十八日《經濟學人》刊出關於歐盟競爭政策的文章，是這樣寫的：

> 在過往幾十年以來，歐盟委員會有關競爭政策已發展成為世界上同類型規範當中，最為重要的一個。它對於反托拉斯的理論發展極為活躍，也是執行法律的一個強大力量。

兩個主要的敗筆是歐盟委員會過度重視競爭者，卻對消費者的關注不夠。結果是它成了大腳無法穿小靴。《經濟學人》進一步評論如下：

> 批評者擔心禁令的強大影響會持續升高，因為歐盟委員會同時扮演了調查員、檢察官、陪審團以及判決法官的角色，所以它拒絕被告企業的基本權利，應被公正的第三者聽到。批評者們是對的。

經費開支

這個議題把我們帶到了有關歐盟經濟能力的第五個領域，那就是從會員國收來巨額的金錢，並把錢依照各國不同比重的貢獻度，來分配它的支用。在二〇一二年，歐盟的總支出約為一千四百億歐元，大約相當於歐盟國內生產毛額的百分之一。這包括了共同農業政策方面的支出。

用比較廣泛的角度來看，當然與國家總預算的規模相比，這是微不足道的。必須提醒您的是，二十年前在一九九一年時，這個預算只有五百六十億歐元，而且預算移動的方向是清楚的。如果親歐派人士能得到他們想要的，歐盟的預算會隨著時間而持續成長。

由於預算規模的相對較小，它對經濟表現的貢獻，應限縮至個體經濟的層次。目前為止看來，歐盟是成功地找出了真正的肇因，否則不會得到資金贊助，所以資金的募集應不會導致嚴重的扭曲或反激勵情況。但要說這個行動是會鼓動國內生產毛額的話，那可能只會在發生在童話版本中了。

在實務上，這是一個歐盟已相當接近災難的領域。由於大約百分之八十的資金是花在農業和區域性的援助，所以歐盟的預算對提升經濟成長並無太多助益。還有，歐盟的經費支出就好像錢來自另個星球一般，應注意事項的管理，和資源的審慎撙節，並不在計畫中有較高的地位，歐盟反而是一個不擅節約與浪費的同義字。英國獨立智庫「開放歐洲」整理出了一些浪費的支出。有兩個例子可以符合此一論點：

> 二〇〇九年二月，匈牙利的資訊公司 Gyrotech Commercial and Supplier Ltd.，從歐盟的區域發展基金得到了一筆大約四十一萬一千歐元的資助，再加上另外來自於別處的五十萬歐元，從事一個名為「改善狗的生活形態與生活水準」的專案。這家公司最初屬於資訊業，似乎是企圖用申請來的資金發展一種「水療系統」，以改善狗的福祉的方式來

成立分公司。這家公司用這些資金來蓋總部所需的辦公室。但是，這些辦公室至今除了過多的野草以外，仍然空無一人，而愛犬中心也仍然需要時間才能實現。

有筆一萬六千三百九十四歐元的贊助資金，來自於「歐洲鄉村發展農業基金」，再加上來自奧地利政府的二萬四千一百一十九歐元，共同贊助奧地利的一項專案。其目標是協助農民了解泰洛林風景，及其變化多端的特色，目的是增進農民們與所耕種土地風景情感上的連結。為達到研究目的所使用的主要方法，是訪問許多不同的農夫，他們被期待會「重新考慮他們與風景的關係，而更加認知到與其在情感上的反應；而相較於之前，他們的反應是理性且經濟面的」。其他的農民也會被研究成果所影響，而「了解並為此一專案獨特而正面的表達方式感到驕傲」。

我們必須承認，政府浪費預算並非新鮮事。在英國，最聲名狼藉的例子就是國家健保局全面建立電腦化紀錄的專案。它在二〇一一年整個報廢，根據報告當時此一專案已花了一百億歐元。

歐盟最佳的奢侈浪費實例，與雇用和薪資政策有關。歐盟是一個奢侈而浪費的金主，它的數千名員工擁有免稅薪水，再加上高階主管的福利與退休計畫，這遠遠超過如果他們回到母國所能賺取的。例如，歐盟二〇一三年主席巴洛索的薪資是三十萬四千二百二十一歐元，加上住房與交際津貼，其總收入為三十六萬六千八百七十一歐元。相較之下，德國總理的薪水是二十一萬六千四百五十六歐元，法國總統為十七萬二百八十歐元，西班牙總理只賺得七萬八千歐元。在英國，首相的薪資約略少於十七萬五千歐元，一位資歷較淺的部長大約是十一萬歐元。

同樣的論點，也可適用在國會。無論爭辯有多劇烈，歐洲議會成員是有給職的。歐洲議會成員的年薪為十四萬七千七十歐元，加上幕僚津貼為二十五萬四千五百零八歐元，再加上差旅與伙食津貼，一位歐盟議員的年所得，可能達到五十萬歐元。對照歐盟議員，義大利議員的年所得為十四萬四百四十四歐元，美國國會議員的收入約相當於十三萬五千歐元。在法國，國會議員的年收入只有六萬六千一百七十六歐元。由於幾個歐洲民主國家的部長和議員的所得嚴重偏低，一般普遍認為選擇政治職涯的人，品質低落。相對的論述則是用高薪吸引優秀人才是必要的。然而大部份的觀察家們都同意，歐盟議會成員的平均素質並不高。

歐盟並不只是一個糟糕的公帑浪費者而已，它用於記錄自己行為的會計制度，也是不佳的。在一九九四和二〇〇六年之間，歐盟無法通過科目為「確實」的稽核。從二〇〇七年到現在的預算，歐盟的科目被列為「確實」，但歐洲稽核法庭從不曾宣告歐盟預算沒有實質失誤。或者說其失誤率低於百分之二。二〇一一年歐盟預算的失誤率為百分之三點九，在二〇一二年上升到了百分之四點八。也就是說，一千三百九十億歐元的預算中，有將近七十億歐元是有問題的。

瑪塔安德森，歐盟委員會第一位受聘的會計長（後來因為對於會計科目「不妥的評論」而遭到解雇）。她在二〇一二年十一月曾說：

> 現在這是歐盟稽核法院第十八年拒絕給予歐盟預算健康而乾淨的評語，更糟糕的是，缺乏正確會計紀錄資金的錯誤率，仍然繼續攀高。

會計制度對於造假是無力防治的，而制度的設計，也無法從中央去管控付款。我們編造了許多帳目，但最重要的稽核法院的批評，卻未曾改變過。

從專業化而來的利益

所以，在五大領域以及直接與經濟表現有關的能力，歐盟的紀錄是屈指可數的。而關鍵的經濟理想之一，就是單單歐洲的規模，就足以帶來利益。這些理想有些是與貿易有關，這我在前面已經討論過了，而其中也有一些理所當然的利益。是不是因為利益太小，所以已經被以上五大標題所導致的負面影響蓋過了？或者是最先的分析出錯了？規模難道不重要嗎？

答案是依情況而定。經濟學最古老的假設之一，是規模。在十八世紀時，亞當史密斯強調分工是進步的源頭。生產越專業化，就應該有越多的生產者獲得專業。他也認為市場的規模會限制專業分工。根據此一論點，國際貿易應是繁榮進步的巨大推手，因為它允許專業化。

這是個很容易了解的普通名詞。在一個最基本層次的單人經濟體當中，「魯賓遜漂流記」裡的魯賓遜必須事必躬親，他完全沒有能力成為專家。星期五出現以後，他開始可以發展專業：而隨著越來越多的人的出現，專業能力持續而成長。

如果我們走到另外一個極端假設：整個世界是一個單獨的經濟體，那專業分工的能力會是巨大的。若一個經濟體與世界一般大小，它的複雜性使得專業與分工並不會單純的在真空環境中發生。最起碼的基本條件是，專業分工應被指引著跨越空間距離、語言障礙和法律系統，它必須是被管理的。實務上，這些協調與管理的問題，會在當人與人合作時以某種的形式或外觀出現。所以，專業分工的利益會與其他的考量互動，或者可能發生衝突。

歐盟個案當中，就是它移除了歐盟內部的貿易障礙，而促進專業分工所帶來的利益。然而，就如同上面討論所釐清的，這並不是故事的結尾。歐盟也代表了對於國家主權的打壓，和一個跨越廣大疆域中的無數經濟與政治範疇的超國家權威決斷，這會需要大量的協調與立法。

規模的理論

政府會有一種干預貿易與商業的自然傾向。因為，根據定義，政府的管轄權限會跨越某些領域。它們從有關人與貨物的流動，來確保自己的疆界，因此而能主張自己的法人地位。疆界很容易就會成為障礙。

因為疆界的天賦權利，在這個地方自然就引發了課徵稅收的機會。從最早的時候開始，政府一大部份的稅收來自於貿易，在許多個案中目前仍然如此。

所以，當一個系統中的許多小主權國家，變成了一個系統中被清楚劃分的經濟體時，其中的關稅和貿易障礙在政治的領域中限制了經濟行為，結果妨礙貿易與專業分工所帶來的利益。

歷史上，幾個著名的移除這些障礙的情況，都帶來了成長與進步。在德國，是一八三四年所發生的在布魯斯所領導的關稅同盟（Zollverein, customs union）。對美國的將軍和官員們而言，他們所擔心的是蘇聯的干預或共黨的革命，對第二次世界大戰之後的歐洲經濟動向的影響。其中最大的經濟威脅，是許多小型的歐洲國家，透過在疆界課徵高額關稅、配額制度或其他限制的途徑，來彰顯其微不足道的主權。

現在，國家之間已有自由貿易了。在這種情況之下，即使是小的政治實體，也可以享有專業分工的利益。那規模帶來了什麼樣的利益？針對這個題目有許多的學術文件。一般的研究方向，是觀察政治體的規模增加，所導致的潛在公共財方面（也就是說，國防）的經濟規模，也檢視較高的異質性與傾向高爭議性問題（及不良政策）的成本和效益分配。然而，幾乎人人都承認開放貿易和經濟整合的重要性，讓小的政治體能夠成功的運作。有趣的是，這個為許多學術研究所確認的結果，卻是實際上與許多評論者不假思索的假設——全球化和經濟整合將自動導致有利於大型政治體建立，是背道而馳的。

所以，表面看來歐盟的將權力由會員國轉至其自身的傾向，與世界其餘部份目前正盛行的全球化和整合，是相衝突的。就如同阿里西納、安捷隆里和舒奈特（Alesina, Angeloni, Schuknecht）三位作者在他們的報告上用一種非常好的學術方式所表達的：歐洲層次的機構所參與領域的經濟規模並不明顯，而且歐洲公民喜好的異質性是高的。也就是說，歐盟參與了太多本應該由個別國家政府去處理的事務。

即使如此，有關於規模的學術分析，並不見得就點出了包括現有國家政體的自大，不過同樣的討論至少可進一步推升至現有國家組織的部份分裂成為次區域或國家。例子包括蘇格蘭脫離大不列顛王國以及加泰隆羅尼亞從西班牙分出。

權力自主原則

什麼地方是最佳的主權界定點？很清楚的，這不是個人、街道或地方社區。在某個階段，這個點也許對態度改變、經濟現實，以及科技的反應，會隨時間變遷而移動。疆界是必須的，以用於區隔一個與另外一個政策。

實際上，並不是所有的決策都必須在同一個層次作成，不管那是國家、聯邦國家、一個區域或一個地方政權。不同類型的決策都應該在最適當的層級作成：垃圾收集應該在地方層級決定，國防事務在國家或超越國家層級決定。

但是，有許多決策是介於兩者之間。比如說，有關學校課程的內容結構，應留給地方政府控制呢，還是由中央政府頒布？正確的答案取決於地方與國家當局的有效性，和國家的教育政策目標。在歐盟的作法，解決應在哪個層次作決策的問題。它是根據的是一個「權力自主」的原則而來，一個決策的作成，應愈接近該國公民愈佳。除非是屬於歐盟全權管理的領域，否則的話，除非比國家、區域或地方的行動更為有效，歐盟的原則是不應採取行動的。

問題是，這個原則是在有違反情事時被提及的機會，比應當遵守它時要多。這有兩個相關的理由：第一，在歐盟內心深處，有兩股對抗的力量，有些人希望建立全面的政治聯盟；另有些人並不希望如此，所以期待各個國家保留較多的權力。對前一種人而言，任何可由各國爭得權力的機會都被認為是往正確方向的腳步。到頭來，歐盟針對一些事務的無的放矢，根據實際而不具政治性的分析，都不會被認為是在它權限範圍中的謊言。

第二，權力自主原則的執行，正好與和諧的目標相反，而且會導致競爭。然而，和諧深植在歐盟的目標當中，所以據此而言，可說歐盟的預設立場是拒絕權力自主原則的。

規模的實際運作

大的經濟與政治體的表現優於小的，這事實上是一個市場趨勢嗎？證據並不足以下此論斷。最主要的因規模導致獲利效果的例子，是美國。在它歷史相當早的階段，美國已獲致相當高的經濟成功與生活水準。必須承認的是，美國平均每人擁有的土地疆界是巨大的，使得它的人均可耕種與可養牧的土地更大。此外，美國還擁有相當可觀的礦產與石油天然資源。

其他國家也有這些優勢，卻無法達到同樣的高度發展。過去蘇聯也擁有這些，而現在的俄羅斯依然如此。阿根廷、澳洲和巴西，也享有類似的優勢，然而結果卻是各自不同。

很清楚的，一塊疆土如何被管理，才是主要重點。成功的要素是政府必須強勢以確保法律是被遵守的，國家的財富並不會被少數的利益集團所竊取，或因不斷的抗爭導致損害與破壞。但是，政府也必須不能透過租稅與干預的方式，阻撓工商業的成長。

非常令人震驚的是，不管怎麼說，世界上許多最富裕的國家，都是小國家。所謂「小」，是指其面積或人口或兩者皆是。根據國際貨幣基金的統計，世界上國民人均國內生產毛額最高的五個國家是：卡達、盧森堡、新加坡、挪威，以及汶萊，人口都不到六百萬。

新加坡是一個特別有趣的例子。在獨立時，英國政府的看法是它應加入大得多的馬來西亞聯邦，而它的確也這樣做了。當新加坡於一九六五年被逐出時，看起來它的前途是暗淡的，但現在再看看它！不談馬來西亞，新加坡的人均所得高於英國。最重要的答案是優良的政府——由新加坡組成，為新加坡服務。

在中東也有幾個小國成功的例子，但一般或許會認為它們與世界其他部份的相關性是有限的，因為它們的成功很大部份幾乎全仰賴石油與天然氣。我當然也比對了波斯灣地區的國家，包括阿拉伯聯合大公國、巴林、卡達、科威特和阿曼。即使在這些例子中，有一個重點必須提出的，就是他們的政府（必須承認，是非民主的）管理得相當好。他們的石油財富並沒有被揮霍。

在歐洲成功的小國，除了挪威以外，並沒有石油作為根基。瑞士是最好的例子，而其他值得一提的國家有比利時、荷蘭、盧森堡、丹麥和芬蘭。當然這最後的六個國家是歐盟成員，不過，它們在加入之前就已經相當成功了。

民主與競爭

為何這些小型政治體可以表現優異？從某些個案來看，一大部份原因是因為它們成了避稅天堂。根據此一說法，它們的成功是分配型的；也就是說，它們所從事的是由其他政體移轉所得與財富的生意，而並不是創造財富，它們與主權分散是否促進整體繁榮的問題少有相關。

但是，在大部份的小國成功案例中，稅賦的優勢只是它們作為的一部份，而它們的成就背後的基石，卻是更為多元又廣泛的。即使從他們作為避稅天堂此一行為來看，可以視為管轄權的競爭所導致的。所有問題，都源自於如何能讓政府的作為符合國家與人民的最大利益。

當然，對於即使是大型國家的政府所能做的，或理論上應該做的，以促使政府的行為合乎大多數人民的利益，民主制度提供了一個檢驗機制。相反的，極權政體的領導者，無法為選舉制度所唾棄，那要怎樣才能防止政府沉醉於每一個反映個人喜好的計劃，以及為它的近親好友提供可觀的所得或好處？今天在非洲，仍有許多這種例子。必須承認的是，並非所有的非民主政府是如此運作的。以波斯灣地區國家為例，它們幾乎是在極低、甚至沒有個人所得稅之下運作。在中國，個人所得稅也是很低的。

不管怎麼說，民主體制並不足以確保優良的政府和促進經濟的成功。在西方的民主國家，選民會傾向於被增加支出的政見所吸引，而其所暗含可能導致的稅負增加結果，卻流於不透明或艱澀難懂，或被假設為「某些人」會負擔。所以，政客們會利用為選民提供最誘人好處的方式相互競爭。再來，就像我在第二章中所討論的，愈大的政體，就愈難讓民主機制運作得宜。

競爭可以為政府提供一個較為有效的規範。我們所習慣的概念，就是經濟體之間的競爭，會帶來利益；而與此相關的概念，我們也許需要干預來確保大型企業不會控制市場。我們也習慣於另一個概念，那就是國家之間的競爭，會以貿易獲利的形式帶來利益。我們比較不習慣的概念，是主權政體之間的競爭會帶來利益，然而事實上這卻是最能肯定的。

獲利與好的政府機制有關。如果沒有這樣的競爭，政府可以長時間持續執行對於經濟具破壞性的政策。然而，當管轄權之間處於競爭情況時，不同政策的優點會更快顯現，結果可造成對於最佳做法的鼓舞力量。

這也很明顯地與規模有關。本質上，小國家因感覺脆弱，導致它們政府所能做的，會被限縮在損害有限而不致承受嚴重的後果。相反的，大國政府能夠在國際層級維持成功與權力，即便事實上以人均所得來看，他們的人民是相當貧窮的。舉例來說，這正就是蘇聯。

政府了解它與其他政府的競爭所帶來的好處，會擴張至整個經濟政策。舉例來說，勞動市場的規章會增加失業率和傷害經濟成長。在一個開放的經濟系統中，假如一個小國家有這種類型的政策，而且它與其他沒有這類政策的國家近距離競爭，那結果會以很巧妙的方式呈現：商業與貿易，可能也包括關鍵人才會移至另一個國家。

相反的，如果同樣的政策在跨越一個廣大的經濟區執行，我們就說它是歐洲吧，對於被影響地區以外的國家而言，可能會有一些經濟行為上的損失，但不會那麼容易有所變動，而歐洲之中也不會有任何國家願將優勢輸給另一國家，這是因為不會有一個國家用比他國差的政策運作。經濟區域的幅員愈大，在其他條件均等的情況下，商業流失給區域外部國家的規模愈小。但不管怎麼講，政策仍然是可以造成巨大損害的。

競爭的效果，可從其與租稅政策的關係來觀察。公司和某些擅長游移於國際間的富人，他們可以透過精明算計稅賦的結果，來選取或遷移居住地、經濟活動地區。很明顯的，稅賦並不是唯一考量，但假如國家之間的吸引條件大致類似，而稅率卻非常不同的話，那就會導致公司與富人被沖洗至低稅率的國家。大家普遍相信稅收競爭是個大問題，因為導致了稅率持續低下，而與此有關的是，讓政府支出受到檢驗。但是，假如相信在大部份的西方民主國家中，政府支出佔了國民所得過高的比例，那麼這種稅賦競爭是件好事。它幫助我們檢驗政府是否有吞噬太多資源的傾向。

歐盟朝向整合與和諧的不可抗拒衝力，正好與此反其道而行。在歐盟當中，已經有租稅的障礙。例如，有關增值稅稅率級距規定：沒有任何國家的增值稅的標準稅率，可達百分之十五的低標，稅率下降的低標是百分之五。還有就是在蘊釀中的阻礙公司稅率競爭的行動。如果歐洲地區的國家成功發展為一個完全的財政聯盟，其結果不是一個跨聯盟的統一稅率，那最少也會包括一個中央管理的稅率。到了那時候，管理政府支出行為的主要限制，就會不見了。

歐洲的黃金年代

有趣的是，與世界其他部份相較，歐洲最強盛與最進步的時期，正是它被分割成許多小國家彼此劇烈競爭的時期。偉大的探險家都不是在一個統一歐洲的環境下所造成，而是來自於西班牙、葡萄牙、英國、荷蘭、法國，以及義大利的許多城邦，包括熱那亞與威尼斯。他們行為的背後，是一種敵對的精神。

不可否認的，敵對有時候會以戰爭的形式來表現。對這種競爭方式的厭惡，是反對歐洲回到競爭國家狀態最強烈的情緒性論述。該擔心的是，過去國家之間的競爭必定是具有毀壞性的說法，造成了因噎廢食的結果。透過機制來防止歐洲再發生戰爭，而又同時透過其他方式來維持敵對關係，是可能的，包括經濟上的競爭，就像每一件已發生的事情，從足球到流行音樂。

所以，我們發現了歐盟表現不佳的一個遠超過會計人員加油添醋的更根本理由：歐盟一直在壓抑國家之間的競爭。更進一步說，它用了一種和諧與凝聚的特效藥膏，讓競爭窒息。只是間接提到這點或不良的決策與管理，是無法釐清問題的。這些問題是系統性的。它源自歐盟本質的精髓 最可確定的是，這與歐洲的本質精髓不同。

歐盟的低劣經濟紀錄

我們不要把眼光從這個主題移開，歐盟並不是一個經濟的災難——目前還不是。但對許多支持者而言，從經濟角度來看，它是相當令人失望的。而從國際角度來看，它的成就是低下的。亞洲快速成長的國家，並不把歐盟當作一個例子，認為歐盟展現了他們所該避免的。

要如何解釋這種低劣表現呢？我列出了八個原因：

1、歐盟的設計者，針對規模會帶來利益這件事，過度重視。
2、在過程中，他們低估了歐盟以外其他地區的經濟成長。
3、他們低估了優良政府是經濟成長關鍵的重要性。
4、和諧與規章的時間表當中，包括了太多對商業的干涉。
5、歐洲有關勞工法與福利的社會規範，讓雇主也相信是反商的。
6、歐洲的領導者對於把經濟成功基本要素弄對這件事，所付出的注意不足——這並不像許多在亞洲的領導者。
7、他們沒有妥善運用歐盟的資金（必須承認的是，歐盟的資金並不巨大）。
8、和諧與團結是原本的目標，卻掩蓋了不好的經濟政策所導致的結果；而國家之間的自然敵對狀態，原本可以創造出較佳的經濟表現，卻陷入窒息。

可被爭論的是，如果在一個相對穩定的世界中，歐盟已經啟動了一種能量豐沛的成長路線，那這些失敗並不足以讓歐盟的經濟退步。但是，這個世界在過去的二十年當中，除了穩定以外，什麼都經歷過了。兩個偉大的革命，撼動了現代經濟的基石——資訊科技和全球化，它們需要的是彈性和適應力。精確地說，這正是歐盟的機構表現不佳之處，所以導致了歐盟的相對落後。肯定的是，因為美國在面對這股力量時，適應較佳，可解釋美國表現超越歐洲的部份原因。

還有一些其他的因素。當歐洲持續相對大幅落後時，歐洲菁英的努力，應該專注於提升生產力、就業和投資的需要。相反的，歐洲領導者沉迷於進一步的和諧與團結，所使用的手段是條約交換，以及當然也用到的最終極團結方式——歐元。

IV 歐元的麻煩

當你在路上看到一隻叉子，撿起來。

—尤吉•貝拉，美國棒球選手與哲學家

歐洲的單一貨幣——歐元，已成為歐洲整合的焦點，也可能會被證明是歐洲動盪不安的原因。但如果事情就是這樣發生了，那真的非常諷刺。因為歐洲單一貨幣並不是強制性的。它是一種走得太遠、又太快的整合。

所以，它可說是到現在為止在歐盟中壞決策的最佳例子。但是，此一壞決策並非突然出現。它源自於歐盟的歷史及其真正的本質。一些有關歐元何處出錯的問題是眾所週知的，深入思考並無助益，重點應在於它為何出錯以及讓我們如何可以從歐盟和歐元的長篇故事中，學到教訓。

接下來，我會開始討論單一貨幣的源頭，它是如何陷入麻煩的？理論上它應該如何調適困難以及實際上發生了什麼事情。然後，我會討論隨著歐元陣痛期出現的政治課題。在結論處我會評估自從二〇〇八年以來歐元區的相對表現，包括貿易順差的增長，與日本「失去的十年」比較，通貨緊縮的出現，以及極低油價的效果。拯救歐元區的政策，會留在下一章之中。

初始階段

歐洲單一貨幣的問題，最早是在一九七〇年的華納報告（Werner Report）中討論過，訂出了一個三階段的進程，要在十年之內達成歐洲貨幣聯盟（European Monetary Union）。它最終的目的是要達成貨幣的可轉換性、資本的自由流動以及永遠鎖定不變的匯率——或者一種單一貨幣，如果可能的話。為了達到這個目標，報告中提及必須有更緊密的經濟政策協調，利率與外匯存底應在盟體層次決定以及展現出眾的睿智與遠見，和一致同意的國家預算政策架構。

在那之後，有兩種歐洲匯率辦法付諸執行，因而建立了歐元的基礎，並扮演歐元先遣部隊的角色。一九七二年的《巴塞爾協議》（Basel Agreement）引進了「在隧道中的蛇」（Snake in the tunnel，貨幣控管機制）。而在一九七九年三月一個新的歐洲貨幣系統（European Monetary System）成立了，它運用一種匯率機制（Exchange Rate Mechanism, ERM）來降低會員國之間的匯率變動。兩種貨幣機制都沒有真正達到應有的目標，雖說匯率機制的目前規模較早期限縮，已經在一九九九年一月，當時十一個會員國使用歐元時被取代了。後來又有七個國家加入後，歐元區總共有十八個國家，只有十個歐盟成員國在歐元區之外。在二〇一五年立陶宛正式加入後，歐元區擴張到十九個成員國，只剩下九個歐盟會員國沒有使用歐元。（請見下頁圖 4.1）

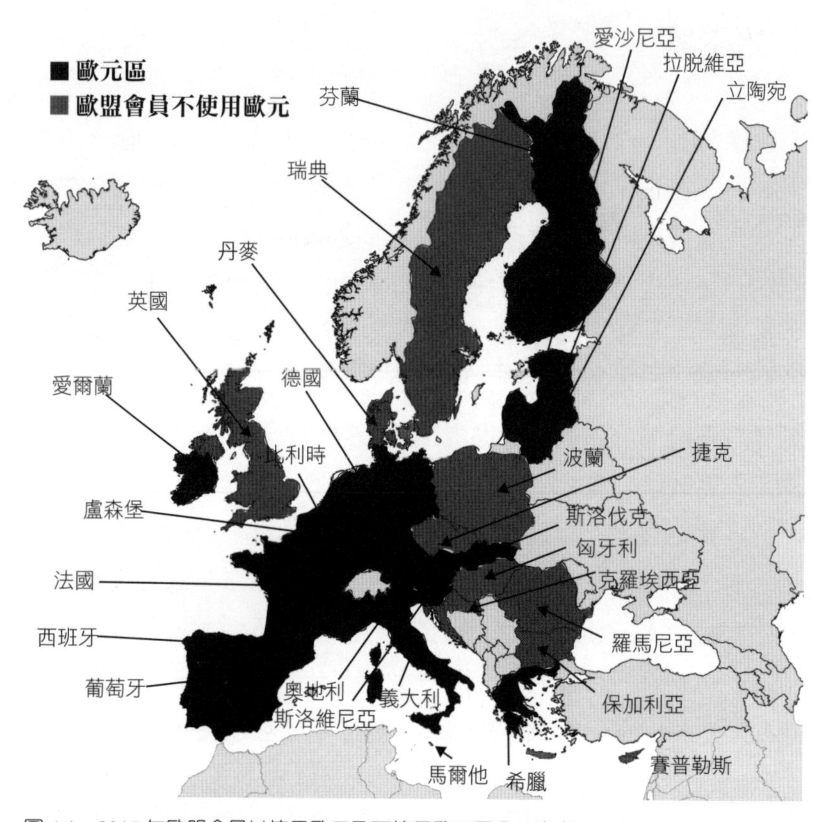

圖 4.1　2015 年歐盟會員以使用歐元及不使用歐元區分。出處：www.europa.eu

貨幣聯盟的誘因

這些要整合歐洲的國家，為什麼以建立單一貨幣為一個主要目標，原因很容易了解：共同的貨幣應會導致共同的國家。有許多不同國家使用同一貨幣，但所有的例子都是小型國家，像是加勒比海島嶼的一些國家。也有一個小國家使用另一較大國家的貨幣，而對於貨幣的問題或管理沒有任何發權，像巴拿馬使用美金就是一個明顯的例子。但我無法想像到歐元主要成員國的地位大致相當，卻共用同一種貨幣。

十九世紀的金本位制度, 有時候被認為是一種反向的例子，因為它讓許多不同的國家集結在固定匯率之下。但這實在不能算數，因為金本位的本身就不是一種貨幣, 它甚至不是一種管理貨幣的制度。它反而是一種「集團」，卻任由各國主導自己的經濟與財政管理；雖然說要留在這個體系裡面，是沒有太多的空間可供操作的。更重要的是，金本位制度並沒有取代國家主權，至少中止或捨棄它是可能的。英國就曾兩度捨棄金本位制度，一次在一九一四年，然後一九二五年回到這個機制後，於一九三一年再次捨棄它。

貨幣與國家是緊密連結的。國家的徵稅權力就是確保貨幣價值的主要根源之一。同樣的，當事情出錯了，只有國家才具備能力或經常真正採取行動來照單全收失敗的資產或銀行。美國與歐洲都有最近學到的經驗足資證明。

與鄰居共用同一貨幣的危險是，你無法控制鄰居會不會執行足以「埋葬」貨幣的政策。這可能會造成對債券獲利的傷害、貨幣的崩貶、通貨膨脹升高或者銀行體系的危機——或這四者的任意組合，而讓你的經濟體系付出明顯的代價。很確定的，如果你要與他國共用貨幣，你應該對鄰國提出合理的要求，以取得對他國的財政（例如，預算）和金融政策某種程度的控制。然而，如果要一個國家對於另一國家的財政政策有全面的瞭解，若不透過某種形式的政治聯盟以聯合或共享式的控制財政政策，又怎麼可能達成呢？

所以，當貨幣聯盟要建構單一貨幣時，卻缺乏財政與政治聯盟安排的話，這事實上就如同房子蓋了一半，這正是輕量版的歐洲整合。

不過，這也並不完全是盲目跌撞而行，朝向並不令人滿意的半個答案。許多歐元制度的前輩，完全了解他們自己在做什麼。當歐元還不過是眼中一閃而逝的光芒時，就有一個所謂德國與法國學派之間的爭論因而升高。「德國學派」認為，經濟整合與全面政府治理必須先達成，然後貨幣聯盟才能成為完成整個結構的基石。「法國學派」的觀點，則是政治整合要達成共識是重大而困難的，堅持先從政治整合著手，會讓整個進程遞延，甚至不可能完成；所以最好先從貨幣聯盟開始。必須承認的是，這不可避免的會帶來危機，但是從危機當中，我們可以獲致促使財政和政治聯盟的意願。

麻煩是如何發生的

經濟學的教科書說，一個國家是否要與其他國家結成貨幣聯盟，取決於國家之間經濟相互適應的程度。它們是否取決於類似的經濟的震盪呢？如果不是的話，那它們的結構是否彈性足夠，以吸收不同的震盪，而不致造成巨幅分解或失業？國家之間，可以共同生活並創造完全就業的環境，而不需要額外的資源來管理匯率改變、不同的利率以及匯率管制嗎？

經濟學家們發表了一整組足以讓你在人生中最重要時光卻忙碌不堪的文獻，目的是在回應這樣的問題：達到榮耀的最高點、最適通貨區理論、一個有關最佳（或最有效率的）單一貨幣區的國家組成。而此一理論架構，是相當令人印象深刻的，足以贏得一或兩座諾貝爾獎。

大多數文獻對於歐元是如何成形以及建構，是毫無中心思想的。實情是，貨幣聯盟是為情勢、而且不是經濟的發展所迫。一九八九年十一月柏林圍牆倒塌，而兩年之後蘇聯就解體了。讓德國在分離了五十年之後再度統一變成可能。但並不是每個人都樂於見到。俄羅斯是如何想的呢？它仍然有將近四十萬的軍隊駐紮在德國領土。法國又是怎麼想的呢？英國的觀點呢？

首先，英國首相柴契爾堅決反對統一，也曾為此事與蘇聯領導人戈巴契夫、美國總統雷根密切溝通。如果統一要發生，西德必須仰賴法國的支持，法國會擔心德國的主導，是非常真切的。法國人的想法是，為何要讓德國更大更強，但結果卻變得更糟呢？法國作家法蘭索瓦•查理•毛瑞克（Francois Charles Mauriac）曾在一九六〇年代說過，他非常喜歡德國，也很高興有兩個德國。他的發言的確足以代表許多法國人，以及其他許多國籍人們的想法。

法國總統密特朗贊同德國統一，但是他明確要求德國付出代價。德國必須將德國馬克併入一個新的歐洲貨幣，此貨幣將來會被稱為「歐元」。過程中，必須將在過去幾十年來執歐洲經濟牛耳的德國中央銀行廢掉。西德總理柯爾同意付出這個代價，於是歐元就誕生了。人類歷史上最偉大的貨幣實驗，何以在當時以及如何發生？這是因為當時從政治上來看，是有意義的。

從一開始就有的麻煩

從誕生之始，就面對著困難環境，我們可以預見這個新貨幣會遭受嚴重的設計失當。為了確保被允許加入歐盟的成員國有能力同時並存於貨幣聯盟之內，而當碰到匯率變動、利率水準不同，或用到資本管控時，並不需要外力支援，一九九二年的《馬斯垂克條約》列出了一些加入聯盟的合格條件。這些條件包括一種「參考值」，政府負債佔國內生產毛額的比率在百分之六十，所有國家都必須等於或低於這個參考值。

一個國家的參考值，即使高於這個數字，仍然有機會被允許加入，假如這個數字正在「以令人滿意的步調」下降，而且接近百分之六十的話。義大利和比利時以及希臘，雖然遠高於百分之六十，但還是被貨幣聯盟接受了，理由當然是政治。歐洲的領導者，只是覺得把它們排除在外是不合理的。

財政聯盟的處理並沒有訂立，但是《馬斯垂克條約》裡面倒是有個「無緊急紓困條款」，規定任何國家的政府發生財政困難時，是不會得到外部或全聯盟的支援。目的應該是為個別財政當局灌輸責任感，以及為金融市場其他能提供貸款的成員，灌輸謹慎的意識。

更進一步的，貨幣區域內的國家同意了一個「穩定與成長的規則」，列出財政赤字的限度。不幸的是，這個規則並無法滴水不漏，法國與德國雙雙都超越了他們的赤字限度，卻沒有遭到任何處罰。不過，如果沒有這個規則，那它們的財政赤字可能更大。

「無緊急紓困條款」與「穩定與成長規則」都是紙老虎。所以，實務上並無有效的財政聯盟可伴隨著歐元的貨幣聯盟，也不會有政治聯盟。歐元區的成員國，只是像以往一般前行。

新貨幣的處置也沒有包括任何形式的銀行結盟。並沒有任何協議規範當各國違約或銀行危機發生時，該如何因應。事實上，歐元的架構似乎對於金融財政歷史所知有限。它管理進入歐元門檻標準的限制和協議，完全只參考財政的管轄區域：也就是政府的赤字與負債水準。

若當事情發生了，或碰到有問題的情況時，有些歐元區會員國會認為這是因為財政上的咨意揮霍（希臘是一個最重要的例子），西班牙與愛爾蘭在二〇〇七至二〇〇九年的財政崩盤所導致的蕭條，讓財政赤字突破上限，而在那之前的財政體質是健康的。他們的問題環繞在私領域部門的信用擴張，這與不動產市場泡沫緊密相關。針對這種干擾，貨幣聯盟似乎是束手無策，他們的確完全沒有採取任何對策。

所以當這艘歐元好船駛出之後，它的設備僅足以應付溫和的風與平靜的大海。當它遭遇二〇〇八年全球金融危機所導致的暴風雨時，就證明了那是一艘最不適合航海的船隻。

麻煩的剖析

操作單一貨幣的問題，並不是瞬間發生的。相反的，在一九九九年歐元的開始使用，是一個重大的技術上成功，那似乎也曾經是不同經濟體調適歐元的得宜時代。

然而，這並不值得驚訝。貨幣聯盟成員的不相襯地位，伴隨而來的是極度頑固、不良的組織結構，和容易分歧的意見，這些問題一直存在，並隨時間累積，而且會暴露在危機之下。所以，沒有人應該接受新貨幣在一開始時似乎順利游走的事實，但不管怎樣，就是有人相信會如此。

開始時，一些周邊國家是景氣繁榮的，但人們持續縱容消費。這些傳統上傾向相對高利率的國家，現在可以享有歐洲中央銀行所設的利率，類似德國過去所享有，由德國央行所訂立的低利率。如果你喜歡，這可以被稱為「英國式通貨膨脹習慣」和「德國式財務成本」的結合。結果是造成了西班牙和愛爾蘭信用和經濟行為的膨脹以及不動產市場的榮景，包括房價以及房屋建築水準兩方面。在希臘，新建立起的安全感和無須擔心的匯率問題，給了政府自由操作空間，沉醉於劇增的過度支出。要在那種日子裡存活，就是像上天堂一般。

明顯的，德國的外銷業者是這種消費的受益者，而德國的勞工，大體上並沒有到處奢侈花錢，也沒有因此獲得直接的好處。

競爭的缺口

然後，現實開始侵襲家園了，並不是突然的，而是悄悄的。在所有周邊國家中的成本與物價，持續上升得比以德國為核心的聯盟更快。雖然從過去到現在都有這種傾向，但差別在於過去可以用匯率貶值的方式，抵消所失去的競爭力。現在匯率的安全閥門已經關閉了，所造成的結果是周邊國家以大額而又增長的經常收支逆差，來反映競爭力的巨大減損（廣義的說，進口超越出口）。同時，在德國核心國家當中，卻是大額而又增長的經常收支順差。

經常收支逆差的最極端，是在愛爾蘭、西班牙、葡萄牙和希臘，分別為國內生產毛額的百分之八點五、百分之十二、百分之十四以及百分之二十。相對的，順差最高點是國內生產毛額的百分之九與百分之十的德國與荷蘭。

而歐元區菁英們似乎都認同一種布朗寧式的經濟學：再也不會有危機了，因為歐元已為繁榮與震盪畫下句點。但另一種具說服力的老說法卻是忠言逆耳的，災難就等著要發生了。

但是有一點我必須要說清楚的，擁有自己的貨幣，並不是一切經濟問題的萬靈丹。更進一步說，有許多的國家偶爾也遭遇過匯率變化不穩定的問題。此外，歐元區周邊國家的問題，遠較單純的成本與物價失控為多。但無論如何，在面對一個世代發生一次的危機，相對物價必須調整百分之二十至五十時，擁有自己的貨幣，的確是重要的。二〇〇七至二〇〇八年所發生的傷害全世界的危機，就是如此的一個狀況。而就在匯率必須被用來施加壓力時，歐元卻不得不面對「國家貨幣」已經被毀棄的事實。

負債的問題

當二〇〇七至二〇〇八年的金融危機之後，大蕭條蔓延全世界時，所有經濟體都遭受嚴重打擊，而對歐元區周邊國家的影響，更是個大災難。就像在蕭條中通常會發生的，政府預算赤字升高，就造成了負債對國內生產毛額比值顯著上升。如把這列入考量，那就是一個高度違約風險的訊號。同理可證，債券的收益會升高到足以損傷政府的借出能力。

可以預期的，政客們提供的解決之道是一系列的如以字母排列的支援機制，典型的作法是從一個魔術字母「E」開始，更進一步應該可以治癒一切病徵的特效藥是「政治意志」。換言之，那就是：別驚慌，只要大家在一起，到了晚上一切都會轉好。

然而事實並非如此。在二〇一二年最壞的時候，看起來歐元像是要崩盤，或至少最脆弱的成員將要離開。的確，希臘已經接近要被逐出的極端狀況，而其他的成員，特別是德國，則完全被激怒了。所擔心的只是逐出希臘所帶來的金融危機，會把整個歐元區拖垮，讓梅克爾受挫。

然後在二〇一二年七月，歐洲央行總裁馬里奧•德拉吉（Mario Draghi）作了一個宣示：他會採取「任何必要的手段」來救歐元。以當時的情形，會透過一個所謂的「完全貨幣移轉計畫」（Outright Monetary Transactions, OMTs）的方式來執行。也就是說，歐洲央行將購買有問題國家的債券，可能無上限。

這是一種天才的做法！債券收益劇烈下跌，根本不需要歐洲央行購買任何一張債券。但不管怎樣，德拉吉的作法非常接近航行的風向。為了向有關政府施加壓力，迫使它們改善財政並改革經濟，他規定，完全貨幣移轉計畫只有在一個國家加入了「歐洲紓困計畫」後，才會開始執行。重點是，假如他們已經在此一計畫之中，紓困就成了條件之一，那他們的財政就可以為外部勢力控制。這是設計用來安撫德國中央銀行，以及其他批評聲浪的。

所發生的事實是，兩個脆弱的國家，西班牙與義大利，並沒有參加紓困計畫，而且它們的政府也不太可能會同意參加，因為政府債券收益，一如往昔的下滑。即使如此，德國央行總裁拒絕歐洲紓困計畫所提供對政府的金援額度，也因此認為這是非法的。從效果來看，完全貨幣移轉計畫是一個令人讚賞的信心遊戲，到目前為止它有達到效果。

回到一九三〇年代

同時，如果沒有匯率作為緊箍咒，周邊國家要怎樣重獲競爭力，然後才能讓它們的經濟重建成長，而又能降低他們的預算赤字呢？傳統的歐洲（特別是德國）答案是透過撙節開支。受影響的國家，應減少政府支出和提高稅收，來降低他們的預算赤字，很像是家庭成員所會做的。

問題是，經濟體並不是一個家庭。當 A 減少了支出，就會導致 B 的收入減少，然後 B 也會減少他的支出，然後這會一直持續下去。過不了多久，國內生產毛額就會下跌，而預算赤字仍然不變，甚至更為擴大。凱因斯對節儉批判的經濟學觀點是眾所周知的：有時候是對的，但有時候又不對。在很多時候，對歐元區來說它似乎是言之成理。節儉解決之道的另一個瑕疵，則更加明顯。概念上是節儉不但能改善公共財務和重建競爭力，因為從公部門所釋放出的資源會造成支出減少，而租稅增加會導致私領域的支出減少，兩者都會減少總需求和增加失業率。而通常情況是造成經濟體的供給過剩，以及增加商業活動和保障工作機會的壓力，以降低成本、物價和工資，然後改善競爭力。

這樣直截了當的通貨緊縮的狀況，在一九三〇年代已經試過了，而且發現到是大家期望的。然而拿歐盟來講，如果參與其中的政客們無法改變歷史都無法抹煞的事實，那他們最少應把此一政策取個不同的名字。而他們的確這麼做了，他們稱這個為「內部貶值」，只是名字改變並沒有讓這個過程減少痛苦或更加有效。

內部貶值的過程，不可避免的會是極端緩慢的。即使每年百分一或二的通貨緊縮，都很難達成而且極端痛苦。許多周邊國家承受到了以百分之三十到四十的競爭力流失的痛苦。他們應該要譴責幾十年來的通貨緊縮所導致。在一九三〇年代所展現的，是一個如同史詩般規模的痛苦和破壞的配方。若我們都知道接下來會發生什麼事，一部份原因正是這個經濟災難的結果。

更重要的是，此一通貨緊縮政策遭遇了一個巨大的經濟弱點：通貨緊縮讓負債比率更加惡化。降低了名義上的稅收和名義上的所得，也降低了名義上的國內生產毛額，但既有負債的價值，仍保持相同。

現在的歐元區，既有競爭力又有債務的問題。只要能透過國內通貨緊縮的方法改善前者，那就會讓後者惡化。到二〇一五年開始時，好幾個周邊國家減低了它們與德國的競爭缺口，有趣的是義大利與法國卻擴大了它們的缺口，只是所有周邊國家的負債比率持續攀高，而且失業率更是頑強居高。在西班牙和希臘，這個比率下跌了一些，但仍然接近百分之二十五。歐元區的調節機制，最後像是一個人以束腹帶來處理肥胖。而肥胖依舊，只是被擠到別的地方去了。

經濟損失是政治利益的代價？

我認為歐元是個失敗，這並不是每一個人都會同意的。有些人會堅信，除了所有與歐盟相關的事物以外，整個計畫的精髓是政治。從大的方向來看，這是對的——特別是當我們談到它的起源時。但這並不表示歐元一直被期待著要負擔巨大的經濟成本。相反的，歐元的前輩們與支持者，並不贊同它只是被當作政治聯盟的路徑。他們相信——而且確信，它會鼓舞經濟表現，而且在過程中增加進步與創造工作機會。

已故的歐洲央行總裁維姆•德伊森貝赫（Wim Duisenberg），在一九九九年的《歐洲季刊》中寫到有關歐洲貨幣聯盟的潛在利益時說：「歐元與單一貨幣政策，將會在歐元區造成較高的經濟成長，同時又能維持物價穩定。」他繼續說道：「它解除了在歐元區之內匯率嚴重脫序的風險，這會有助於經濟成長，避免資源的不當分配。」他的結論是：「歐元的真正利益，來自於它是塑造總體經濟環境的一個獨特機會，足以引導進步、成長與就業。」

一直到二〇〇八年五月，歐盟執委會仍然聲稱貨幣聯盟「是一個響亮的成功。它帶來了經濟的穩定，促使經濟與財務的整合，造就貿易與成長，也提供一個堅實而永續的公共財政架構。」

相當清楚的，歐盟的菁英們並不將歐元看作是為了確保政治利益所必須付出的經濟代價。他們反而認為這是政治與經濟利益兼顧的途徑。他們大錯特錯了！

經濟表現的理論

歐元可促使進步的關鍵論點，是貨幣的變動會降低經濟效率。照理說，它制約了貿易。因為對廠商而言，有效價格和成本的不確定性，或運用某種形式的財務避險機制（並不令人滿意的）來管理它的額外成本，都是負擔。此外，消費者發現跨越不同國家比較價格是困難的，結果造成了一系列國家之間的市場分隔。從把大的集團視為一個整體的觀點來看，這降低了效率。

同時，在這些條件之下，資本與貨幣市場也被分隔了。貨幣交換的可能性，意指利率與債券獲利要加入不確定性因素的紅利才會提高。更進一步，這些金融市場必須切割的事實，抵銷了大規模的優勢，這又進一步增加了成本和降低了效率。

同樣的，從宏觀管理的角度來看，多國貨幣而不是單一貨幣會帶來一些問題，因為個別國家承擔自身的風險，會被匯率市場發生的事件所摧毀。所以，在單一貨幣制度之下，政府能夠以較低成本借貸，而那也表示能透過讓更低的稅率，增加公共支出或降低貸款的方式，來協助經濟的表現。

事實是，歐元的倡導者承認放棄各國貨幣可以取消匯率安全值，但他們也認為從這種改變所獲的利益，大部份都是不切實際的。從一開始，匯率市場自己製造了許多的不確定性而且並沒有吸收它。即便是動盪不安在國內市場發生時，匯率彈性的抵消或吸收的能力是有限的。他們認為，用改變「名義匯率」的方式來取代所謂的實質匯率是極端困難的。任何企圖以貶值的手段解決一個真實經濟體的問題，最後必定徒勞無功，因為通貨膨脹會跟著串聯升高，最後不會有實質的利益。

在任何情況之下，他們確信，在一個妥善建構的貨幣聯盟中，成本與物價不會在會員國之間脫序，精確地說，這是因為大家都知道會員國間，沒有協調一致的安全閥和宏觀經濟政策。

實務上的表現

理論上歐元該如何規劃的想法，和實務上如何發揮作用，是非常不一樣的。匯率不確定性的降低，市場規模和效率增加所帶來的利益，是很小的，而我們之中有些人認為這是必然的。歐元區會員國之間的貿易成長，並不比會員國與非歐元區會員國之間更快，以下我會針對這點進一步討論。

同時，再一次根據懷疑者的憂慮，成本與物價在歷史上的高通貨膨脹國家持續上升的速度，要較以德國為首的核心快得多。結果是周邊國家的表現非常疲弱，所以，因為核心國家的表現為中等，使得整體的表現不佳。

德國經濟表現相當不錯，但大部份仰賴外銷。德國本身的國內需求增加有限，而儲蓄傾向仍然偏高，它反而是因其他地區所創造的需求（我在底下會討論更多的細節）而獲利。同時歐元的運作與政治壓力聯手，促使周邊國家加入了紓困計畫。

所以，歐元有一種強烈的貶值偏好，調整的壓力完全都放在有逆差的國家身上。它與創造工作機會相隔遙遠，卻導致了令人驚訝的高失業率。精確地說，這正是凱因斯在一九二〇和三〇年代所提出的對金本位制度的批評。的確，對貶值的偏好正是他在二次大戰後利用所設計的「布列敦森林體系 . Bretton Woods system」，一種固定卻又可彈性調整的匯率制度，巧妙的避開了潛在的問題。歐元被證明是一種現代版的金本位制度重生，但只有一切副作用和很少的優點。

到處都是失望

期待歐元區整體表現有所改善的理由是薄弱的，而期待它表現較差的論點，卻是強的。事實說明了一切。在一九八〇到一九九八年當中（記得歐元是在一九九九年建立的），年平均經濟成長率在我們現在稱之為歐元區的區域中，剛剛超過百分之二。必須承認的是，這低於澳洲、挪威、美國、英國和加拿大所獲致的經濟成長，但與瑞典大概相同，卻比瑞士高出一些。在一九九九到二〇一二年期間，歐元區的平均經濟成長，滑落到只有百分之一點五。

這些期間，經濟環境比較困難，而許多國家經歷了較弱的成長，乃是事實。但不管怎麼說，一九九九和二〇一二年之間，歐元區的平均成長率在以上所提及的國家中，是最低的。

失業率方面的情況是類似的。在一九八〇到一九九八年間，歐元區的失業率是高的，但卻不及加拿大和英國。一九九九年到二〇一二年間，歐元區的失業率竄升而成為所有國家中最高的，而且差距還相當可觀。

有人或許會認為，雖然整體表現令人失望，但歐元區的國家至少可以好好享受國家彼此之間的貿易增加。不管原因是什麼，事實的確是這點並沒有做出足夠的貢獻，以超越歐元所帶來經濟上的不利情況。自從歐元建立以來，除了愛爾蘭以外，對所有會員國而言，歐元區對非歐元區的外銷增長速度快過對其他單一貨幣聯盟國家外銷的增長。

這結果是除了對愛爾蘭以外的其他會員國而言，對歐元區的外銷佔總外銷的比重，呈現一個明顯的下滑趨勢。大部份對非歐元區國家的外銷，來自於歐元區的兩個最大的經濟體，而在二〇〇九和二〇一二年之間，葡萄牙、西班牙和希臘都經歷了外銷至其他歐元區國家的明顯下滑。在二〇一二年，希臘對歐元區的外銷，只佔總外銷的百分之三十。

債券市場的無憂無慮

歐元區的疲弱，從二〇一三年持續至二〇一四年，但這種情況到了二〇一四年就告一段落。如果你去看歐元區的債券市場，你幾乎立刻就可下「沒有什麼好擔心」的結論。二〇一二年市場需求的周邊國家高收益已急遽滑落，如同表 4.2 所展現的，幾乎跨越整個歐洲大陸，債券收益都站在接近歷史的新低點。而周邊國家的債券收益「並不比以德國為核心的國家高」。的確，如果你把錢借給義大利政府十年，你的回收會略低於你把錢借給美國政府。所以，市場所反映的是歐元危機「不會有問題」，而且「真的已經結束了」。

麻煩的是，只要 看下頁圖 4.2 一眼，就可以確定的是，市場狀況類似於就在二〇一二年「生存危機」爆發之前的無憂無慮。事實是，金融市場在評估相當具體且在當下的事件和狀況時，是很好的；但有關不確定和可能的未來時，卻是很糟糕的。

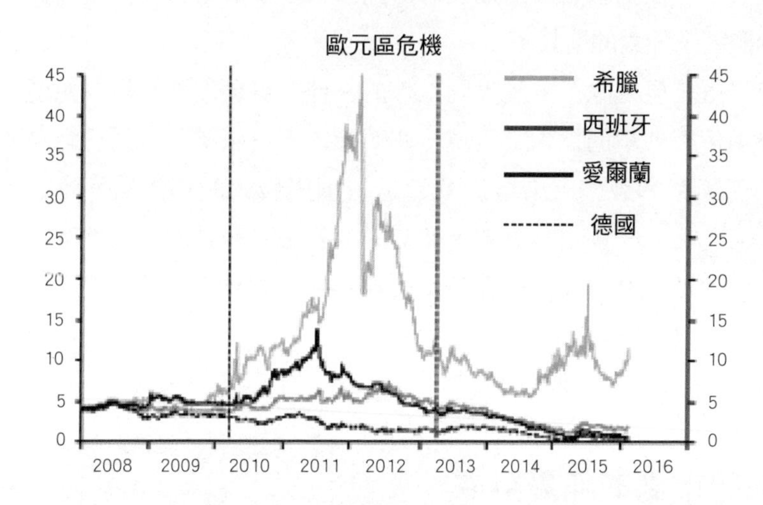

圖 4.2　公債收益周邊國家對德國（10 年期；2008-2015）。出處：湯姆生數據流

他們對巨大不確定性的反應，是很含蓄的作一些樂觀假設，然後就忽略了問題。曾有一個市場注意力的賭局，是針對歐元解體和美國非農業部門薪資數據之間不確定和未來的可能期望。在下午一點半開盤時，薪資數據大獲全勝。

在二〇一四年底時，市場對當時現況是相當樂觀的，但是經濟狀況卻是危急的，同時歐元區的決策者正在覺醒，了解到事情的嚴重性。

經濟的大災難

歐元區的嚴重問題，在二〇〇八年金融危機時，變得顯而易見。那時埋下，現在被稱為「大蕭條」的種子，幾乎所有的已開發國家都見證到了產出的下滑。到二〇一四年底時，部份的已開發國家開始復甦良好，但在歐元區並未發生。

我們比較從二〇〇八年初至二〇一四年底的產出表現，因為它跨越了危機的區間、蕭條與後來的復甦，所以歐元區的災情有多嚴重可以非常清楚的呈現。從二〇〇八年開始到二〇一四年的第三季，美國的經濟成長率是百分之八點四，英國、加拿大和整個世界的相對數據是百分之三點四、百分之十一點二和百分之十七點三。相對比較的歐元區經濟卻只有百分之二。在整體當中，德國的成長是百分之三，法國大約是一半。西班牙、葡萄牙、義大利和希臘的相對數據，是負的百分之六點四、百分之七點三、百分之九點五以及百分之二十六。希臘的災難式國內生產毛額下滑，大約相當於美國和德國在一九三〇年代所發生的「墜落」。

順便提一下，其他在歐洲大陸的非歐盟國家數據是很有趣的。在同一時段中，挪威和瑞士分別成長了百分之六和百分之八。然而以歐洲的危機與中國比較，才真正讓真相公之於世。在同樣短短的六年時間裡，中國的經濟成長了百分之七十。用另外一種方式來講，中國國內生產毛額的增加，大約等於德國與義大利的國內生產毛額總和。沒錯，在六年期間，中國的經濟增加了一個德國和義大利的合體。

你也許立刻就想到了中國是例外的說法來自我安慰。從某個程度來講是對的。因為與別的國家相比，並沒有那麼令人驚訝——

但還是相當震撼的。在這個期間，印度的國內生產毛額成長了百分之三十二，香港、台灣、馬來西亞、韓國與新加坡的數據分別是百分之二十、百分之二十、百分之二十二、百分之三十六和百分之二十九。丹麥的情況也許對，也許不對，但非常清楚的是，對「歐洲的假設狀況」是大錯特錯的。

我在第三章所分析的一種持續性的表現低落趨勢，再加上這一章所分析的歐元嚴重問題，正是問題所在；而這兩大問題的糾結纏繞，使得問題更加嚴重。

德國與法國的對照

歐元存續的大部份期間，德國經濟表現是相當不錯的。這並不是因為國內需求一直強勁，而是因為外銷成長極佳。但是在二〇〇四年，情況改變了，德國的外銷受到中國（一個德國的重型機械與耐久性消費品的大市場）成長放緩的重擊。此危機也與俄國有關，當經濟接近衰退時，俄國實施了禁令；而同時其他歐元區國家持續表現疲弱，再加上一些其他周邊國家的競爭力也正復甦。在二〇一四年，德國經濟成長率大約是百分之一點六，大約與二零一五年相當或略低——高於歐元區整體，但照國際標準仍然是低的。

法國的狀況則是非常有趣的。在歐元實施的初期，法國的經濟表現大約是與德國並進。不管你看哪些變數，所有數字都非常類似：成長率、失業率、通貨膨脹與公共財務，即使國外經常收支也類似。德國的經常帳有較大盈餘，而法國也呈現正數。然後，大約從二〇〇六年開始，情況有變化。法國在經濟上的表現，都開始落後。

這裡可能有兩個基本的原因：在德國，二〇〇三至二〇〇五年間的哈茨勞動市場改革似乎造成了一個大的差別，使德國的失業率下降，並保持低水準。相對照之下，法國幾乎不曾做出任何的改革。第二點，德國的企業在管控成本方面做得極佳，所以獲得了競爭力。

當法國的表現開始與它過去的夥伴有所分歧時，它與周邊國家而不是與貨幣聯盟中的德國核心國家的相似處開始增加。更進一步說，沒有深入而根本的改革，是很難看到情況改變的。因為這種改革會衝擊到「法國模式」的精髓，而且會被許多法國人視為揚棄了「法國方式」，所以執行改革似乎是政治上的不可能。簡單的說，不但是法德引擎熄火了，整輛車也已經轉轍離開了馬路。

麻煩在周邊國家被掩飾了

周邊國家有更多的細微差別，但有一個國家從中脫穎而出——愛爾蘭，它的產出已開始強勁復甦。但仍然有它的主要問題，值得注意的是公共財政和銀行體系。不過，作為一個小而開放的經濟體，它卻能夠從一段國內通貨緊縮的時期，包括公部門的大幅減薪之中，獲得競爭力改善的好處，也從它的兩個主要市場，英國與美國的成長獲益。在二〇一五年，外銷成長了百分之十三。另外四個周邊國家，則呈現了非常不同的景象。西班牙和葡萄牙，在一些衡量指標上，看到了令人印象深刻的競爭力回復——這要感謝它們國內的通貨緊縮，包括薪資降低。

事實上，似乎比真正的改善還要令人印象深刻。所有這些國家，都達到了經常收支的大幅轉向，從高額赤字轉為小幅結餘。一部份原因，是因為外銷的復甦，支持了競爭力的改善。但是，大部份在貿易表現逆轉的原因，是對進口的深沉壓抑，這也不過是對國內需求崩跌的一種反應。的確，在二〇一四年西班牙與葡萄牙的國內需求開始復甦，進口增加然後經常帳收入減縮。

雖然，必須承認所有這些國家的經濟狀況都有改善，國內生產毛額微幅上升，而且失業率下跌了。同時，政府財政赤字的下降是令人驚訝的。然而這對於負債對國內生產毛額比率的下降卻毫無助益，三個國家的數字都還在爬升，在他們忍受了所有痛苦的紓困方案之後，這還真是個「痛苦」的代價。他們跑得愈來愈快，目的卻是回到從前。在希臘，這成了一種新的危機。二〇一四年底，希臘債券的收益攀高，因為市場擔心很快雅典就會有一個反撙節的極左派政府，但這與證據顯示希臘的經濟已被逼到牆角無關。希臘極左派聯盟贏了，它束緊了對德國的壓力，而且希臘的經濟回到復甦。

另一個從其他周邊國家脫穎而出的是義大利。它也有負債比例攀升的情況，但不同於其他國家，義大利並沒有經歷物價和工資的痛苦緊縮，而且也沒有競爭力改善的訊號。外銷從不曾有過實質的改善，國內生產毛額只是小幅改善（而且主要必須要感謝低油價），而失業率仍然超過百分之十二。更進一步說，似乎並沒有看到把國家帶上正確道路所必須的激烈改革的真實可能性。有趣的是，義大利的三個主要反對黨都不贊同歐元。

轉向德意志民族的風格

眾所周知，德國是傾向於儲蓄而非消費，因此造成了巨額的經常收支盈餘。在本章稍前，我也寫到了這點。在大部份歐元區的狀況是，這些盈餘與其他周邊國家的赤字正好對等，結果讓整個歐元區大致收支平衡。伴隨著周邊國家對需求的壓抑，而競爭力有所改善，情況已開始改變了。現在，整個歐元區的運作，造就了一個明顯的經常收支盈餘，大約相當於全世界生產毛額的百分之零點五。在二〇一五年，這比中國的經常收支盈餘略高。

在我的上一本書《市場的麻煩》中，我把許多造成二〇〇八年金融危機的責難因素，歸咎於這世界有儲蓄過多的傾向，有一些國家過度儲蓄而創造了巨額的經常收支盈餘。然而，近幾年來情況大大的改變了。日本的盈餘幾乎消失，中國的盈餘減少了一半，石油生產者的盈餘，也正在消失途中。只是，一個新的不平衡來源又出現了——歐元區。的確，在二〇一五年，當以石油為基礎的盈餘蒸發時，歐元區擁有世界上最巨額的經常收支盈餘。

這個情況現在成為世界經濟的一個嚴重問題。如果盈餘消失是要感謝較高的國內需求所引領的進口增加，而不是出口衰退，那情況會健康的多。強而有力的經常收支表現，是歐元強勁匯率背後最重要的原因之一，而這也造就了另一個迫在眉睫的問題惡化，就是通貨緊縮的威脅。

通貨緊縮以及與日本的比較

當歐元區繼續令人失望時，愈來愈多的評論者開始觀察它是否陷入類似日本的危險，令人震驚的是，如果我們比較一九九一年日本的麻煩時期開始時的銀行放款途徑，與歐元區從二〇〇八年開始時幾乎是一樣疲弱（見圖 4.3）。的確，在二〇一四年底，歐元區的銀行放款正在下滑。銀行體系的疲弱，與其支持復甦的有限能力，正是日本艱困時期的一個持續性主旋律。當銀行放款如此疲弱時，很難看到歐元區的復甦。

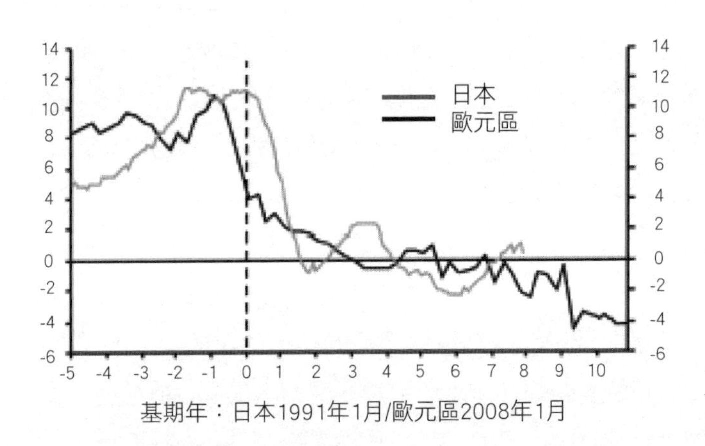

圖 4.3　日本與歐元區銀行對私部門的放款（1991 第一季 /2008 第一季 =100）。
出處：湯姆生數據流

許多的評論者已預見到他們所認為的可怕命運，也就是說，歐元區會像日本一樣，可能要忍受一段「失落的十年」。但他們大錯特錯了。在這麼短的時間內，發生這麼多的錯誤而歸納在一個如此短的陳述，「失落的十年」所表達的是個完完全全的名詞誤用。日本發生問題的時間，持續了不只十年而是二十年。更重要的是，這段時間內，並沒有「失落」，產出持續增加。我們現在就拿二〇〇八年當作起始點來對照，日本的國內生產毛額上升了百分之七，在歐元區卻大約是不變（見圖 4.4）。所以，對那些擔心事情的發展會如同日本的評論者，正確的回應是：你很幸運了！日本長達二十幾年艱困時期，所有困難的關鍵因素之一，是通貨緊縮。它與通貨膨脹相反，物價和大部份非實質上的衡量指標，有隨著時間而滑落的傾向。通貨緊縮會壓抑經濟活動，它鼓勵廠商和家庭兩者都延後消費。更重要的是，如果其他條件不變，通貨緊縮會增加政府負債的真正價值。就像日本，歐元區大部份國家都已經具有高水準的政府負債。如果它們進入了一個通貨緊縮的期間，負債比例會上升，對發生重大金融危機造成威脅。

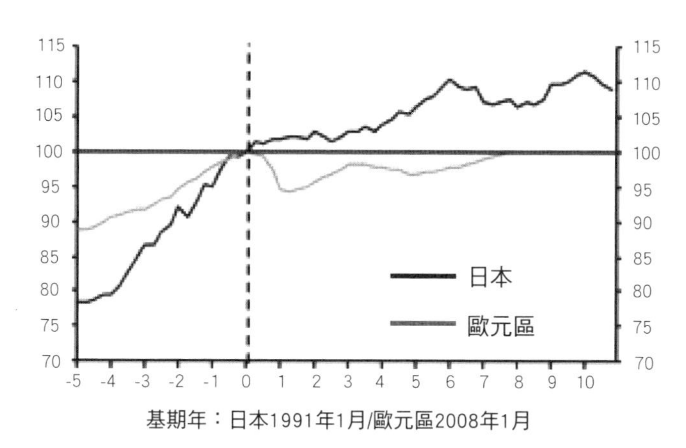

圖 4.4　日本與歐元區國內總生產（1991 第一季 /2008 第一季 =100）
出處：湯姆生數據流

二〇一四年底時，負債問題在周邊國家最為嚴重，當時通貨緊縮已經發生了。也在二〇一四年底時，希臘、西班牙與葡萄牙的物價都在滑落。根據德國所鼓吹的正統政策，當缺乏匯率貶值的因素時，通貨緊縮（國內貶值）是周邊國家重獲競爭力的方法。

到了二〇一四年後期，整個歐元區已經陷入通貨緊縮之中。先不管周邊國家，通貨緊縮並不是一個不幸的意外，而是遊戲計畫當中的一部份；即使在德國，通貨緊縮也是逼近危險。德國的通貨膨脹率只有百分之零點二。這種情況在二〇一五年仍持續中，看起來二〇一六年很可能會繼續。再來比較歐元區與日本，就像圖 4.5 顯示的，到現在日本的物價仍在上升。上升的幅度與現在的歐元區大約一樣。一九九一之後的第八年，持續性的通貨緊縮才開始發生。進一步說，在負面因素方面，歐元區與日本的經驗一致。

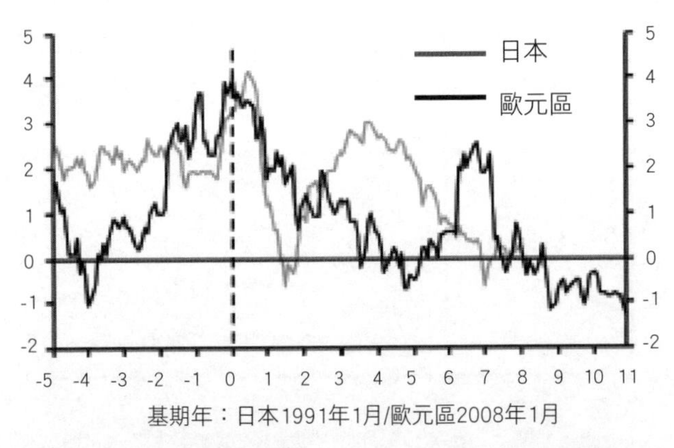

圖 4.5　歐元區與日本消費者物價指數（% 年 / 年）出處：湯姆生數據流

在麻煩的水上澆汽油

對歐元區經濟的援助，曾是唾手可得的。在二〇一六年初，國際油價跌落至每桶三十美元以下。近幾年來，它最高曾達到每桶一百四十三美元。沒有人知道最近的價格跌落是否為曇花一現，但我在二〇一六年三月說過，看起來不像。的確，油價有可能繼續下跌。對世界上大部份的地區（除了石油生產國以外），這是令人興高采烈的好事。它會降低生產成本，讓所有石油消費國家的廠商與家庭手上，有更多的購買力。

必須承認，這種獲利會被石油生產國損失的購買力所抵消。然而這些國家傾向於不會消費他們所有的收入。相對的，低油價把所得從高儲蓄者手中，轉至高消費者手中，造成了需求的淨增加（必須承認，在二〇一五、二〇一六年中，似乎好像是低油價，對世界經濟的負面影響，超過了正面的影響。至少在剛開始時是如此）。就像之前已談到的，這代表了對世界經濟其中的一種主要不平衡現象的修正。它應該會導致全球經濟成長的增進，的確，在二〇一五年它對歐元區的復甦有所助益。

但是，低油價對歐元區也有一些明顯的壞處。它們可能會降低消費者物價指數，然後，假如其他條件不變，至少暫時會導致更低的通貨膨脹率。一般而言，這並不會是問題；但當你逼近持續性通貨緊縮的危險時，那就是個問題了。

危險的是，價格下滑的經驗，讓人們期待價格會繼續下滑。就像我過去幾年在《通貨膨脹之死》（The Death of Inflation）書中一直提到的，如果發生了，那通貨緊縮就會走入最危險的地方，也就說它已深植人們的心中。而且，就如同通貨膨脹一般，只要通貨緊縮已經成立，要轉變是極端困難的。這正是發生在日本的情形，而它很容易就會發生在歐元區；然後，讓經濟表現更加惡化，也使得歐元區決策者所面對的問題更為激烈化。

V 避免經濟浩劫的政策

投資是必需的，但不是藉助新的貸款……我們想要堅持《穩定暨成長協定》。這也跟成長有關，而且這就是為什麼，我們必須拒絕針對反對成長的撙節政策進行辯論的原因。

—安格拉•梅克爾，德國總理，二〇一四年十一月

有鑒於歐元區的困境嚴重，一般人可能會很自然地期待做出某些政策上的回應。但可能會是什麼呢？有四個主要的選項：得過且過，基本上什麼也不做；仰賴財政調度，減輕施加於周邊國家的壓力；進行財政擴張；以及擴張性的貨幣政策，包括較低的利率以及量化寬鬆。我會在下面逐一檢視這四個選項。

只是初期的困難？

有一種觀點認為，歐元的困難與歐元區會員國連帶的差勁經濟表現不過是暫時的，唯一需要的政策回應，就是坐著等待。但是，歷史上有個例子相當令人不安，幾世紀以來，義大利這個城邦和王國的大雜燴（請看下頁圖 5.1），證明沒有任何貨幣聯盟是完美的。在美國和英國，這些聯盟當中不同區域之間的差異還持續存在，但聯盟本身仍在繼續運作。儘管，在蘇格蘭有個很強大的分離主義政黨，可能會導致英國的貨幣聯盟瓦解。歐元難道不

會一樣嗎？此外，歐元開始於最不吉利的時代。如果是在一個好一點的時代中，不論還有怎樣的困難，聯盟當中的國家、以及聯盟本身，肯定會過得更好的。為什麼現在就要把它扔掉呢？

如果以一個還不是完全整合的財政與政治聯盟，團結所帶來的利益可以有那麼好的話，就值得忍受一些貨幣聯盟必須付出的暫時代價。然而，即使這在本質上只是暫時的，那樣的代價好像還是太大，尤其是在關係一整個世代年輕人的狀態，他們住在南歐，沒有工作也沒有希望。

此外，這些「暫時」的效應，還可能產生長久持續的後果。在蕭條的經濟中，不會有什麼措施鼓勵廠房及設備上面的大量投資，所以最後資金動能就會比原本可能的還要低。另外，大規模失業的結果，會造成技術與工作動力大舉喪失，而導致更大的社會問題：毒品濫用、酗酒和家庭破裂，更何況可能促進種族主義與法西斯主義的興起。不過，雖然目前的不協調和缺乏彈性，意味著義大利和希臘這樣的國家並不適合加入有德國在其中的貨幣聯盟，但這樣的問題最終還是得解決，目前歐元區景氣蕭條的不好效應，就算不延續個十年，也可能會延續好幾年。

歷史上有個例子相當令人不安。幾世紀以來，義大利就是城邦和王國的大雜燴（請看圖 5.1）。當它在一八六〇年代除了政治上的統一，也跟著出現了貨幣和財政的聯盟。從那時起，大體上相當於波旁王朝所統治的南方「兩西西里王國」，就開始陷入蕭條。統一之後，南方的工業陷入破產，農業也陷入衰退。南方有許多人民實在窮到被迫離開。在接下來的二十年間，來自西西里和南方領土的數百萬人放棄了義大利，移居到北美和南美。這和今天的希臘狀況有許多地方相似，自從加入歐元區之後，希臘處於工作年齡的人口就已經降到了最低的水準。

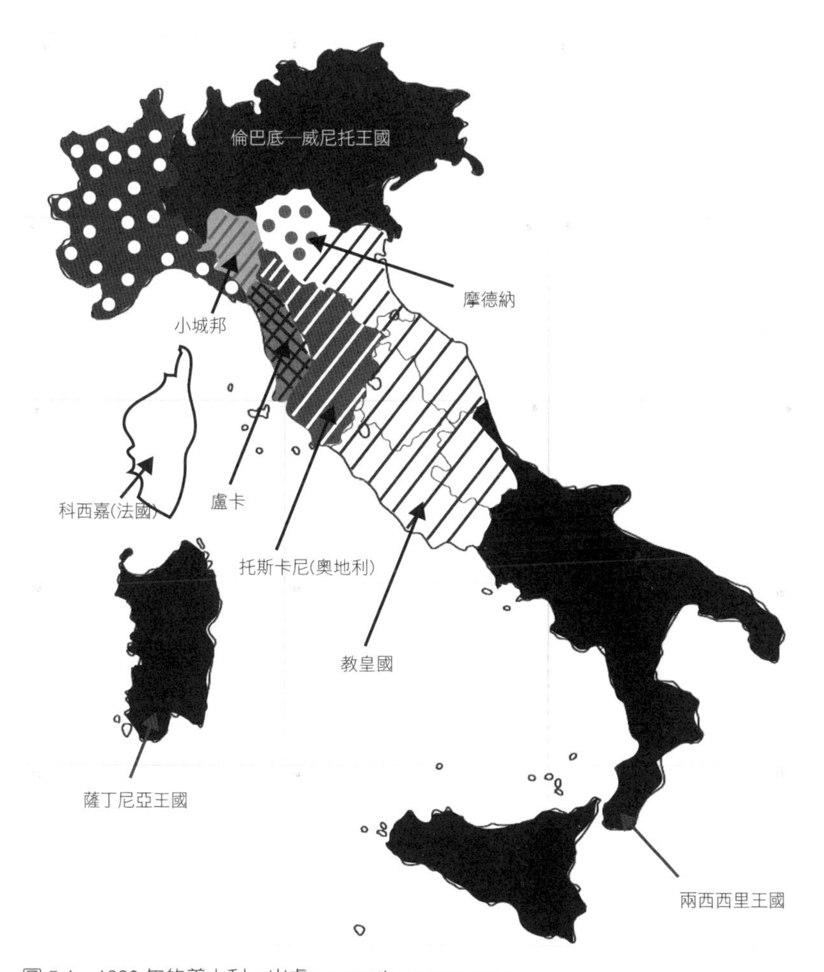

圖 5.1　1820 年的義大利。出處：www.timemaps.com

根據歷史學家大衛•吉爾摩（David Gilmour）的說法，許多南義大利的領袖都逐漸把統一視為一個嚴重的錯誤。他引用創立天主教民主黨前身的西西里牧師盧吉•斯圖爾佐（Luigi Sturzo）：

> 讓我們留在南方自治、規劃自己的稅賦、為我們自己的公共工程承擔責任，並為我們的困難找到自己的補救方法……我們不是小學生。我們並不需要北方的關心保護。

要調度多久？

南義大利的地位，其實和財政與貨幣聯盟內的「財政調度」議題有密切關係，討論這類調度的經濟學文獻相當廣泛。其中首要範例和所謂的「不對稱衝擊」有關。也就是說，以不同方式影響不同區域或國家的經濟事件，在貨幣與財政聯盟內，當國家（或區域）A 遭遇困境時，國家（或區域）B 就會出手幫忙。接著當 B 遭遇困境時，A 也會出手幫忙，作為回報。

這會自動、而且用更大的規模，發生在主權國家內，包括美國、英國、德國和義大利。每當某種暫時的倒退造成區域生產毛額下降的時候，這樣的調度，顯然有助於緩和衝擊。

有時候，在不同國家或區域之間發生的狀況，看似會和這個範例相符，但往往卻不相符。不是每個經歷過困境的區域，接著就會面臨順境，還可從資金的純粹受援國變成純粹支援國，其實該區域反而會陷入嚴重的衰退，甚至持續這樣的狀態長達數十年。這就是比利時、法國北部及英格蘭北部過去的工業與煤礦開採區域，特別更是南義大利（Mezzogiorno）的情況。自從統一之後，或多或少都一直有從北部的米蘭流向南部拿坡里的資金，可是錢卻消失無蹤，而且幾乎不曾有過反方向的流動。

為什麼會這樣呢？當問題是屬於結構性的時候，長久持續的調度是否可以幫助到受苦的區域調整及恢復，這點實在很不清楚，特別是這類的調度往往會採取針對失業狀況的財務救濟。雖然這是很必要的舉動，但如果太過慷慨，卻可能會抑制本質上的調整。儘管可以把消費維持在基本的水準，但受到影響的區域，卻會持續出現高失業率，並伴隨著所有常見的相關經濟與社會方面的不良影響。

此外，如果調度是採取幫助企業的形式，則會有鞏固一種無效工業結構的危險。而如果金錢調度是直接進到政府口袋，那危險還會更大，因為政府先天就是會亂花，或甚至產生反效果。

如果可能會有顯著的貪污事件發生時，調度的問題還會更糟，這常常是義大利的情況。至今長達數十年，大量來自羅馬的金錢，一直被定期往南送，用在各種基礎建設計畫上，但沿路卻有許多錢被抽走。結果就是任何建設都會延遲完工、蓋得很糟、超出預算。可以從政府那邊拿到這麼多錢的一個事實，更是增加了貪污的報酬率，也因此造成更多的貪污。對貪污的個人或機構的慣例與強化，接著還可能掩蓋該區域中的其他活動。

在歐洲之外，我們也學到許多關於國際援助，尤其是政府之間的操作模式，是如何增加貪污墮落，並鞏固抑制國家發展的勢力。這基本上就是偉大的經濟學家彼得•鮑爾（Peter Bauer）畢生研究的結論，許多同樣的邏輯都可以應用在歐洲之內。

我們也可以從無數的研究得知，高頻率出現的貪污，正是經濟成長的主要抑制因素。在義大利的情況，抑制南方成長的因素中，有很顯著的一部份，是和從北方金錢的流動有密切關係。

一種能夠透過較低的匯率調整創造的區域吸引力，正是可讓這個區域有機會以淨出口值控制失業率，並保持經濟活動。誠然，我們都會批評歐元的僵化，必須認知匯率變動並不是回應少女祈禱的答案。儘管如此，如果兩西西里王國能夠在統一之後實行分離的貨幣政策，讓南方實行較低的匯率、讓它有變得更低的能力，或許就會讓南方的工業能持續運作，也因此能促進對南方的投資。財政調度並不能真正解決這個問題，而且還可能會讓事情變得更糟。

德國的噩夢

顯然，大多數德國公民，都對他們被要求背負支持周邊國家的財政重擔，感到焦慮。他們的實質貢獻，以及他們對未來損失的揭發，都以難懂的方式被掩蓋了，而不讓他們知道，認為援助是由聯邦銀行透過神秘的「Target 2」（Trans-European Automated Real-time Gross Settlement System，全名為「泛歐自動即時總額清算系統」，是歐元區民眾得以方便地清算歐元電子交易的「幕後」支付系統）餘額所支付的，或是透過各種讓人困惑的援助基金，像是 ESM、EFSF 以及許多其他管道（請參考詞彙表）。同時，他們也聽到他們的領袖談起銀行聯盟、財政聯盟、及調度聯盟。他們可能會很容易被這些種類繁多的援助機制迷惑。事實上，政客們就是想要大家，因為這個問題太過複雜而感到困惑，以便掩飾真正的損失。

實際上，德國公民可以把這些煩雜的細節都放到一邊。他們只需要明白、並且決定是否可以接受的，其實只有三個關鍵概念：

1、周邊國家過去的過度花費與過度借貸，要由德國買單。
2、周邊國家現在的過度花費與過度借貸，要由德國買單。
3、周邊國家未來的過度花費與過度借貸，要由德國買單。

即使他們已經準備好要簽署這些條款中的第一項（也就是，註銷欠他們的大部份債務），但是否同意要援助當前的超額數字，卻是另一回事。而且肯定地，同意這項安排，會讓他們陷入圈套，必須援助周邊國家未來的浪費，更是首要的禁忌。

然而，在整個歐盟上下，如果對花費與借貸沒有確實嚴謹的控制，那也正暗示財政聯盟的下場。德國公民必須長期且確實地看好義大利，並問問他們自己，是否已經準備好要扮演支援義大利南部的「米蘭」。這肯定會很適合用作電影《地獄》（Inferno）的一幕。

一種財政的回應？

所以必須要做些什麼，才能復甦歐元區的經濟。有一個可能的政策選項，就是讓歐元區的會員國參與財政擴張，或至少在進一步的財政整併上放慢步調。但是，幾乎所有的會員國都面臨嚴重的財政問題，就是相對於國內生產毛額而言，負債比例已經相當高了，即使是放手讓它們去做，所能做的事情也有清楚的限制，何況是沒有放手。《穩定暨成長協定》及同意縮減赤字的目標會限制他們可以做的事。德國政府正站在他們肩膀上，觀看任何的墮落跡象。

相反的，德國的策略會有很可觀的空間。在接下來這幾年，德國預計要運作一項結構性的預算盈餘，而它的負債比例，將開始從二〇一四年的超過國內生產毛額的百分之七十五，降到二〇一八年的低於百分之六十五。此外，對該國還有一個緊急的需求，必須在公共投資上花費更多。作為國內生產毛額的一部份，德國的公共投資目前只願做大約百分之一點五，還少於義大利，而且很不尋常地，還少於英國。

即便如此，德國進行重大財政寬鬆的機會，看來還是很細微。有部份的問題在於德國政治人物和官員，似乎不能接受凱因斯針對總需求的方法，而比較偏好格萊斯頓（Gladstonian，英國自由黨政治人物，曾四度出任首相，以善於理財著稱）式的財務準則，或甚至把國家的財務視為跟家庭同樣的運作方式。德國的想法還有另一個元素，就是他們相信國家要靠自己表現剛強，如果不這樣的話，比較弱的國家就會打開閘門，赤字和負債的比例跟著升高，因此使歐元區變得不穩定，還可能會讓德國背負一些沈重的代價。

談起凱因斯對於總需求的論點，似乎德國人就是沒弄明白。德國對於所有經濟困難的回應，不論哪種類型，似乎都是我們必須全都做出痛苦的結構性改變，並且削減開支。這個方法讓我想起有些醫生，當你因為指甲長到肉裡去看病時，卻會告訴你不要喝太多，還要減肥。

就這個方面來說，許多德國官員和經濟學家似乎有一種心理障礙。他們彷彿相信，只要世界上其他的國家都能像德國，那就好了。這樣的想法或許是對的，但是就現有的經常收支盈餘來說，卻不是這麼一回事，每筆盈餘都必須要有對應的赤字。因此，德國要能夠享有盈餘，某個人、某個地方，就得面對赤字。

二〇一二年五月二十日，德國財政部長蕭伯樂（Herr Schauble）曾經告訴《金融時報》說：

> 我聽美國財政部長蓋特納（Tim Geithner）說，德國為了成長而必須做得更多。但是我要問：我應該怎麼做才能成長得更快？絕不能是累積更大赤字的投資，因為和《穩定暨成長協定》背道而馳。這太瘋狂了，我必須減少赤字。

二〇一三年，正當周邊國家急需額外的歐洲需求時，德國正忙著緊縮它的預算。因此，儘管重大的德國財政寬鬆措施，也許是既可行且合乎眾望，但看來還是很明顯的不大可能。

歐洲央行來援救？

於是，聚光燈就落在歐洲央行身上。面對今天歐元區的情況，典型（我實在不能說正統）「盎格魯撒克遜式」的反應，會是讓這個系統充滿錢。也就是說，讓中央銀行大量收購資產，用新創造的錢買單。這種策略有個口語的說法叫「印鈔票」，當然，這指的不是什麼實際上用印的鈔票，確切來說，它其實是用電子方式創造的，當中央銀行用他自己的存款授信給證券交易商的時候。在這個過程中，中央銀行的資產負債表數字會增加。

這項政策是很有邏輯的擴張，試圖利用降低利率（錢的價格）來刺激經濟。那也曾被採行過，甚至到了要把利率挪至負的範圍。量化寬鬆是當利率無法再進一步調低時的典型作法（歐元區已經接近那個極限）。因此，中央銀行會從試圖影響錢的價格，轉為影響錢的量。這就是為什麼這項政策現在會被舉世稱為「量化寬鬆」，或簡稱為 QE 的原因。（凱因斯在一九三〇年代提倡這個政策，當時被稱為「公開市場操作」。）

而這也是美國的聯邦儲備局及英國的英格蘭銀行進行的策略。同時也是日本銀行在過去二十年步伐遲疑地進行、但現在更全心全意地接受為「安倍經濟學」（其實質為量化寬鬆政策）一部份的策略。不過一直以來，它多半都會被歐洲央行避開，直到在二〇一五年一月，才宣布說將會、最終、繼續進行「量化寬鬆」。歐洲央行不願意的原因，就足以說明歐元計劃的本質，以及歐盟的命運。

「量化寬鬆」的運作方式

「量化寬鬆」會透過一些不同的管道產生作用。第一，它會使銀行充斥現金流動，幾乎賺不到什麼利潤。在正常的情況下，銀行會設法將資金借出，以降低手上所持有的中央銀行資金；然後也是在正常的情況下，這往往會激起總需求量的增加。當必須採行「量化寬鬆」時，不幸地，往往正是因為情況並不正常。事實上，情況還可能不正常到銀行寧可坐擁大量閒置貨幣，只因為害怕借出去反而會造成損失。大體上，美國、英國和日本都曾有過這樣的經驗。

第二，「量化寬鬆」常會抬高買進資產的價格，從而抑制它們的出售。這既會增加財富水準、也會降低財務支出。

第三，當經濟主體（Economic Agent）發現自己所擁有的中央銀行貨幣或是對等物，多過較低風險、高收益的資產時，「量化寬鬆」就會改變投資組合權衡。這當然也就會促使他們買進其他資產，從而透過經濟，向其他地方推動擴張。

第四，當一個國家的貨幣發行，相較之下比其他國家多時，財富持有者通常會有的反應，就是試著透過賣出一些本國的貨幣，換取外國貨幣，調整自己的投資組合，以降低匯率，這樣一來通常也就能影響競爭力與物價水平。

事實上，在一個財務系統已經遭到重大危機破壞的經濟體當中，前面第一到第三種管道，經證實效果極為有限。在這樣的情況下，「量化寬鬆」就必須仰賴第四種管道，以一種比較走弱的匯率，才能產生效果。但是，一旦匯率被允許或鼓勵長期下降，所帶來的影響效果可能會相當強大。

然而，在歐元區有兩個問題：第一，德國會樂於看到歐元（畢竟那是他們的貨幣）被蓄意操弄，陷入匯率走弱的情境嗎？

第二，在其他單一貨幣國家，像是美國、中國、日本及英國，會允許歐元區透過較弱的匯率，來擺脫他們自己的問題嗎？畢竟，這代表了他們會將緊縮的趨勢向外拓展到其他國家。而如果所有國家都在相同程度上運作「量化寬鬆」，那麼想當然，世界上任何國家都將沒有機會對其他國家貶值。因此，「量化寬鬆」的最終結果，可能極度強大或完全沒用（抑或介於中間），完全取決於當時的情況，以及它所執行的方式。我後面馬上會再就此加以

說明。到目前為止，歐洲央行克服了德國的反對，使其他國家接受了一個相對疲弱很多的歐元。（中標題）德國的正統金融觀念

讓我們弄清楚，「量化寬鬆」並不是一種魔杖。還有，它可能會導致金融市場與真實經濟兩方面反向的扭曲。即使如此，它還是會讓歐元區的經濟活絡。所以，為何歐洲央行開始時對量化寬鬆不感興趣呢？

再強調一次，我們反對德國的正統金融觀念——這樣的舉動會導致通貨膨脹，而通貨膨脹是頭號的全民公敵。考量在於，如果政府能夠通過中央銀行取得資金，他們的支出就不再受任何市場約束。一旦這樣的約束不再，那就會走上通往哈拉雷（Harare，辛巴威首都）的道路，面臨惡性通貨膨脹。即使中央銀行買下次級市場的債務，而不是直接提供政府金錢，實際上還是會一樣。德國聯邦銀行總裁延斯•魏德曼（Jens Weidmann）曾在二〇一四年十月說過：

> 有很好的理由可以禁止貨幣金融，而且這樣的禁令，不應該被允許透過次級市場收購而規避。

他還曾強調：

> 資產收購對政府來說，可能像甜蜜的毒藥一樣。當收購降低或完全停止時，猛然的醒悟就要到來。

因此，雖然德國嚴厲反對，歐洲央行還是不管。事實上，它一直以來都投入非常類似「量化寬鬆」的活動。也應該獲得增加

歐洲央行資產負債表數字的效果。但是為了不讓德國聯邦銀行難堪，這些活動被以其他名字代稱，而且金額也被維持在相對的少量。事實上，自從二〇一二年起，歐洲央行的資產負債表就一直在縮減，完全和「量化寬鬆」政策下應該要有的情況相反。

二〇一五年一月，歐洲央行終於硬著頭皮，宣布從三月開始，將會開始一項計劃，包含每個月有五百億歐元的額外資產收購，例如，總數是六百億歐元。它接著把計畫擴張到二〇一七年三月，使得總數達到一點三兆歐元。而且它還會做更多。

對德國有兩個讓步：第一，歐洲央行不會允許它手上持有的任一個債務，超過總數的百分之三十三；很巧妙地避免買進希臘的債務，至少就目前來說是如此。第二，針對百分之八十的收購，信用風險會歸屬個別國家的中央銀行，而不是共同承擔。

進行「量化寬鬆」最糟的方式

所以，歐元區會被「量化寬鬆」的大舉揮霍而得到拯救嗎？一兆歐元聽起來是很多錢。如果就這樣發生，在所有的這些債券的購入之後，到二〇一六年初，所有能獲致的成果，就是要把歐洲央行的資產負債表，回復到二〇一二年的時候（請看下頁圖5.2）。這會意味著從二〇〇八年初起，歐洲央行的資產負債表就會擴張大約百分之一百五十。相對的，英格蘭銀行的資產負債表已經擴充了大約百分之三百，美國聯邦儲備局則擴充了約百分之四百。因此相較之下，歐洲央行計畫好的擴張，只是無足輕重，但歐元區的困境，卻變得更加嚴重，通貨緊縮的危險，也更加緊迫。

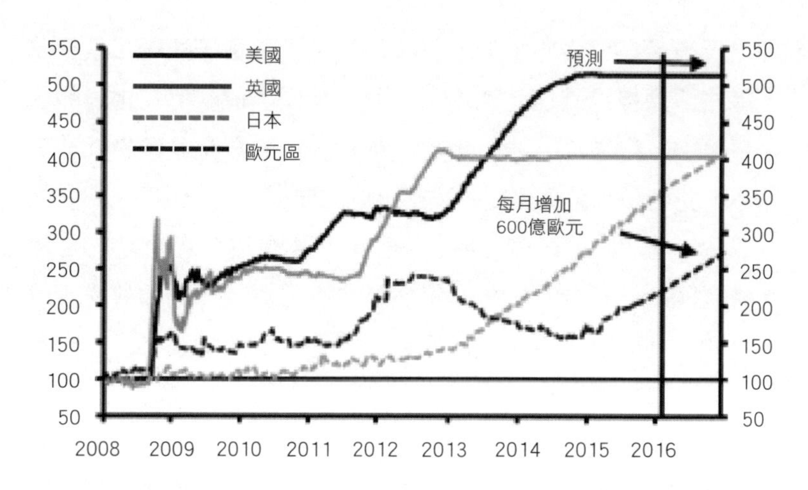

圖 5.2　中央銀行資產負債表（2018 年 1 月 =100），2008-2016。
出處：Thomson Datastream

不只這樣，歐洲央行採用「量化寬鬆」的方式，幾乎可以保證只會發生最小的影響。但即使在美國和英國，也一點都不清楚「量化寬鬆」已經產生了極大的影響，儘管有一些學術研究稱許「量化寬鬆」已翻轉了經濟，而且可觀地振興了經濟。問題在於，在實施「量化寬鬆」的極端情況之下，正常的貨幣關係將會瓦解。所謂的「貨幣流通速度」（貨幣 GDP 對貨幣數量的比率）就會下降。 結果就是沒有人能夠確定，如貨幣 GDP 要達到既定的成長，「量化寬鬆」將必須做到什麼樣的程度。

儘管如此，根據教科書的說法，「量化寬鬆」可能相當有效，因為就理論上來說，中央銀行能夠準備製造的貨幣金額，應該沒有上限。所以，儘管不知道要多少「量化寬鬆」才能完成任務，但如果劑量不夠，不斷往上加不就得了嗎。因此，私人單位就能被勸導，表現出一種政府當局的方式：去花錢，藉由貨幣製造完全且壓倒性的威力。而且，如果中央銀行處理得當、並且輕易地說服市場相信它的意志和威力，那它其實也不需要進行那麼多「量化寬鬆」，就能達成想要的。中央銀行要做的，就只是展現它的意志、決心和信心。

這也是日本銀行「沒有」在一九九〇年代實行自己的「量化寬鬆」計畫的做法。它步履緩慢地注入適中的金額，說它不確定這會不會有效，並向人民保證未必需要做得更多！因此，毫不讓人意外，日本的「量化寬鬆」似乎只產生了很有限的影響。

我要說的是，這恰恰就是歐元區「量化寬鬆」計劃可能的運作方式：在德國虎視眈眈強烈反對之下，步履緩慢地，注入不夠的劑量，同時不斷威脅著說計劃即將停止或甚至逆轉。你無法想像還有什麼其他更有可能導致「量化寬鬆」計畫失敗的情況了。

要求德國攤牌

既然，德國的觀點在塑造歐洲央行的政策上，是如此明顯地重要，那就值得評估德國對「量化寬鬆」的反對到底是多麼有力，以及歐洲央行的德拉吉，是否就只能繼續否定它。畢竟，德國並沒有正式的否決權。歐洲央行管理委員會（Governing Council）只有一個聲音，儘管是基於盟國支持而來。二〇一五年一月，德拉吉在德國的反對聲浪中宣佈了「量化寬鬆」計劃，而且後來又延長了它。

儘管如此，如果不顧德國的反對而推行更大膽的「量化寬鬆」，後果就可能會很嚴重。延斯•魏德曼或許會辭職，正如他的前任一樣。這或許還會讓市場變得不穩，再度對歐元失去信心。此外，無論要運作怎樣的財務計畫去支持脆弱的國家，歐洲央行都需要大量的德國投入。既然如此，德國聯邦銀行對這類計畫的參與，就會受到德國聯邦憲法法院的監督。再有一次德國聯邦銀行總裁辭職，可能就會將它推向崩潰的邊緣。

同時還要記得，不像前幾年，現在德國已經有了反歐盟（疑歐）政黨——「德國另類選擇黨」。在這種情況下討論，該黨的支持度一定會上升，使得德國政府更加艱難。

所以，德拉吉必須防範的終極危險就是德國，是否因出於純粹的挫折與惱怒，或害怕貨幣與金融的災難，而退出歐元。假使如此，就會像俗話說的一樣，讓他陷入困境。因此，他就得逐步、巧妙地朝他的目標移動，希望德國就算不高興，至少還可以繼續被討好。

貨幣神學與政治現實

既然美國聯邦儲備局和英格蘭銀行都已經熱情擁抱「量化寬鬆」，而且看來它在刺激復甦上相當成功，也沒有通貨膨脹爆發的跡象，那為什麼德國聯邦銀行還是如此竭力反對它進入歐元區呢？難道德國聯邦銀行的領導人真的瘋了嗎？答案是否定的。德國聯邦銀行之所以會採取和兩大領頭的「盎格魯•撒克遜」中央銀行不同的觀點，得直指歐洲整合計劃的核心。

當你聽到資深德國聯邦銀行行員認為某種不可思議的貨幣行動，會解放出大惡果，似乎爭議的是一種貨幣神學的東西。德國聯邦銀行行員聽起來像是一群中世紀的教授，正在爭論一個針頭上能站多少天使。

但事實上，他們的立場既容易理解，也和實際情況高度相關。德國聯邦銀行不願意支持「量化寬鬆」的理由，就是讓揮霍的政府脫困，透過允許他們利用「印好的」鈔票，來解除自己的危險。

然而，在其他國家，包括美國、英國和日本，這也是一種合理的考量，他們也都曾經實施過「量化寬鬆」。他們覺得能夠繼續進行這樣措施，但德國聯邦銀行卻覺得不能的原因在於，這三個國家受到質疑的債務是由「他們自己」的政府發生的。而德國聯邦政府害怕的是讓其他政府脫困，主要有義大利、西班牙、葡萄牙、希臘，以及日益頻繁的法國政府。它擔心的是，到最後會是德國納稅人為這些政府的肆意揮霍買單。

換句話說，德國之所以不願意實施最終的貨幣刺激，其實和缺乏財政與政治聯盟，以及可以搭配貨幣聯盟運作密切相關。基於事實，正如目前所成立的情況，歐元其實只是個中途站。

通貨膨脹的憂慮

這也是德國聯邦銀行不願意實施「量化寬鬆」的第二個關鍵因素：害怕會引起通貨膨脹。德國人民對於這個更是有很大共鳴，因為一九二三年惡性通貨膨脹的經驗，而且在第二次世界大戰快結束時，還發生過一次。有趣的是，即便在美國和英國，「量化寬鬆」都會面臨極大的反對，主要來自於那些認為它最終會帶來極度通貨膨脹的人。事實上，有些人還主張這個結果實在是無法避免的了，如果中央銀行貨幣的大量增加措施最後開始被活化的話。

事實上，這種觀點從來就不完全公平，或是具有足夠的正當性。重點在於就像中央銀行貨幣可以被製造，它也可以被消滅，只要製造貨幣的運作被反過來就好了。也就是說，中央銀行收購的債券，必須被賣回去，或至少當他們到期時，被准許能夠流通（透過對貨幣市場流通的結果的妥善管理）。或者，中央銀行可以凍結商業銀行的存款，並因此避免它們利用過多的現金，來增加貸出款項。

儘管如此，這種做法還是有兩個抱怨：一個是技術上的，一個基本上是政治層面的。技術上的抱怨在於，中央銀行是否能夠辨識逐漸累積的通貨膨脹壓力，並能夠在適當時機採取充分的行動，以便阻止這些後果。

這真的很棘手，但和中央銀行經常面對的決定其實沒什麼不同。此外，沒有理由可以相信，在看出累積壓力這件事情上，歐洲央行會比美國聯邦儲備局或英格蘭銀行更沒有洞察力；而在執行有效作法阻止通膨發生，也不會在技術上比較沒有能力。

然而，在我上面提到的第二個抱怨上，也就是政治方面，事情卻是另一回事。其中有一個很嚴重的問號是，在緊要關頭時，中央銀行以及站在它背後的政府，是否會願意採取必要的行動，來阻止由中央銀行注入金錢免於通貨膨脹。簡單的選項可能會是讓貨幣閘門開放，引起更嚴重的通貨膨脹，而且事實上，如果會有沉重的公債問題，這或許就是個方便的解決辦法。

美國聯邦儲備局和英格蘭銀行的官員，絕不會漏掉這個重點。他們對於自己制度的完善，以及他們自己政府的態度，具有充分的信心，因此這個考量還未被證實會是他們行動上的主要限制。還有另一種可能是，如果他們明確考量過這件事，就會下結論說，如果當時民選的政府選擇允許、甚至鼓勵通膨爆發，或是要降低公債的負擔，那這就不是一個小小中央銀行行員可以預期的，更何況是抗拒呢！

如今再想一想，若從德國聯邦銀行和其資深領導人的立場來看，這會有多麼不同。假設允許歐洲央行資產負債表大量擴張，以便紓解現況，就像是美國和英國，一開始不會帶來太多效應，但當它確實開始有效時，結果卻會全面得利：需求會增加，經濟也會復甦，而且不會帶來惡性通貨膨脹。

但如果假設說，當通貨膨脹隨後看來像是變成一個問題了，而隨著時間過往也逐漸重新吸收或凍結了資金，歐洲央行管理委員會的成員，就會採取不同的策略。有些成員可能會下結論說，通貨膨脹的爆發，是逃離歐元區的可怕公債問題最好的方式。非但不會害怕或是抗拒，惡性通貨膨脹其實可能還會作為解決辦法的一部份，並受到歡迎。然而，根據推測，德國不會有惡性通貨膨脹的重大問題，而就算真的有，或許也不會認可通貨膨脹的解決辦法。

對德國的政策制定者來說，惡性通膨或許是個比起之前所形容的更糟糕的噩夢。在經歷過曾經遭遇的一切之後，如果還必須承受另一次毀滅性的通貨膨脹爆發，而且可能還是惡性通貨膨脹，以便清償隨便揮霍的南方國家的債務，這讓許多德國人都認為一開始就不應該被允許涉入歐元區的債務。若緊抓著這個願景，突然之間德國聯邦銀行的處境，就似乎不那麼神學或中世紀了。正好相反的，它還顯得相當完美睿智。

歐元就是困難的根源

明白出於什麼因素，使得德國聯邦銀行的焦慮與「量化寬鬆」在盎格魯撒克遜國家的顯著成功變得一致，是很重要的。促使德國聯邦銀行必須採取這態度的，正是由於不同主權國家的部份聯盟，他們各有不同的問題和價值觀。換句話說，因為欠缺財政與政治聯盟，才有這場徹底的災難，也就是歐元。

事實上，儘管德國聯邦銀行向來喜歡聽起來很神學的貨幣事務，在它處於盛世的那些日子裡，在歐元形成之前，當它還管理著德國馬克，而且實際上是多數歐洲國家的銀行時，往往會比你期待的還要更有彈性。它會談論貨幣的正統，但行動卻是純粹的實用主義。重點在於藉著銀行的可信度（可以這麼說）與它對自己的信心，作為一個機構以及它在德國與全民生活中的鞏固地位，在必要的時候，它還是可以承擔得起離開正統的代價。

我再進一步說明：大家想像一下，如果歐元沒有形成，而通貨緊縮的危險逼近，德國也會受到影響，我懷疑那時德國聯邦銀行就會準備接受「量化寬鬆」，就像美國聯邦儲備局和英格蘭銀行已經實行的一樣。此外，假設德國聯邦銀行接受了「量化寬鬆」，考量到它在全歐洲幾乎是所有中央銀行的領導地位，那整個歐洲也將會採納「量化寬鬆」。

因此，在對歐洲虛弱的經濟作了這麼多支助之後，這個歐洲菁英製造出來的「產物」，本來應該要能振興歐洲的，現在卻阻礙到能夠避免通貨緊縮災難的有效行動，這實在是再蠢不過了！我們只能希望，世界經濟的復甦，也能成功帶動歐元區，而且多多少少改善現有的迫切狀況，並避免發生可怕的金融危機。如果這不能這樣的話，那些硬把歐洲國家塞進歐元區的政客們，就會有非常沈重的責任得背負了。

要怎麼做才能讓歐元發揮作用

歐元區的國家正站在十字路口，而且他們也知道這點。要讓這個貨幣發揮作用，他們現在就得推進針對財政和政治聯盟的協定。然而，這並不是一項簡單的任務。大家不妨想像一下有多少事情要處理：各自擁有不同財政、政治與國會傳統的主權國家必須取得共識，針對彼此的財政政策應該如何運作和協調，以及針對整個歐元區將施行這種權力型態的政治制度，同時還要在民主上有所交代。

這將會更加的困難，因為不同的會員國，對於獨立國家的角色，有不同的想法。此外，除了到處都存在的明顯政治困難以外，德國還特別有嚴重的法律方面的困難。德國聯邦憲法法院一直主張德國法律的最高地位，要高過歐盟法律。儘管支持《里斯本條約》，它卻聲明歐洲各國是「條約的主人」，並規定說德國聯邦議院讓自己的稅收和花錢的權力轉讓給歐盟主體並不合法。如果德國要創造一個政治聯邦，就會需要一套新的憲法，只有在公投結束之後才能實行。

從歐元的失敗學到的政治教訓

我們之所以會走到這個地步，是因為歐洲政治菁英驚人的傲慢和無能。雖然諺語說民主選民會給領袖他們應得的對待，但天知道歐洲人民到底是做了什麼，才得到他們現在的領袖。

儘管如此，卻不能說他們沒被警告過。最主要則來自英國，反歐盟的經濟學家，都曾高談闊論統一的危險，所以位於貨幣聯盟內的許多很不一樣的國家，沒有真正的統治，也沒有很好的、共同的財政與政治制度。有趣的是，在私底下，德國聯邦銀行的資深官員，也曾經主張過類似的看法。儘管反歐盟的人會被詆毀，但在英國和歐洲大陸，卻還是受到支持的。

面對一個大規模計畫失敗的證據，可見這個計劃既沒有必要、結構又很糟糕，那歐元區菁英們的反應現在應該是完全可以預期的，要繼續推行這個計畫，無論經濟上的代價是什麼，相信薄弱的政治意志將會幫忙它。只是，沒有政治意志是能夠讓你只靠玩具槍就登上月球的。

結論就是，歐元打從一開始就是場災難。它顯示了歐盟的決策品質正處於最糟糕的狀態，受到國家政治、討價還價、國家聲望的考量，以及未來歐洲統一的兒戲版驅使——幾乎跟經濟現實毫無關係。

然而，從這場災難的分析當中所浮現的最重要議題，就是歐元的生存或終止，是否會影響歐盟未來的成長。歐元的結束可能會是歐盟的一部份救星嗎？如果不是，又是什麼才有可能呢？

VI 黯淡的歐洲經濟前景

預測是非常困難的，如果特別是有關未來的預測。

—尼爾斯•波耳（Niels Bohr），諾貝爾物理獎得主

想要知道未來，是不可能的，不管是有關歐盟或者任何事情的未來。歐盟可能會有一個非常明亮的經濟前途，但也可能沒有。許多經濟學家對於有關這方面的陳述，確實聲名狼藉，只是他們卻和其他預測者一樣以此為生，共同並肩邁入未來。不過最起碼的，有過去的經驗和目前的趨勢來引導我們，有些事情可能是不確定的，但有些事情卻可以說出未來的可能樣貌。

當分析歐盟經濟未來可能的成長，我首先要討論經濟表現可能改善的前景，假設是歐元仍在原地不動，然後再進一步討論歐元解體會如何改善事情，包括對兩個關鍵國家，法國與德國的影響。然後我轉向一個對經濟有巨大影響的非經濟議題：歐洲的人口前景。這讓我能夠提出歐洲的長期國內生產毛額前景，與世界其他部份相較的一個可解釋得通的計畫。

更高經濟成長的前景

關鍵點就像是我在第三章所指出的，歐盟的持續性低成長率不但與開發中市場，就是與已開發經濟體相較之下，仍是一個經濟上的失敗，而這種情況會改變嗎？

本書的分析，是說根本上疲弱的成長歸因於在國家與聯盟層次的壞政策所導致，但這些政策可以改變。主要因素與勞動市場的法規有關，就像是在第三章所討論的：歐盟必須提高它的生產力與就業率。雖然，後者本身不會提高勞動生產力——事實上是會從一開始就相反，但會提升總人口的平均產出水準，而刺激投資。更進一步說，勞動市場的更大彈性，會鼓勵企業擴張。

同樣的，可以想像用一個稅務改革計畫來刺激投資與就業。進一步說，想像公共財務部門如果情況允許時，減稅是可能的；在法國與義大利，把紓困計畫改向更重視減少支出與較不重視增稅，也是可能的。或者，想像歐盟「實際上」執行了所謂的里斯本計畫，也是可能的。

想像真的有可能發生嗎？讓歐盟朝向這個方向移動，歐盟必須做到幾乎要改變它真正本質的根本改革。在第七章當中，我討論歐盟是否能成功改革它自己的問題。答案是當然可以，但不大可能會這麼做。像我已經指出的，有連串性的理由讓歐盟會傾向於做出壞決策，來壓抑經濟成長。歐元的插曲，像在第四章提到的，壞的決策，是歐盟結構與其主流觀念兩者的自然產出。

許多疲弱經濟表現的源頭，可能會持續或甚至更糟。稍後，我會指出維持現狀對歐盟在世界經濟的相對重要性。我先來討論一些可能改善歐盟表現的事情——歐元的解體或部份解體。

歐元的結束能如何改善經濟表現

這並非要辯論歐元存續或解體的可能性，但認知到它可能解體，無論是部份或全部，卻是重要的。自從二〇一二年的希臘危機之後，假裝歐元是永遠必須、全體共用的一種貨幣，以及一種貨幣為全體共用，是不可能的；現在反而知道，一個國家離開歐元區是可能的。我在這兒只有興趣針對兩個可能劇本所造成的經濟結果：歐元存續與歐元解體。包括一般大眾與在金融市場裡的人，現在都相信歐元會存活。如果不去管它明顯面對的困難，歐元可以被一個後面有許多個零的巨額協議，再加上一路周旋的握手與微笑而得到拯救，完全是可能的。

但萬一這真的發生了，就像我在第四章中所分析的，歐元拖住歐盟經濟成長，依然會在整個過程中不斷發生。周邊國家會因極端高失業率和隨著德國的繼續「作為一個範例」，而被鎖在困境當中。這無法成為希望歐洲有更強經濟成長的基礎。

如果我個人的觀點——就是歐元解體，被證明是正確呢？大家廣為相信的甚至無須爭論就接受的論點是根據《一〇六六年以及所有的可能事物》（1066 and All That）那本書的精神：歐元解體是件壞事。的確，它不但對歐洲也會對整個世界造成災難。毫無疑問的，這會是一個比我們所曾經歷過的金融危機要更嚴重的危機，而目前雷曼兄弟事件還在療傷中。從我馬上就會提出來的理由中可以得知，為何歐元瓦解會在中期帶來經濟表現的改善。所以，我現在想爭辯的是，如果有種東西可以對於歐洲未來更好的經濟成長持續抱持希望，那就是——歐元解體。

翻轉傳統的智慧

這種觀點對許多讀者而言，是令人震驚的。但不管怎樣，一個重大經濟危機的長期結果，經常都與普羅大眾和知識份子以及決策者當時所記載的立即印象，是完全相反的。

一九三一年，正是英國的（多黨聯合）政府所有成員採取了一個極端節儉計畫的年份。當英國在一九三一年九月被迫離開金本位制度時，被普遍認定是個災難。然而，經濟卻立即從低利率獲得好處，而且因為更具有競爭力的匯率，引導英國歷史上速度最快的經濟成長。就如同希德尼•韋伯（Sidney Webb），一位卸任的勞工部長說的：「沒有人告訴我們可以這麼做。」事實上，用一種比較厚道的方式來說，這是一種「誤解」。凱因斯談到這點，已經是許多年之後了。

一九九二年，英國陷入歐元的前導，也就是匯率機制時，情況是一樣的。為了要讓英鎊對德國馬克匯率維持在一個特定的最低點之上，必須要讓英國訂定一個對國內經濟而言是過高的利率水準。因此，有些東西必須要付出，失業率高漲，將要破產的商店數以千計，經濟在蕭條中，通貨膨脹和薪資成長率是低的。財政部和許多評論者都說，如果英國要離開匯率機制，結果將會是災難。吊詭的是，他們卻認為如此利率應該會提高而且蕭條會加劇。

所以，有一些心智獨立的經濟學家包括我，很驕傲的說，閣下您提出了完全相反的論點。我們認為離開匯率機制之後，利率會下跌，通貨膨脹的機會幾乎完全不會上升，甚至還下跌，而且經濟會從有力的復甦中獲利，就如同一九三一年金融危機以後所發生的那樣。

後來，當英國在一九九二年九月十六日被迫退出匯率機制時，即使當時是個被廣為認同的大災難，但少數人的相反看法，卻被證明是正確的。利率下跌，然後沒有太久，一個相當不錯的經濟復甦就上路了。原先所認知的黑色星期三，成了白色星期三，最後變成金色星期三。

而歐元的解體，也會有同樣的結果！

歐元要如何解體？

有好幾種方法，可讓目前所建構的歐元解體。簡單了解一下這些作法是很重要的，因為它們會有不一樣的經濟結果。

讓弱國離開

最常被討論到的部份解體，是讓被選中的弱國離開。最常被考慮到的，一直是希臘或者更近的塞普勒斯。如果一個國家離開了，其他國家會跟進當然也是可能的。這大多要取決於第一個離開的國家，它在單一貨幣區之外，是否取得成功。如此，把其他弱的周邊國家推出的力道將是無法抗拒的。

似乎是難以想像的，像希臘，經過這麼長的時間處在政府管理不佳的狀態之下，是否能成功管理脫離歐元區，以及伴隨而來的大幅貨幣貶值？但當阿根廷在二〇〇一年打破披索與美金的連動時，也獲致了類似的成就。希臘或許有能力達成，或者義大利、或者西班牙也行。

如果這些國當中的任一個，離開了歐元區，毫無疑問的，最初的影響就是製造混亂。至少在一段時間之內，其他周邊國家的領導人，可能會告訴他們的人民：「你們看，我們必須持續服用梅克爾女士所提供的可怕藥丸，否則的話，我們結果就會像希臘（或其他任何國家）一般。」但是，如果希臘（或其他任何國家）離開歐元區以後表現良好的話，那人民就有可能如此回應：「請讓我們最後就會像希臘（或其他任何國家）一般。」

當然，讓一個弱的國家被要求離開。這種可能性是過去幾年以來，為德國財政部長沃爾夫岡•蕭伯樂所承認的，他曾在《金融時報》的一篇文章中寫道：

> 假如一個歐元區的成員發現自己無法整合預算或重建的競爭力，這個國家就應該採取最終的辦法，離開貨幣聯盟，但仍然能夠保有歐盟會員國的身分。

因為每個有問題的國家都仰賴外部資金，只要它們的財務支援一被拒絕，唯一防止全面經濟與財政崩盤的方法，就是要它們離開。

強國的離開

另一選項是，強國也可選擇離開。最明顯的就是德國，雖然荷蘭與芬蘭也可能。到現在為止，德國要選擇離開似乎不太可能；但只要歐元危機持續越久，而德國被要求支付更多的錢讓歐元國家在一起，德國可能離開的機會，就變得更大。更進一步說，有一小部份的人相信，歐元（包括歐盟）是德國安全的關鍵。為了和平與穩定，大家對於付出高額代價是有準備的。這是為什麼德國一直在，付出以維護歐元運作所顯現出來的，還沒有被要強迫離開這個系統所激怒。因為這一點，足以說服德國所付出的經濟代價，必須要比對一個正常國家要大得多。提醒你，代價隨時都在增加，而德國想法也在逐漸改變。多年以來，歐盟懷疑論者在德國幾乎無法找到共鳴。最後，有一個新的右翼政黨「德國另類選擇」在反歐元的選票基礎之下，被建立起來了。它或許還無法贏得許多選票，但是千里之途，始於一步。

南 / 北分裂

也許最具吸引力的歐元解體的形式，是將歐元區分為北歐元區與南歐元區。假如南方的國家，義大利、西班牙、葡萄牙與希臘離開歐元區，並建立它們自己的新貨幣，這種貨幣必定是弱勢的，但這些國家應該仍會承擔以歐元計價的龐大債務，勢必也會拖欠巨額債務，可能會引起跨歐洲（全世界）的銀行危機。

相對的，如果德國以及其他北邊的核心國家離開，讓南邊的會員國繼續使用歐元，那狀況會舒服得多。在這種情況之下，歐元會成為一種弱勢貨幣，而新的北方貨幣會成為強勢貨幣，強國集團必定會為了成立新貨幣的問題而扭打，同時南邊的拖欠債務不會自動消失，因為歐元會繼續是他們的貨幣，並造成他們的債務貶值。

這是一個值得期待的方法，但在現有狀況之下，並不太可能發生，至少是因為北方國家之間的協調困難。也許，可能的劇本是德國先離開，然後其他的北方國家隨著德國離開。

法國的連結

因為德國與法國在過去六十年中緊密並行，想到德國的情形（我稍後會更詳細討論），自然讓人關心起法國的前途。我時常會想到的有關法國的有趣問題，不是為何法國表現這麼差，而是為何法國做得這麼好。這麼說的意思，並不是說法國是一個令人驚嘆的成功——事實上也不是，相反的，它執行了一些極具破壞性的政策，而且結果似乎並不太壞。的確，如果英國管控經濟如同法國一般，那英國在很久以前就破產了。

我被這個問題困擾了很久，一直無法找到一個滿意的答案。我發現自己一直在四個可能（並不一定衝突）的答案之間遊走。第一，法國是一個大的傳統強國；第二，即使是它所做的還在草案階段的事（例如，每週工時減至三十五小時），都管理得很好。這又連結到了我的第三個理由：法國的管理階層和它的資深公務員團隊，都訓練有素，尤其在推廣法國利益方面，極有效率。

到現在為止，聽起來像是在與「法蘭西萬歲！」快速唱和。我的最後一個比較讓人不舒服的理由：要讓事情嚴重出錯，是得花很長時間的。更重要的是，當損害真的發生了，也並不見得是明顯的。這聽起來有點像亞當史密斯的聲明：「在一個國家當中，有許多嚴重的損害。」當腐敗已經生成了，是很難停止的。大英帝國的沉淪，是個較遠的例子；日本在一九九〇年代從榮景中墜落，以及蘇聯的解體，是比較近的例子。如果法國持續目前的路線，那除了持續的相對落後之外，是很難看到其他事情的。我最喜歡的一個趣聞，是住在法國的英國人，與住在英國的法國人數量相當。其中最重要的區別是，住在法國的英國人，多半是年老已退休的；而住在英國的法國人，則大多是年輕和有工作的。這就講到重點了，法國也許有（至少在南部）較佳的天氣以及一種吸引人甚至是有趣的生活方式。但是，對年輕又有創業精神或任何想要開創事業的人而言，這國家是個夢魘！

法國對與德國以及它們所共同構築的貨幣聯盟間的關係，下了很大的賭注。對法國而言，歐元是個外交上的勝利；從經濟上看來，它是有利於德國的。更進一步而言，它們創造了一個科學怪人般的怪獸式貨幣，而且有可能會拖累整個歐洲，也包括法國在內。

所以，如果歐元要解散，法國應該往哪裡走？它應該與德國站在一起，成為強勢北方核心的一部份？它目前的經濟表現與德國相比，是不如德國的。它的財政赤字幾乎是國內生產毛額的百分之四，雖然比英國為低，但要比德國高很多。但是，它的政府負債比例只比英國低一些，而當經濟成長仍然遲緩時，法國卻正要努力讓這個比例更低。同時，它的失業率大約是德國的兩倍。

如果，法國與德國一同停留在北歐元區中，那我懷疑法國的經濟表現，應該真的是很危急。一個德國領導的北方歐元或新的德國馬克，都會讓匯率驟升，然後使得法國更無競爭力，導致國內生產毛額下滑和失業率攀高。到了那種地步，法國的政策真的會變得有趣。

如果相反的，法國與德國分開，就將會使用自己的貨幣，或成為南方歐元區的成員之一。無論採取何種方式，它都會領導南方的國家，包括義大利和西班牙在內，而可形成一個與德國一般大、甚至比德國還大的經濟同盟。而且不管怎樣，如果法國打破與德國的連結，它的經濟將可受惠，立即享有競爭力的改善，就像義大利和其他周邊國家一樣。

這種選項，反映了法國在一九三〇年代所面對的，就是有關災難性的金本位貨幣同盟。

我毫不懷疑如果法國當局現在面對這樣的選擇，它會選擇與德國站在一起。更進一步說它會毫不考慮地如此做，所以這就埋下了許多的問題。

第三方的效果

假如歐元真的分割為北方與南方或以其他方式分開，那對於那些非歐元區的歐洲國家，譬如說英國、瑞典與瑞士，會有什麼樣的效應？

首先，對這兩個集團的貨幣匯率，會往相反的方向移動。我們用英國作例子。英鎊對南方歐元會走強，對北方歐元會下跌。我們無法知道，兩股反方向移動的勢力會如何進展，而得出整體競爭力平衡的因果關係。

但是，從在南方擴大整體需求的機會，與在北方有一個比較寬鬆的財政與貨幣政策的可能性當中，可以看出對英國具有淨利的可行性。以最簡單的方式來說，英國與其他歐洲國家的利益，是其他目前使用歐元國家的繁榮經濟所提供的最佳服務。我在這裡所提出的最大爭論點是：最足以說明達成這些條件的方法，就是歐元解體。

歐元解體的經濟利益

不管用什麼形式解體，如果歐元要分割，至少會有兩個相關的源頭會鼓舞經濟表現。第一，周邊國家（也許法國會加入）會隨著他們的通貨貶值立即重獲競爭力，它們會享有外銷的成長。更進一步而言，經濟活動的改善，會增加稅收，然後降低財政赤字。根據推論，它也有可能讓紓困措施放鬆。而只要時機適當，它甚至也有可能讓一些國家採行他們自己的量化寬鬆計畫，可以使中央銀行有能力間接為政府籌措資金。

雖然，可能發生的好處已經夠清楚了。但是，由於許多不同的理由，使減輕紓困方案與（或）採取量化寬鬆是不可能的。然後，就只剩下匯率的變化成為獲利的源頭。但是從匯率的變化獲得競爭力，卻只是個零和遊戲。如果周邊國家隨著貨幣貶值享受到了競爭力改善，另一邊將會是核心國家因為他們的幣值上升而競爭力受損。所以，這怎麼會帶來全面的改善呢？

這就是我們要來到討論第二點的地方。就像我在前面所點出的，我們必須要假設在任何一個弱國離開或整體瓦解之後，德國（以及其他北面的核心國家）的匯率會急速上升。這會傾向於造成德國外銷減少、進口增加然後降低德國的國內生產毛額和升高失業率。德國的通貨膨脹率將會下滑，這將是一個副產品。這些改變，也會更動德國的經濟平衡。商店裡的物價下跌，德國工人的實質所得上升。結果是，他們會增加消費。

要知道，自從歐元形成以來，德國的經濟一直是不平衡的。與自己過往的標準相比，或與世界上其他已開發經濟體相較，它的表現是相當不錯的，雖然還並不令人驚嘆。但是它的成功，一直大部份都仰賴外銷，包括對歐元區的其他國家與歐元區以外的國家。工資的限縮與因歐元的存在使得德國匯率維持低落，兩者交互作用，使得實質所得由工資轉向利潤，由勞工轉向企業。企業傾向於不消費太多的額外所得，而勞工也限縮支出。

如果德國用某種方式離開歐元區或者歐元解體，這些因素會反其道而行。只單單是所得從企業（在目前的情況下傾向於不願消費）移轉至消費者，就可使整體需求的膨脹超過外銷減少對國內生產毛額的傷害。如果是這樣，德國的整體國內生產毛額會變得更高。當然，也會使得目前的整個歐元區變得更高。因為周邊國家競爭力的增強，會提升它們的國內生產毛額。

但是如果效果不夠強勁——雖說事實上不大會如此，那就需要經濟政策來做進一步推動。德國的財政政策應被鬆綁，如果有可能，必須要採行量化寬鬆（德國的中央銀行現在應該會同意），在最起碼的情況之下，貨幣政策應會被維持更寬鬆與更久。

這樣看來，用強勁的匯率來降低通貨膨脹的效果是重要的。它會賦予德國擴張國內需求的能力和鼓動力。這種發展的效果，會讓德國回到馬克時代的那種地位，當時歐元尚未推出，幾乎不是經濟失敗的一段期間。

的確，馬克是德國經濟成功的中心，而且德國的一般勞工階級參與了它成功的一部份。在馬克之下，德國的製造與外銷表現亮眼；而商業在維持低的成本上升比率方面是成功的，德國的消費者也很精明。這表示德國有一個持久維持大幅貿易順差的傾向。但是馬克升值，會大幅度抵消維持成本低成長的效果。在削弱外銷成長的同時保障了消費者的實質所得，所以消費者的支出也增加了。

事實可以說明一切。事實是，從一九七〇到一九九八年，一直到歐元成形前的最後一年，德國消費者支出的年平均成長率是百分之二點五。從一九九九到二〇一四年在歐元之下，年平均成長率是百分之零點九。從一九七〇到一九九八年，經常收支的年平均剩餘是國內生產毛額的百分之零點八。從一九九九到二〇一四年，平均剩餘是國內生產毛額的百分之四。德國近期的消費成長疲弱，簡單的事實，就是德國勞工的工資並不高。德國外銷成功的大部份果實，都被雇主拿走了。從一九九九年歐元形成到二〇一四年底，法國被雇者的實質所得增加了百分之十二，芬蘭百分之十七，但是在德國，事實上它下跌了百分之三。

德國有從歐元獲利嗎？

不管怎樣，有一種大家很相信的想法就是：雖然歐元區還並不成功，但至少德國在當中是表現良好的。從這裡接續的說法似乎是：德國會因歐元解體而表現不佳。

我認為，只要事情這樣發展下去，並不需要太久，就可證明這個論點基本上是對的。首先，德國的外銷一直都很強勁是事實。但因為德國並沒有向它的貿易夥伴，包括它在歐元區的盟友，購買相對額度的貨品，它對其他國家累積了巨額的淨應收帳款。簡單一點說，德國賣了許多的寶馬與賓士汽車給希臘，而且還借錢給它支付車款（一部份是透過歐洲央行的從中協調）。希臘並無能力償債，所以實質上德國是把寶馬與賓士汽車送給了希臘。這聽起來不像是好的買賣。

還有另外一個國家因迷戀外銷而受害——中國，因為缺乏相對的進口消費，結果中國人民的生活水準被拉低了。德國與中國政策取向的相似度是如此的高，所以英國經濟學家馬丁•沃爾夫取了一個代表銅板兩面的名詞：「中德國」（Chermany）。

第二點瑕疵是，雖然德國的外銷一直都是強勁的，然而就像我在前面點出的，德國消費卻並非如此。根據這點，雖然德國的經濟從二〇〇八到二〇〇九年的危機中恢復良好，但自從歐元形成後的整個期間以來，德國的國內生產毛額的成長，並不理想。所以就如同前面所討論的，德國整體經濟在歐元之下，是否比它仍然在馬克之下更為有利，這點很不清楚。再進一步說，歐元的下場讓德國的貨幣與財政政策陷入最可怕的混亂泥沼中。透過歐洲央行的貨幣調度，根據德國的傳統貨幣觀念，會有在某個時點造成通貨膨脹災難的威脅。而對南方的持續財政支助，在某種形式上，則意味著是德國納稅人的持續性負擔。

以歐元的結束作為答案？

所以，從我個人的觀點來看，歐元的結束，可改善歐洲的相對經濟表現。而歐盟是否會在歐元瓦解後繼續存活，則是我在第八章所要討論的題目。

歐盟的表現，在歐元被引進之前並不理想，就像我在第三章清楚提出的。過多的規章、朝向和諧的努力，以及對於經濟生活方面愈來愈多的干涉，都是歐盟在歐元出現前的情況。如此說來，除非某些事物發生劇烈的變動，歐盟即使沒有歐元，都有可能會持續表現不佳。

所以，雖然歐元的結束，有助於歐盟的表現，但也無法改變遊戲規則。而這裡有個因素是與歐元完全無關，卻對歐元的表現造成巨大差異的：就是大家不再「生產」足夠的歐洲人了。

人口的定時炸彈

所有困擾歐洲大陸的問題當中，不能歸罪於歐盟的，其中當然就是以歐洲嚴重的人口前景最為明顯。的確，在歐盟以外的歐洲國家中，例如瑞士與挪威，也有很低的生育率。

低生育率意指人口老化，而且不需要太久，勞動力將會下降。再不久之後，人口的絕對水準也會下降。我並不是在爭論高人口數必定比低人口數為佳，我也並不是在說人口總數與人均國內生產毛額之間，有一個自動的連結。這裡的重點是，很簡單，人口數愈小，而其他條件均等，國內生產毛額的總額就會愈小。

當然，其他條件並不會總是均等。在既定的時段中，一個經濟體可以用增加所謂的勞動參與率，意即適齡工作人口實際在工作的比率，或延後退休年齡的方法，來抵消人口下跌的效果。但不論如何，到最後這種方法的效果會減弱；而較低的人口數，代表較低的國內生產毛額，或換言之，就是一個較小的經濟體。

在二〇一一年，根據世界銀行，歐盟作為一個整體，每名婦女的生育人數是在一點六，對奧地利、德國、希臘、西班牙與葡萄牙而言，則是低到一點四。根據聯合國祕書處人口分處，大約到二〇三一年左右，歐盟的人口會開始下跌，而且會持續下跌至二〇五〇年。英國的人口預測會持續增加，但德國人口會明顯滑落。到二〇四九年，德國的人口預測大約是與英國相同。

在外面的世界，中國的人口預期會從二〇三一年開始下跌，但是印度和美國數字的預測是持續的上升。如把全世界視為一個整體，二〇五〇年的人口預計要比二〇一〇年多出二十五億。以此推論，歐盟人口佔世界人口的比率，預計會從百分之七點三下跌至百分之五點四。有一種避免歐洲的低生育率對總人口的規模、之後是經濟規模造成後果的方法是，讓大規模的移民來抵消這種趨勢。如果真的發生了，也可能是個解決之道，如此歐盟可以避免對全球總生產毛額佔比的巨幅下滑。但是，因為歐洲各地所有的選民，都反對這種主張，所以看起來似乎是不太可能被採行的（我會在第十一章討論關於移民的問題）。

中期國內生產毛額的預測

首先，讓我澄清一個觀念上的問題。影響人均產出的成長因素，並不只有生產力的上升，包括勞動參與率以及失業率。但不論如何，經過一段比較期間，讓這些因素變化的範疇是有限的。所以，人均產出的成長會下滑至生產力的成長。根據這點，從現在開始我用「生產力成長」一詞，來取代人均產出的成長。

與其靠單點預測，我認為最好的方法是檢視三種情境。在所有三種情境之下，歐盟佔全世界總生產毛額的比率，都下降得相當劇烈。這是因為相較於中國、印度以及其他新興市場，歐盟較為緩慢的人口以及生產力成長所造成。但是改變的步調，會依據生產力與人口成長的假設而改變。（不過，這裡人口成長的假設在三種情境之下都是一樣的）。為了簡化起見，日本、巴西和俄羅斯的預期國內生產毛額在三種情境之下也是不變的。

在第一種情境之下，歐盟的生產力成長是假設在百分之一點七，相較於全世界的平均是百分之二點四，而中國與印度則為百分之四點五。雖然未來的不確定性是如此巨大，似乎要說任何假設合理都是輕率的，從最近的經驗，這個情境可說被描述為一個言之成理的核心案例。在這核心案例中，歐盟在全球總生產毛額的佔比，預計會由目前的百分之十九點四跌落至二〇六〇年的百分之九點八。同時在二〇六〇年印度與中國合在一起，幾乎佔了全球總生產毛額的百分之四十，相較於美國與歐盟合在一起大約為百分之二十五。

第二種情境假設中國與印度有更快的邊際生產力成長率，在兩地的平均年成長率都在百分之四點七五。相反的，歐盟的平均年生產力成長率是百分之一，美國是百分之一點五，都較基本情況要落後。因此，二〇六〇年時的印度與中國將佔有世界總生產毛額的百分之四十六，相較於美國與歐盟合在一起，還不到百分之二十。

第三種情境對歐盟較為有利，但卻是我判斷最不可能發生的。在此情境，歐盟的生產力成長增加到每年平均百分之二點三，而對美國也是假設同樣的數據。中國與印度與其他情境比較之下，都經歷了略為緩慢的生產力成長，只有每年平均百分之四。在這種情況之下，二〇六〇年時的印度與中國將佔有全球總生產毛額的百分之三十二點五，相較於美國和歐盟合在一起後為大約百分之三十。

令人震驚的是，即使在最樂觀的情境之下，包括歐盟生產力成長顯著較高，甚至可能連動了對歐盟的基本改革，在二〇六〇年時，歐盟在全世界總生產毛額的佔比，也將遠低於美國和中國，只比印度高一些。

與一九五〇年代中期相較，當時我們還將歐盟視為一個概念，原本成立歐盟背後的想法，是透過團結強化歐洲的經濟，並增加它對世界的影響。然而，難以想像到的是，如果當時判斷到二〇六〇年時的歐洲，將會成為一個小於印度的經濟體的話。

我並不是要試著評論歐盟未來相對重要性的滑落，全都是它自己的錯。假定歐盟在經濟管理上是個成功典範，而且各國政府都採取最有利於經濟成長的路線，並造成歐盟的成長率較高的結果。但幾乎可以確定的是，它仍然比中國與印度所領導的新興市場享有的成長率為低。

進一步說，隨著歐盟整體在相對於其他全球經濟的規模與重要性都下滑時，同樣的事也會發生在它的會員國。的確，因為這些國家也許太小，以至於相對印度或中國在世界上的佔比，並不值得一提，所以會失去爭取有利貿易關係的協商能力。但是就如同我在第九章與第十章所評論的，這似乎不可能發生。大部份的歐洲國家會享有較高的經濟成長，因此會有相對較為緩慢的衰退，如果它們在歐盟之外，那他們跨越全世界成功進行貿易協商，應該是可能的。

下滑的重要性

若有下面三個主要因素在運作，就會阻擾歐盟經濟前景：

1、歐元發生作用，導致跨越所有貨幣聯盟國家的一種通貨緊縮偏向（Deflationarybias）。
2、低的生產力成長以及伴隨而來的投資疲弱，和在市場上過度反商的一種持久性趨勢。
3、嚴重的人口負成長趨勢，會導致歐盟人口相對於世界總人口劇烈萎縮。

當然，導致歐盟未來成長相對下滑的最大因素，是歐洲人所無法控制的，那就是新興市場的持續成長。但不管怎樣，成長相對遲緩和在全球總生產毛額佔比下滑，並不見得就是災難。但是，當歐盟會員資格仍是可以淨得利的，那每一個會員國與世界其他國家關係的相對重要性，就會成長；如果歐盟築起與世界其他部份互動的障礙，而世界其他部份變得更大時，身處聯盟之內的利益平衡，就會往不利於自己的方向挪移。

更進一步，歐洲對全世界總生產毛額佔比較低，意味著歐洲對世界的影響正在減弱。這也可能引發一個問題，那就是，成為這個國際聯盟一員的合理性，甚至這個國際聯盟究竟是否應該存在，或者用一個更具啟發性的說法：做為歐盟的成員愈來愈無關緊要。事實上，這種發展趨勢已經開始了。

雖然，歐洲未來成長的相對下滑似乎是無法阻擋的，但如果歐洲人想要放緩下滑，而人口成長又不足，那歐盟的經濟表現必須極度改善，表示歐盟需要被根本改革——或者解體。

Part 3

歐盟的出路：改革、解散或離開

勞動力自由遷徙（移民問題）、
歐元區的財政與政治聯盟、
歐元解散與英國脫歐都能迫使歐盟進行根本改革，
但實際上更可能會引發歐盟解散。

VII 歐盟會心甘情願地擁抱改革嗎？

如果打開潘朵拉的盒子，你永遠不知道會跳出什麼樣的特洛伊木馬。

—歐內斯特•貝文（**Ernest Bevin**），英國外交大臣，
一九四九年歐洲委員會發言人

我一直認為，歐盟實在不算是經濟上成功，而且它的表現還可能會進一步惡化。歐盟的執政菁英們，一心朝著「日益緊密的聯盟」的方向挺進，儘管充其量只會與經濟上越來越不相干，而在最壞的情況下，政治上也會極其危險，尤其是當歐洲大眾變得越來越反對歐盟的時候。

那麼，該怎麼做才好呢？在第五章中，我扼要地敘述了或許可以拯救歐元區的經濟政策。在本章中，我則會考慮或許可以拯救歐盟的政治改革。我會先從討論歐盟現行的政治問題是否可以被視為初期的困難開始，就像歐元的經濟難題一樣；接著我會繼續考慮可以如何對歐盟的運作進行小幅的改變，無須造成重大的分裂；之後再分析與更激進改革有關的議題。

太年輕不足成事？

可能有人會認為，我在第二章中討論的政策和制度上的安排，是歐盟處於一種中間地位的直接結果。這已經假定了許多通常會由主權國家扮演的角色，但並未在自己的領土上擁有完整的主權。因此，針對多數議題做成的決策，是來自歐盟會員國之間討價還價的結果，特別是「兩大強權」——法國和德國。因此，一旦整合的程序完成，各國的重要性也退了回去，如果歐盟實際上沒有消失的話，那或許它的決策品質將會改善。

畢竟，美利堅合眾國，並沒有像一七七六年訂立完成的條文那樣出現。事實上，他們還必須經過一場殘暴且讓人深為痛苦的內戰，就在創立之後不到一百年內。而之後的傑出和成功，更是談不上什麼明顯。那為什麼我們應該期待「歐洲合眾國」以完美形態出現？

不管怎樣，歐盟為什麼必須要完美成形？即使美國、英國、德國、法國，或任何一個當今的主權國家，大體上都運作良好，他們也不是好政府的典範，而且各自都有應該承擔的錯誤、問題和恐怖故事。「完美」實在是個太高的標準。比較適合問的問題該是這樣去假設是否合理：認為已經克服初期的困難之後，歐盟，還是可以政治實體的身分良好運作。

歐洲民主的問題

即使「歐洲合眾國」完全建立成主權國家，針對歐盟的「領土」，或是「歐元區合眾國」成為主權政體的這群國家，我們還是有好的理由可以相信，這個「合眾國」並不會像政治實體那樣運作良好，因此，它的治理品質就可能會很低。

首先，歐盟的人口大約有五億人，但全體選民卻才四億多一點，相較於美國的人口大約三億一千兩百萬人，選民有兩億四千萬人。這會讓歐洲合眾國成為世界上第二大的民主政體，僅次於印度，後者人口約十二億，選民則有約七億四千萬人。政體的規模越大，就越難獲得來自選民的真正參與，政治陷入貪污與追求特殊利益的危險也就越大。

先撇開印度這個「自成一格」的情況，且它還是個處於完全不同發展程度的國家，基於比較的目的，我們應該把目標放在美國。值得關注的是，美國也在面臨嚴重的政治問題，選舉參與率已經掉到極低的水準，而且人民普遍對政治與政治人物不抱期望，這可能會產生具有毀滅性的後果。尤其是美國的政治體系一直無法針對公共花費與借款的程度有清楚的決策，甚至曾淪落到二〇一三年美國政府被迫停擺、國家幾乎瀕臨無法發揮作用的地步。

再者，歐盟的國家並沒有共同的語言，不同歐洲國家的人民就無法觀看同一個電視節目、聽同一個廣播、看同一份報紙或同一個部落格，或是聽同一個政黨的政治宣傳。因此，想要看到怎樣才能有一個全歐洲政黨的出現，就極為困難了。正如已故政治家以諾•鮑威爾（Enoch Powell）曾經說過的：不可能會出現歐洲的民主政體，因為這世上並不存在歐洲的人民。

第三，歐盟成員國擁有非常不同的制度、政治文化與歷史，包括上至根深柢固的民主政體，如同荷蘭與瑞典的情況，下至獨裁政權，就像戰前德國和前蘇聯的東方聯盟，以及希臘、葡萄牙、西班牙和義大利，以及失能的政府（又是義大利）。這和美國有明顯的對比，後者一路走來不斷穩固建立其制度與政治文化，並沒有太多既存的包袱來阻礙。

民主與自由

如果，歐盟形成了一個完整的政治結盟，而因此重新改造它的機制，那我們可以預期它會有著正常西方民主體制所有的陷阱。同時，你也不需要如愛因斯坦般聰明，就可以了解這並不是所有問題的答案。今天，到處都可以看到從民主體制中覺醒的徵兆，特別是在那些被疏離的歐洲選民當中。

如果，歐盟完成了全面整合，那它將會有一位非常強勢的總統，這位總統的權力，將會遠超過目前西方國家的總統和總理所享有的權力。或者，也可能到最後變成一種非政府組織的制度，而不是像義大利在過去七十年以來所「享有」的。不管是哪一個結果，一個歐盟式的民主體制，無法成功運作的機率是高的。結果只能導致不好的、甚至是更糟糕的決策過程。

在選舉過程的機制之外，有一個重要的問題。西方世界中，我們已被「投票是達到自由的關鍵」的概念所迷惑。在英國，一直到一九二八年之後，人民才被賦予全面參政權；而從十八世紀以來被廣泛認同的概念是，司法獨立與新聞自由代表這是一個自由的國家。歐盟的菁英們創建了各種機構，而且像鞋拔一樣，把不同的歷史與特性，硬塞入一個人工的共同體。

歐盟整合的動力，是為避免戰爭的崇高目的所主控，這是諷刺的。全面整合的支持者，似乎對於其他在歐洲歷史中令人害怕的事物思考不多，而這就是肇因於政治體制的不良運作。最近、最可怕的戰爭，是我們大家都想要極力避免再度發生的；而這也是「威瑪德國」的弱點所造成的直接結果，透過民主的機制而摧毀了民主。最近在希臘興起的金色黎明黨（Golden Dawn party），與在一九三〇年代初期興起的納粹德國，也有詭異的相似之處。

進而說，共產主義，它冰冷的教條曾經跨越並擁抱了半個歐洲大陸，興起於俄國專制體制的弱化以及在戰爭中遭遇失敗的交互作用之下。再往前推，如果法國古老的政體沒有崩潰，那像拿破崙式的戰爭還會發生嗎？

終結瑣碎的干擾

到目前為止，歐盟的組織被認為是有需要的。透過劇烈的改革，把它改造成一個符合選民期望，既有效率又能被接受的情況，這樣的期望有多合理？歐盟的本質是可改造的嗎？如果歐盟本身認真看待改革，那許多讓歐盟懷疑論者困擾的瑣碎事務，是很容易就可以修補的，並不需要根本的改革。

舉例來說，歐盟最終可以去除在布魯塞爾與史特拉斯堡歐盟議會大樓的資源荒謬重疊，以及在兩者之間昂貴的交通費用，只要限制自己使用一個總部即可（假設是布魯塞爾）。也可以宣布它只使用三種語言：英語、法語與德語，並停止雇用大量的翻譯人員。舉一個荒謬的例子：雖然在馬爾他幾乎人人會說英語，但歐盟還是提供了馬爾他與其他歐洲語言之間的翻譯。歐盟委員會大約擁有一千七百五十位語言專家，和六百位幕僚人員，是世界上最大的翻譯服務機構。

更進一步說，歐盟也可以開始處理規章過多的問題，就是宣布當有任何新的規章被引進時，會有一個（甚至兩個）舊的規章失效。英國的聯合政府已經在採行這種做法了。歐盟在二〇一三年十月，它宣布要撤回在所有領域中的建議規章，包括土地品質到髮型師的職業基準；除了其他的規定以外，還禁止髮型師在工作時穿高跟鞋。歐盟執委會的主席巴洛索（Jose Manuel Barroso）有一個名為「改裝」（Refit）的計畫，用來檢視歐洲的法律，然後再來簡化、減少、廢止並提出新作法；然而新的作法和建議，卻是不切實際和沒有必要的。他說，這些發展反映了歐盟運作方式的「文化改變」——雖然這些計畫很快就遭到法國的反對，因為擔心這可能會削弱歐盟的「社會保障」。

巴洛索的建議，正預告了一群英國企業領袖的報告，是由前首相卡麥隆所發起，目的在檢視如何減少歐洲的「紅標籤」（繁文縟節與官僚作風）。這份報告提出了三十個建議，包括免除十人以下的小公司適用新的雇傭法律，也廢止了小而且在低風險領域公司保存書面健康與安全紀錄的規定。採用這樣的一個計畫，既可以改善歐盟的經濟表現，也可以讓歐盟更受歡迎。

根本改革的必要

然而，以上那些都沒有觸及根本的問題，因與歐盟的權限以及成員國之間的關係有關。當然，歐盟的根本改革被認為是值得期待、甚至是必須的；使得成為歐盟的一員是否值得，也將因個人對個人、國家與國家的不同而不同。我將在第十章中提出我個人對此的看法。卡麥隆首相在二〇一三年一月二十三日在彭博社的演講是討論改革可能性的一個很好的起始點。在那場演說中，他提出了新歐盟適應二十一世紀的五個原則：

競爭力

- 在歐盟的核心，必須是單一市場，但它必須包括服務、能源以及數位發展才算完整。
- 貿易協定必須包括美國、日本與印度，而完整成為驅動全球自由貿易的一部份。
- 歐洲最小的新創企業，應免除適用更多的歐盟指導方針。
- 歐盟執委會的預算應被限縮，而且必須減少官僚化。
- 應該要有一個「單一市場委員會 Single Market Council」。

彈性

- 歐盟應包含不同國家、不同層次的整合。
- 特別要說的是，有些國家會追求與歐盟的緊密關係；但英國並不持有相同的觀點，但一些其他的歐盟成員或許持有相同看法。

把權力歸還給成員國

- 我們需要承認，並不是每件事都得和諧化的。

個別國家的國會扮演更重要的角色

- 歐洲的領導人將必須而且持續對個別國家的國會負責。

公平

- 無論對歐元區做了何種新的安排，必須對歐元區內與區外的成員公平運作。
- 並無理由支持單一市場與單一貨幣的疆界必須相同。

卡麥隆說，他比較喜歡用一個新的條約來銘記這些改變；這並不只為英國，而是為了整個的歐盟。但是，如果新的條約並沒有人感興趣，那麼這五個原則就會變成英國與它的歐洲夥伴協商的核心。幾乎在每一個人（包括卡麥隆）的意料之外，他真的在二〇一五年的普選獲勝，而因為承諾勝選之後要舉辦公投，所以在二〇一七年底前必須舉行公投。在這種情況之下，首相與歐盟的協商中所要求的，遠落後於彭博社演講中的規劃。（我會在最末章中討論卡麥隆的協商）

但不管怎樣，我們需要仔細分析彭博社演講所提到的內容。為了有助評估基本的問題，英國政府推動了一個新措施：檢視歐盟與英國之間的權限，是由財務大臣在二〇一二年七月宣布。這當中包括了三十二種不同的報告，題目包括的範圍，從單一市場到動物的健康與福利；完整的系列報告將會在二〇一四年底之前出版。在這些報告中，拋出了一些英國與其他歐盟成員之間需要討論的嚴肅問題；但是在報告的寫作階段，沒有一份已經出版的報告，透露出任何根本的事項或轉移了爭論的焦點。

無論如何，我們對於卡麥隆所領導的政府期望什麼樣的改變，有了一個清楚的概念。在似乎是光譜中較乏味的這一端，首相所關心的是防堵歐盟自由遷徙立法的漏洞，批評者認為它導致了所謂的「福利觀光」（benefit tourism），也就是其他歐盟國家的公民來到英國，以便享有各種福利，包括免費的健康照護，這對國家健康局肇致了巨額的成本負擔。有趣的是，當被歐盟執委會問起有關「福利觀光」的證據時，英國內政部卻無法提出。內政部在二〇一三年十月表示，並無有關非英國公民相對於英國公民在某一固定期間申請福利的有關數據，也沒有歐盟移民從事假申請的數據。

事實上，不久之後歐盟執委會公布了一份報告，顯示在二〇一一年，英國的一百四十萬件失業給付的申請中，只有不到三萬八千件是由非英國公民所提出，還不到總數的百分之三。在二〇一三年歐盟司法委員會主席維維亞娜•蕾汀（Viviane Reding）指出，有些英國人在抱怨的事，是他們自己的錯。她說：「有些國家的制度似乎是太慷慨了，不要抱怨委員會或歐盟有關國籍選擇和國家法律系統的規章。」

因為如果歐盟的會員國，能夠對其他國家公民設立不同的條件與規章的話，那立刻就擊中了單一市場的要害，也就是整個歐盟如同是一個國家一般，在歐盟內人民有自由遷徙，以及其他設備和機會進入的權利。但是，因為這樣的考量，這不僅僅是英國，許多別的國家也有關於淨移民額度的問題，所以歐盟也許要在非本國籍人士的福利問題上讓步，然後才能在更廣泛和更重要的自由遷徙問題上獲有保障。這裡仍然有許多大範圍的危險爭論空間。在二〇一四年一月，卡麥隆建議英國，不應該支付在英國工作的父母其住在波蘭子女的兒童福利。這引起了波蘭外交部長拉多斯瓦夫•西科爾斯基（Radoslaw Sikorski）憤怒的回應。他說，這些波蘭工人向英國的財政部繳稅，而且有助於英國的經濟。他甚至說，英國在羞辱波蘭移民，而且還說他們應該回家。

除了對「福利觀光」的限縮之外，卡麥隆也傾向於希望社會與就業法規的回歸，以保護「倫敦金融城」和賦予個別國家的國會更大的權力。更根本的是，不管他準備要向他的歐洲對口說什麼，提升英國在歐盟地位的起始點，應該是終止「日益緊密的聯盟」的野心，和英國（或其他國家）可以選擇退出這個目標，而不影響其他國家自由選擇持續追求緊密聯盟。

改革的可能性

如果英國以正確的方式處理問題，那它在協商歐盟的劇烈改革上，應該可以一路都堅持強硬的立場。從表面來看，因為要讓歐元有效運作的必要措施，是改變歐盟的條約，而強硬的立場，將使英國對此擁有否決權。理論上，這讓英國有能力要求歐盟作劇烈改革，其中包括某些權力的抽回，來做為達成協議的代價。

但實務上，這種方式不太可能奏效，而且又有攪動反英情緒的風險。英國如果採取的是一種較少對抗性的方式，那也許會更有進展。讓事情的調性不要躁進與尖銳是重要的，應該要傳達一種經過合理推論和密集討論、不但對英國也對其他歐盟會員可行的改革方案。英國公認訓練有素的外交人員，以及長久協商的經驗和務實態度，將會對歐盟有所幫助。就如同所發生的事實，並不是只有英國人想要結束「日益緊密的聯盟」。在二〇一三年六月，荷蘭政府說：荷蘭相信，每一個政策的「日益緊密的聯盟」，在時間上都是落後我們的。二〇一三年的秋天，荷蘭的執政黨說希望能看到「整個的政策領域」回歸到國家的政府，也呼籲找出撤銷或挑戰歐洲法庭管轄的方法。更進而說，最近由智庫「開放歐洲 Open Europe」所做的民意調查發現，大多數德國選民，比例為二比一，贊成權力從布魯塞爾下放。還有，義大利的總理說，權力的回歸「是可能的，而且可能對我們也有所助益。」

事實上，二〇一三年末在西西里島的墨西拿舉行了一次會議，主持人是前義大利外長、歐盟懷疑論者安東尼•馬提諾（Antonio Martino）。這個會議是在「歐洲保守與改革者聯盟」（Alliance of European Conservatives and Reformists, AECR）的旗幟下召開，出席代表包括了跨歐洲的各方人士，他們聚集所討論的是歐洲共同市場如何可能組成。這個會議讓人覺得特別辛酸的是，舉行會議的地點與一九五五年歐洲煤鋼共同體的墨西拿會議，也就是歐洲經濟共同體的前身，在同一家飯店。還有，會議初期的報告人之一是加塔諾•馬提諾（Gaetano Martino），當時的義大利外交部長，也是安東尼•馬提諾的父親。

在歐洲，反對歐盟的真正意見改變，像我在第二章分析討論的，是跨歐洲要求基本改革的政治壓力將會很大。在這種情況下，英國或許會採取一種門戶開放政策。你或許可以合理爭辯說，十年前就有整合基本教義派施壓，要在成功的貨幣聯盟基礎上，建立歐盟陸軍與法務部門，而這現在已被公認是過時了。分水嶺的時間點是在二〇〇五年，當時法國和荷蘭政府否決了歐盟憲法。在那之後，歐盟超級大國的夢已破碎，單一民族國家又回頭了。

設想歐盟改革的努力會包括德國與英國的高度緊密合作，甚至也是有可能的。到頭來，雖然德國從不曾完全認同過「中央集權式經濟」的傳統，但這卻主導了法國的思維，而德國也清楚知道，在這種方式之下，許多歐盟的法律與措施阻礙了歐盟的經濟表現。現在的德國是一個更強大的國家，而梅克爾無庸置疑的是歐盟最強大的政治人物；所以，德國能夠拋出它的經濟份量以支持根本改革的方案，是可行的。

德國對於把英國留在歐盟之內比較熱心，超過它準備要容許的程度；與法國的關係緊繃，並不只是針對歐元危機，也包括了外交政策。當德國在二〇一一年對於利比亞問題與中國和俄羅斯站在一起時，引起了巴黎的恐慌；然後當德國拒絕支持法國對馬利（Mali）的干涉時，同樣的情形再度發生。同時德國政策制定者清楚知道，沒有英國在歐盟之中，德國會變得更主控又更火大；而法國可能會尋求組成一個非正式的拉丁國家集團來與它對抗。除此之外，其他會支持德國要求歐盟改革，以及要求英國在歐盟中的持續會員資格的國家有：荷蘭、義大利、芬蘭、瑞典以及波蘭。

若把法國與德國的相互質疑放在一旁，另有一件事可以強化對改革的敦促。那就是團結以對抗一個共同敵人的需要，最明顯的候選對象就是俄羅斯；最近俄羅斯在與外部世界打交道時，使用了一種更接近交戰國的態勢，而在與前蘇聯的共和國和衛星國家的關係方面，將自己視為歐盟的敵手。

如同我在第二章所提到的，在二〇一三年尾，就在奪取克里米亞之前，俄羅斯說服烏克蘭，從與歐盟一個規劃中的貿易方案退出，透過財務的誘因和隱藏的威脅。拉脫維亞在二〇一四年一月成為歐元區第十八個會員國之前，它的財政部長提到了這個事實，也公然的引述拉脫維亞在面對俄羅斯時地位的脆弱。當時的拉脫維亞，無法像現在一樣，與西方的組織機構緊密連結：例如北約組織、歐盟以及歐元區。如果俄羅斯持續它目前的脈絡，那當然歐盟的國家會希望彼此團結在一起。假若改革是它們團結在一起所必須、而且可使它們更強大的話，那肯定的就會有一個支持改革的清楚動機。

談起改革的可能性，就必須記得歐盟在過去五十年當中經歷過的劇烈改變。當德洛爾委員會（Delors Commission）以一個單一市場的藍圖，並在一九八五年推出時，諷世者對它是不屑一顧的。雖然單一市場並不完美，但它今天仍然存在。即使共同農業政策也經歷了根本的改革，結果是補貼不再與生產相聯結（導致的結果是「奶油山」butter mountains 與「紅酒湖」wine lakes），反而是與耕作的地區相關。所以，如果歐盟在之前就從事過這些基本改革，那為何現在無法改革它自己？

改革的障礙

從卡麥隆的再次協商中出現的根本改革的機會已經過去了。但是，歐盟仍然有可能選擇跟隨著根本改革的路徑嗎。荷蘭或許會加入英國，反對更緊密的歐洲整合，但實際上，要針對歐盟未來的形態達成協議，卻充滿了困難。不同的國家對歐盟的根本改革，有不同的要求，不過要能成事之先，得先說服那些反對改革的歐盟批評者、尤其主要是英國的批評者們。

德國總理特別害怕如果各國能夠「精心挑選」歐盟當中它們喜歡的部份，以及它們不喜歡的部份，那整個體系就可能會瓦解。同時，德國與英國所組成的贊成改革聯盟，卻似乎一點也不可能了。這意味著會使得與法國之間的緊密關係出現裂縫，當前雖有許多緊張，但依然是德國外交政策的基礎。而且跟其他事務非常不同的是，如果法國德國出現分裂，會對鞏固歐元區的能力產生嚴重的後果。

事實上，二〇一三年十一月，施洛德（Gerhard Schroder），梅克爾的上一任德國總理，就曾為了歐元區金融危機，指責英國阻礙歐盟擬定的解決措施。他這樣說道：

> 這問題有個名字，就叫「英國」。只要英國阻礙這些行動，就什麼都不會發生……我們可以確定，英國不再願意加入歐元區。不在歐元區內的國家，不能阻礙愈趨緊密的整合……這是很難，但你們不能說：「我不想加入，但我想要發言權。」

歐盟有較多機會達成改革而不需要更動條約，不只是因為這改革需要各國國會的批准，而且某些個案，還需要先通過公投。有幾個國家，特別是法國，很害怕歐盟如今已不受歡迎到了在公投中無法使新條約獲得批准的地步。麻煩的是，不需要更動條約的整套改革方案，將無法滿足英國主要疑歐派的要求。

舉例來說，由英國國會議員組成的「全新開始團體」（Fresh Start group）相當通情達理且溫和，並希望英國可以繼續留在歐盟。他們已經想出一些不包含更動條約的提案。然而，最近他們提出了一項針對歐盟改革的方案，由下列條款所組成：

1、任何會員國都不能同意未來會影響金融服務的歐盟立法。
2、針對會員國在社會與就業法律的領域，收回歐盟的權限。
3、讓英國退出所有在《里斯本條約》規定不得退出的現行歐盟維安與刑事審判措施。
4、針對單一市場建立新的保護機制，以確保非歐元區成員國的利益並沒有受到差別待遇。
5、廢除史特拉斯堡（Strasbourg）在歐洲議會、歐洲經濟暨社會委員會（Economic and SocialCommittee）與歐洲區域委員會（Committee of the Regions）的席位。

然而，至少在前面兩點就會需要更動條約。

更驚人的是，二〇一四年一月，將近有一百位保守黨國會議員寫信給卡麥隆，要求英國國會能夠否決歐盟的規範。這無異於要求英國得離開歐盟，除非後者可以改革到面目全非的地步。畢竟，正如聯盟目前所組成的方式，歐盟成員國就是要全面接受歐盟的法律權力。因此就針對試圖讓英國續留歐盟的新協商政策來說，卡麥隆可謂腹背受敵。

為了強調對英國和其他國家來說，要讓歐盟達到根本的改革有多難，二〇一三年十月，歐盟執委會主席巴洛索（Jose Manuel Barroso）表示，卡麥隆想把歐盟權限回歸英國的目標「太過神學，不切實際」且「註定失敗」。他還說，歐盟的改革唯有透過檢討「歐盟既有法規」才能達成，就是說，檢討歐盟在發展過程中所取得的法規成就，一般認為包含十五萬頁以上、而且還得視個案情況而定。你可以想像那會是多麼曲折的過程，不同國家肯定對每一點都爭論不休。

儘管民意可能會轉向反對更緊密的歐洲整合，但卻不可能會對歐洲的政策制定菁英產生任何影響。他們一直都坐在這項計畫的駕駛座，而且過去從來不曾對民意表現太多的順從。

至於認為對共同敵人——俄羅斯的恐懼，將會統一歐洲這樣的觀念，就有可能走到更緊密整合的方向，而非改革。這會確保至少歐盟中有一個關鍵成員國，也就是英國，將會離開。

歐盟的幾個最大缺陷和弱點，都落在外交政策或國防領域。或許這是因為北大西洋公約組織為歐洲提供了有效的防護傘（請看第九章對北約組織的討論）。同時值得注意的是，過去俄羅斯一直很擅長與個別歐盟成員建立雙邊協定與關係，它再次追求這個過程將會非常有趣。但面對俄羅斯的賄賂與威脅（例如：過度的能源供應），歐盟成員國還不確定能否築起統一的防線。在二〇一四年俄羅斯奪取克里米亞之後，看來他們幾乎只能勉強應付。

蘇聯的例子

克里米亞議題所牽動的緊張情勢，與歐盟的有沒有可能改革，從另一個角度來看，是相關的；因為挑動了與俄羅斯，或者更精確地說是與蘇維埃改革兩者之間的比較。我們大家都知道蘇聯解體了，但如果蘇聯曾進行激進的改革，那這個結果是否可以避免呢？

戈巴契夫總書記有透過他的開放與重整政策試過了。只是他失敗了，而且有很好的理由。

首先，是一個疆界的問題。蘇聯從疆界上來看，是舊沙皇帝國的接續。如果某種形式上的自由或自決是被承認的，那麼長期遭到壓抑的國族主義情緒就會高張，而確保蘇聯的疆界縮回到真正的俄羅斯，殖民地被排除在外。當前有關歐盟的辯論中，也有一個元素與此有關。可能英國或其他一、兩個不遵守規章的成員當然會離開，歐盟重要的核心留下不變。

若談到關於政治文化或政治生活的元素，而不是疆界，那歐盟能否存活於一種「蘇維埃」的方式，有別於俄羅斯的，逐漸成為西方自由民主體制？從許多方面來看，這些「蘇維埃元素」是還在的，特別是前國家安全委員會（KGB）的持續角色扮演與影響，國家踰越法律的行為，以及普丁總統幾近獨裁的權力與行事風格。這幾乎無法為歐盟提供一個具吸引力的模範，從某個角度來看，改革後的俄羅斯，要比舊的共產俄羅斯還糟。若現在的俄羅斯政府想要取代疲軟而萎縮的共產主義體系，那它的主流價值與目標非常簡單，就是「普丁式」的公共福利導向。

簡單的說，蘇聯並不是、也無法被改革成為一個自由民主的國家。我懷疑，歐盟也一樣無法承受劇烈的改革，而變成橫跨整個歐洲的一股正面力量，並為所有公民接受，視為角色認同中的重要部份，而不是一種負擔和不得不的勉強容忍。

劇烈改革需要不可抗拒的壓力

所以，雖然大家想像歐盟有可能願意接受自身的根本改革，但結果必定會遭遇到重大困難。歷史告訴我們，歐盟需要重新改造，改變到與它的本質不同、從未曾是、或從不曾預料的一種樣貌。特別是，一個再度國家化的歐洲，對歐洲的菁英而言，將代表著一個重要的認錯行為，要他們心甘情願地接受是不太可能的。比較可能的是因為壓力而有一些作法，壓力或許來自跨歐盟的大量移民，或許是從歐元區走向一個全面財政與政治的聯盟，或許是歐元崩解，或許是某個國家決定離開歐盟。

VIII 迫使歐盟根本改革的四個可能

你無法創造一個聯邦來拯救一種貨幣。貨幣必須為政治架構服務，而不是顛倒過來。

—法蘭索瓦•埃斯堡（Francois Heisbourg）教授，二〇一三年

在上一章中，我的立論是針對歐盟的改革有來自各方的壓力，其中也有一些主要的障礙擋在尋求解決的路途上。某些關鍵問題在改革計畫之中的重要性被逐漸升高，而且，不管朝那個方向進行，都影響巨大，有可能把歐盟從根本改變，不管是迫使歐盟選擇劇烈改革，或是因為這些關鍵問題扮演了歐盟解體的催化劑角色。

我從所有問題中最引起爭議的問題之一開始，就是跨歐盟的勞動力自由遷徙，然後再談到在歐元區當中驅動財政與貨幣聯盟的力量、歐元崩解的可能性，以及蘇格蘭公投對歐盟的意涵。再來，我會討論英國脫歐對於其他歐盟成員的影響。

勞動力的自由遷徙

雖然，英國與歐盟之間，光是針對有關英國完整的會員資格

方面，就有很糟糕的關係，但在不同時期，公眾各有他們最為關心的議題。毫無疑問的，過去幾年以來，最常成為關心焦點的，就是從其他歐盟成員國來到英國的移民規模。更重要的是，對這個問題的關心背後，似乎是對英國獨立黨支持度的增加，而給了卡麥隆領導之下的保守黨巨大的政治壓力。

大部份的英國獨立黨支持者，希望是要有一個被允許進入英國的歐盟公民數字上的限制。在他二〇一五年五月勝選之後，卡麥隆在巨大的壓力之下應該會要求這一點。但是，就像我在第十一章中所討論的，他沒有如此要求。而且他也沒有獲得任何類似的結果。

然而，勞工的自由遷徙，在任何的一般民主國家中，都被認為是一種權利。根據這個說法，它被列入《羅馬條約》中成為「四大自由」之一，是並不意外的；其他是貨物、服務與資金的自由移動。再進一步說，這在經濟學上是清楚可被合理化的。

經濟的原則

經濟學上對於勞動力自由遷徙的合理化，來自於資源分配的基本理論。如果人民可以在歐盟之內任何地方找到他們能做的工作，那產出與福利就會極大化，到頭來，這會變成是在歐盟的任何單一國家中所發生的情況。於是，英國人也許希望在柏林生活與工作，德國人也許希望在巴黎生活與工作，而法國人也許希望在倫敦生活與工作。

當這種遷徙是被允許，也實際發生的話，雇主可以從更深的勞動力水塘中挑選，而勞工也可在更廣泛多元的工作與條件中選擇。結果是更好的生意，與更快樂的人民。

然而，這卻不是事情真正的發展。相反的，卻是有種「一群」國家的大量人民，在其他一個或多個國家安頓下來的傾向。舉例來說，在過去十年以來，英國從以前的東歐國家，特別是波蘭，接受了近一百萬的移民，但幾乎從不曾有英國公民選擇搬遷到波蘭。由此類推，個別的國家像英國，已失去了對邊境的控制，而且他們的人口規模受控於這些移入人民。

但不管怎樣，你可以爭辯說大量移民進入像英國這樣的國家，是有利的。有好幾個研究都有類似的看法。可確定的是，更大數量的勞工，會推升英國的國內生產毛額；勞動力的增長，是英國近年來相對良好經濟表現的主要原因之一。

但如果一個國家的人均國內生產毛額並不受影響時，為何國內生產毛額的絕對規模是值得關注的呢？事實上，因為這與英國的國家地位，有一個重要的軸承關係：它到底該留在或者離開歐盟，也就是說，它的權力和影響力延伸的程度。如其他條件均等，越多的勞工在英國工作，國內生產毛額值就會越高，而在國際談判上的份量也就會越重。在第十章討論英國如果離開歐盟時，它的地位將如何？我會提及起此一觀點的相關性。

一段長久的移民歷史

更進一步來談，移民是一個形塑國家發展超過幾百年（如果不是幾千年的話）的指標因素。遠在現代之前，英國是塞爾特、羅馬、盎格魯薩克遜、維京與諾曼人（他們本身經歷兩次移民，是侵略法國北邊的古代斯堪地那維亞人的後裔）的混合體。

十七世紀，許多的休京諾教派（Huguenots）人士為逃避在歐洲大陸的宗教迫害，來到英國。在克倫威爾重新允許猶太人到英國後（他們在一二九〇年被愛德華一世逐出），有許多猶太移民流入。在十九世紀末二十世紀初的俄羅斯與波蘭，上千的人為逃離大屠殺成了一股巨流。當然在一九三〇年代有另一次的猶太人從中歐移入，為的是逃離希特勒的兇殘暴虐統治。

同時，成千上萬的的愛爾蘭人，在一九二二年愛爾蘭獨立之後來到英國。在一九六〇年代，大量的移民從加勒比海開始，跟著立刻就是來自於新國協的其他移民，特別是印度和巴基斯坦，但也有來自非洲與中東的。英國也接受了來自香港、澳洲、南非與拉丁美洲為數不少的移民。在最近，有一股來自前蘇聯集團的移民潮。有趣的是，這並沒有限制來自歐盟國家的人民；有相當多的俄國人，也在英國定居了。

很諷刺的，橫越歐洲普遍對於移民憎恨的升高，大都環繞在反對來自非歐盟會員國的更多穆斯林移民，而不是針對來自於歐盟其他國家的移民。必須要承認，有些來自歐盟其他國家的移民，也可能是伊斯蘭教的信徒。但絕大部份跨歐盟的移民，都是基督徒，或者，更正確地說，都是名義上的基督徒但實際上完全無宗教信仰的。無論如何，在公眾心目中，這兩個問題會融合在一起，而成為普遍性的反對移民意見。

不過，有件事似乎真正把人們「跨歐洲」的結合在一起了。就是對移民的焦慮，絕對不是單一的或特別的英國現象。最近以來在法國、瑞典、荷蘭與德國，都有反穆斯林的抗議行動。

公眾關切的根源

公眾對移民的關切有四個要素：第一完全是數字的問題。簡單的說，在英國很多人認為，這個國家已經「裝滿」了。不管他們對不對，毫無疑問的，英國人口在近幾年大幅擴張，而且在有關通勤、住房和使用公共設施方面，發生「擁擠」的問題。

在通勤方面是具有指標性的。通勤經濟學有一個眾所週知的議題：一位額外用路人加諸於現有用路人的成本——造成了額外的擁塞，並不會為額外的用路人感受到。這就是經濟學家所說的外部效應，它合理化了限制道路使用或收取費用的企圖。

這裡有一個類似的觀點可用到移民的案例之上，而且並不是與通勤有關。英國以更廣泛的觀點來說，是擁塞的。現有居民的損失，超越被允許在英國安家落戶移民的獲益是非常可能的。

所以，這碰觸到了更廣泛的問題。假設移民的獲益，超過了現住民的損失，那表示這些移民是應該被允許的嗎？更不需要談到包括遵守國際法律，並以正直與合乎人道的行為對待國土之外的其他人，促進現有公民的福祉等等。這與促進全民福祉的極大化並不相同，即或是對確實或希望住在英國的次團體也並不相同。因為這些人並不是國家政治人物所必須負責的選民。

第二個要素是有關身分的問題。在許多的歐洲國家當中，原來的居民感覺到他們的文化與傳統，會受到來自不同國家人民的威脅。很諷刺的是，就像前面談到的，這種問題對於來自歐盟以外的移民最為嚴重。但是至少在理論上是像英國這樣的國家，是有能力控制這一點的；然而，他們對於來自歐盟的移民，卻沒有這種權力。

第三個要素，是關於公共福利的成本。就是說，移民、甚至臨時造訪的人士，享有福利國家的福利的權力，包括免費的健康照護、在職與離職的福利、幼童福利等等；即使他們沒有在他們的新國家居住和繳稅的歷史。這使得許多英國公民感覺他們是個「容易被說服的人」，而且他們必須把更多辛苦賺來的錢，分給不應得的人。

被偷走的工作？

第四個，也許是最重大的要素——關於工作。大家普遍相信的是，移民把現有居民的工作機會拿走了。從短期來看，這也許是對的。但對於任何長到經濟能夠調整的時段，這就並不正確。這種信念與「工作總量的謬論」（Lump of labor fallacy）相對應，那就是說，只有固定數量的工作可被提供，但事實並非如此。工作的數量，完全是具有彈性的，而且可以擴張以配合有工作能力與意願的潛在工人的需要。

這個觀點的另一爭論，是大量移民的必需性，認為移民所做的工作是原有居民不願意做的，這是荒謬的。如果沒有移民，那這些勞動所賺取的實際工資將會升高，而且會導致調整：有些本地工人會受到激勵而願意做這些工作，因此有些增加就業的勞動必定會減少，因為它們現在會變得「太昂貴」了，譬如說，「設計師」級的客製咖啡與三明治。

值得強調的是，這裡有一個已被決定的「階級問題」。如果大量移民進入英國，降低了無技術和低所得人們的實際所得是明確的——而且有許多證據證明的話，這會為許多雇用建築工人、司機、管家、廚師，以及保母的中產階級家庭，帶來實質的利益。據此，憤世忌俗的人可能會說，許多「慷慨與開放」的富有自由左派人士，只不過是稍作偽裝之下的自我得利者。

從自由遷徙到大量移民

移民問題是歐盟自成立以來犯錯的另一個例子。這個問題在一九五七年歐洲經濟共同體成立後，幾乎不曾被提出過，主要並不只是因為（就像我在第二章中指出的）會員國的人均國內生產毛額大約在相同的水準，所以也擁有大約相同的所得與生活水準。

但是近年來因為納入了一些新的國家，它們的人均國內生產毛額，要比原有會員的平均水準低得多。於是提供了一個經濟上的激勵，讓大量新會員國人民，向原會員國移動。

同時，大部份原來歐盟會員國的經濟緊縮狀況，增加了居民的怨恨。的確，在歐元區當中，一般調整勞動力過剩的方法——透過貨幣與財政政策的手段，是無法採行的，於是移民進入一個國家，的確提高了失業率。不過，這一點在英國並不適用，因為總體經濟政策對於鼓勵完全接收可工作的勞動力，是採取自由放任的態度。所以，在過去幾年當中，至少在達成這個目標上，是成功的。

可能的解決辦法

不管移民對於接收國有何利益，毫無疑問地，這在英國是一個爆炸性的政治問題。對不受控制的移民的影響的關注，使得英國更有可能選擇在即將舉行的全民投票中離開歐盟。

這個問題該如何處理？就像在前一章討論的，歐盟也許可能同意向移民施加一些限制；必須在某個時段期滿之前、或者某些條件被滿足之後，才有向新國家申請福利的資格。這正是卡麥隆一直強調的，如果成功的話，這可能有助於平息大眾的關注。

更進一步說，單方面緊縮某些福利資格的規範，而且適用於所有居民、包括現有居民以及新移民的話，也會阻止一些移民的到來。現在的英國政府已經開始在收緊福利的資格，而如果保守黨再次當選，緊縮政策在未來幾年確定力道會更為增強。

但是，所有這些都沒有直指要害。它並沒有針對其他三個我說過的問題：數量、文化和勞動市場的競爭，作根本處理。

或許對來自新歐盟會員國可以進入原歐盟會員國、或至少是其中的一些會員國的移民，採用暫時性的數量限制，就有可能減低對於這個問題的關心程度。雖然到頭來，保加利亞與羅馬尼亞加入歐盟時已經有做到了。來自現有歐盟會員國的移民，是一個嚴重的問題，而對新歐盟成員施加臨時性的限制，對減緩大眾焦慮幫助不大。

同時，用激烈手段處理這個問題的方式，像是透過對來自其他歐盟國家被允許進入另外一個國家（像是英國）的移民總數施加限制的方式，大概是無效的。因為規範勞動力的自由遷徙，已包括在《羅馬條約》之內，當時是共同體，後來被叫做歐盟，被要求成應該表現得像一個國家。

財政與政治聯盟

還有一個可以迫使歐盟轉變的因素，就是歐元的困境。

我在第四章曾討論，歐元的存活，需要它的成員走向財政與政治聯盟。這對於歐盟的形塑，具有重大的影響。以現況來看，如將使用歐元與不使用歐元的國家分開，歐盟的二十八個成員國中，有十九個將會在一個完整的貨幣財政與政治聯盟中，另外九個將不在其中，包括英國、瑞典與丹麥。當然，在外面的國家可能會隨後一個接著一個或是聯手，加入歐元區。在那種情況之下，管理具有兩種不同類型會員資格的歐盟，所面對的問題，就只不過是一個轉換的層次。

但這樣的結果看起來並不太可能。最起碼，英國確定會在可預見的未來，還是停留在單一貨幣區之外。其他的在外國家，應該也會保持在外。在這種情況下，歐盟應該會演化成為一個雙級（two-tier）會員的制度。從某種程度來說，這其實已經發生了，有些國家在歐元區之外，而又有一些在其他的安排之外。但不管如何，當歐元被限縮只隸屬於一個貨幣聯盟之中的話，分割的明顯影響是有限的。還有關於地位的問題，非歐元成員國看起來好像是第二等地位，或最多是個俱樂部的「國家會員」。更重要的是，除非有一些特殊的安排，歐元區會員國訂立的法律與規章適用於整個歐盟，而周邊會員國不能阻止，甚至影響它們，這個情況會是可能的。

這些做法演化成為一種滿足在英國以及其他地區的歐元懷疑論的方案，也是有可能的。照理說，對那些在聯盟之外的國家而言，若在歐元區內部所發生的事，它們也能得到永不反悔的保障，以對抗歐盟核心對邊陲地區所強加的意志的話；或又假如，它們能協商到在歐盟的權利和權限都回歸本國的話。它們與歐元區的連結會比自由貿易組織更為緊密，而且又沒有任何政治包袱。即便如此，除非被協商好是從單一市場中被排除的，「外部會員」仍應要遵守歐盟的規章；這我將在下一章中討論。

歐元區可以有效地成為更為整合的聯盟，以滿足創建元老的夢；而非歐元國家可以有效的、雖然並不是很明確地，脫離它，但卻維持最想要的貿易上的連結。從此一特殊觀點來看，這種安排似乎是相當吸引人的，而且也並不是那麼的難以令人置信。

但是由於歐盟的管理不善以及經濟表現不佳，若要作為一種解決問題的構想，會有三大困難：首先，雖然外圍的國家會得到它們所要的，但大部份的歐盟會員國，卻仍繼續陷在目前的歐盟中，只能擁有全面財政與政治聯盟之內的所有額外壞處。我在第二與第三章中分析造成管理不善的因素仍然存在，並會被日益緊密的聯盟放大。歐洲疲弱的經濟表現會持續，而且會使「民主缺陷」擴大，就更加不民主了。

第二點，歐盟的領導者會贊成這種結果發生的可能性，是高度令人懷疑的；並不只是因為擔心其他國家會喜歡外圍國家「半分離」的狀況，之後造成整個結構分解。更進一步說，他們一定會擔心由英國領導的外圍國家會實施我在第三章提到過的，某種形式的經濟與稅務競爭機制，而且開始會表現優越。

第三點，平淡無奇，但也許是更重要的。如此的發展將會有效的撕碎目前歐盟的法律基礎。假如不是極端不可能發生的話，接著就會需要協商一系列的新條約；而那將是個噩夢。

歐元區瓦解的政治結果

讓我們現在來想像一個相反場景的歐盟，也就是歐元的瓦解。歐洲的領導人最近曾說，如果歐元失敗，那歐洲就失敗了。從經濟學的邏輯來說，這是胡說八道。歐元計畫從來就不是歐洲貿易與進步成長所必須。總而言之，幾個歐盟會員，包括英國在內，都還沒有使用歐元。同時，有許多在東歐的國家持續成長得很快，也並沒有使用歐元。

而亞洲小龍仍成功的秘訣是什麼？當然不是採用單一貨幣或是追求和諧的。就像我在第十章所思考的，對於一個亞洲的貨幣聯盟曾經作過一些討論，也從不曾脫離過現實。同時，這些國家一直關注的，都是經濟成長的真正資源，而不是官僚式的白日夢。就像我們大家都知道的，它們一直都表現極佳——不像它們的歐洲對口國，被原本應該是有好處的單一貨幣關入牢籠。

邏輯上說，歐元解體應該對歐盟沒有影響，只不過會把情況帶回原點，而且完全是可以存活的。到頭來，共同貨幣並不是操作一個自由貿易區或甚至一個單一市場所必須的。

不過，這只是「邏輯」。很清楚，政治包含了許多其他的事物——而且有時候是一種除了邏輯以外的所有事物。如果歐元失敗了，勢必就要面對「歐洲整合者」所導致的一種爆發，而歐元就可能無法存活。持懷疑論者會被證明是正確的，而大眾對歐盟菁英的憤怒，也會被注入。

更進而說，在歐元解體的過程中，國家之間的憎惡會被掮起，是非常確定的：周邊國家會指控核心國家執行撙節政策，又不願分攤調度的負擔；核心國家則會指控周邊國家借貸太多，但可能不對核心國家償還債務。德國指控法國向周邊國家傾斜，而且對紓困計畫的背書方面又很失敗；法國則會指控德國太像德國。

類似這樣的事情，似乎是歐洲當權派的觀點。在二〇一〇年五月十九日對德國聯邦下議院演講時，梅克爾說：「這是一個生存的問題，歐元在危急當中。如果歐元失敗，那整個歐洲就都失敗了。如果我們成功，歐洲就會更強大。」

在二〇一三年，歐元為歐盟而存活的能見度，得到了一位在法國機構高度受到尊敬的成員，國際策略研究院的主席法蘭索瓦•埃斯堡（Francois Heisbourg）教授的支持。但是他提出了與梅克爾完全相反的論調。在他的著作《歐洲夢的末日》（La fin du reve europeen）中說：「夢想為夢魘鋪路。我們必須面對現實，歐盟自己正在為歐元所威脅。目前拯救歐元的努力，會更進一步危害歐盟。」他建議，歐洲的領導人應調整他們的優先順序；也說法國與德國應該一起秘密規劃歐元的解體，並執行它；然後貨幣在一個周末當中就回到各自國家，然後就能拯救歐盟。當然只是單純的結束歐元，並不就會導致根本的改革；就像我在第六章討論的，並不足以結束歐洲的經濟表現低落。更進一步說，克服歐元解體所導致的不佳感覺，也許不是可能的。

前歐洲重建與發展銀行總裁雅克•阿塔里（Jacques Attali），在二〇一三年末聲稱，德國在歐洲所執行的矛盾政策，把法國推入了可與一九三三年國家社會主義接手時的德國相比較的狀況。這或許是也或許不是一種誇大，曾經競選法國總統的讓•皮耶•捨韋內芒（Jean-Pierre Chevenement），將法國目前的狀態，與金本位制度廢棄以前的一九三四和一九三五年比較。他說，除非德國改變，否則南歐的國家將必須退出歐元區，以防止它們的工業會無可避免的被掏空。

從一個不同的註解來看，雖然隨著歐元解體而來的混亂結果，是不可能確知的，但像我在第四章中建議的，我懷疑要完全回到各國貨幣是不太可能的（而且不被期望的）。德國可能一定會與荷蘭、奧地利與芬蘭建立一個成功的貨幣聯盟，而且會發現這是令人感到愉快的。丹麥與瑞典加入這個聯盟，並非不可能；甚至，假如讓獨立國家保持地位的野心與條件都成立的話，挪威與瑞士也會加入。

由法國來領導一個拉丁貨幣聯盟也是可能的，成員包括它自己、西班牙、義大利以及葡萄牙。希臘也許會加入這個集團，雖然它應會循著自己的路線，我在第十章中會再對此多作說明。

蘇格蘭公投的教訓

不管歐元有沒有解體，蘇格蘭在二〇一四年九月公投的後續發展，也可以導致劇烈改革。爭論點是，在公投之前和之後，如果英國經過投票方式離開歐盟，那蘇格蘭是否仍屬於英國的一部份所引發的利益問題。此外，自從公投提供了新歐盟的架構後，有關英國新憲法的安排，似乎也變成了一個爭論。

蘇格蘭選民比其餘「大不列顛王國」子民們要更傾向於歐

盟，因為他們把歐盟看做平衡西敏寺政權的槓桿。如果英國投票決定離開歐盟，在蘇格蘭舉辦另一次公投的壓力，是非常可能無法拒絕的。如果他們必須選擇的話，大多數蘇格蘭人會喜歡歐盟勝於「大不列顛王國」。

但這樣的一種嚴苛選擇，應該是不太可能的。在二〇一四年公投活動中，歐盟顯然無意給蘇格蘭人加入歐盟的保證，如果它離開了英國，也就離開了歐盟；蘇格蘭就必須與其他可能的新會員一起排隊，而且沒有一定被接受的保證。至少，蘇格蘭將面臨一個不舒服的時期；因為他發現自己是一個人，也絕無法確定能否很快找到一個家或一把保護傘。

更進一步說，歐盟也不太可能講大話，因為它正面對著另外兩位領先的候選人要繼承歐盟的席位：西班牙的加泰隆尼亞（Catalonia），和義大利的威尼托（Veneto）。在最壞的狀況之下，這兩個國家很可能會堅持歐盟讓蘇格蘭不好過，以為了嚇阻它們自己的分離主義。如果另外一次公投舉辦了，光這一件事，就足以阻撓蘇格蘭投票離開英國。

聯邦主義的抬頭

在公民投票中，產生了一種更根本、而且潛在更正面的情況。有關投票辯論當中，所有的西敏寺相關政黨承諾，如果他們投票留在「大不列顛王國」，蘇格蘭將享有高度的自治。有關的步驟已經被採行，以確保這個承諾有效。然而，這卻是對於大不列顛王國的憲法涵義捅了馬蜂窩。在英格蘭現況之下，對於蘇格蘭人能夠決定他們自己的事務，而且他們的國會議員也能夠對影響英格蘭的事務投票，可是充滿了憎恨的。

這看起來好像事情到頭來將會是兩個可能選擇的二選一：蘇格蘭國會議員禁止在下議院就純屬於英格蘭的事務投票；或建立一個分離式的英格蘭國會，或甚至是幾個區域性的國會，而其中西敏寺的國會只負責會影響大不列顛王國整體的事務，譬如說國防、外交與環境。

現在想知道這個問題會怎麼發展，還遠遠太早，但第二種可能性提供了一個歐盟應該要如何變遷的框架；也就是說，允許各區域選民的高度自治，而讓聯邦層級的機構，專注於真正適用該層級的事務。

這原是「輔助性原則」（The principle of subsidiarity）應該要保障的，但是，就像我在第三章所點出的，這與歐盟現在的信念完全背道而馳；它都是在談走向中央控制與和諧一致。當歐盟的領袖談到任何與輔助性原則相關的事務時，實務上歐盟所走的路線是根本與此相反的。

雖然我們可以假設，歐盟真的把自己改造成一個聯邦政府，並為「大不列顛王國」提出可能的解決方案。只是在這種情形下，現有的歐盟會員國仍可保持任何發揮作用的角色嗎？

單一民族國家的結束？

就拿大不列顛王國的情況作例子，蘇格蘭、威爾斯與北愛爾蘭，已經擁有自己的行政部門。現在假設英格蘭要被分成一連串擁有自己行政部門的地區，那倫敦肯定會是其中一個。還有，假設國防、外交事務與環境都被轉移到歐盟的層級。那麼到底有什麼會留下，作為英國國會與英國政府的能力範圍呢？所以，並不難想像，它會徹底瓦解。

類似的情況也可能會發生在其他國家：義大利地區正逐漸分離，國家也再次逐漸像是圖 5.1 所示的小區域拼湊；德國地區也逐漸分離，也許是沿著類似存在於一八七〇年德國統一之前的分際線；西班牙的加泰隆尼亞、安達魯西亞、加利西亞，及巴斯克自治區等地區，正和卡斯提亞分離；比利時則分成說法蘭德斯語（Flemish）的北方與說法語的南方，正如先前所提過的。

乍看之下，法國可能看起來比較可能會抗拒解體，因為它已經是個統一長達幾百年之久的國家。但是在科西嘉島、布列塔尼與法屬巴斯克仍然有分離主義者的運動。看到諾曼第是歐洲保護傘下一個獨立的迷你國家，可能不會太過幻想。另外，東南方的阿爾卑斯山地區則可能會和義大利西北部統一，重新開始原本存在於薩伏伊公國（Duchy of Savoy）統治之下的古代聯盟。

而且，或許還甚至會有歐洲城邦的再度出現。我已經提過倫敦會是個可能的候選人，但是還有其他地區也很可能：柏林、慕尼黑、巴黎、馬德里、羅馬、米蘭、威尼斯及其他許多城市。

聽起來會像是噩夢，或是成真的美夢，我認為，這會取決於極大的認同問題。對那些覺得完全是歐洲人的人來說，這聽起來可能會像個有吸引力的期望；而對許多感覺要效忠某個區域，而不是一個國家的人來說，就如許多義大利的情況，也可能顯得很誘人。當然，對所有相信單一民族國家、或如同英國的情況，他們自己的四個民族國家，這樣的人來說，將會令人深惡痛絕。

儘管，不論你喜不喜歡，這卻不是個荒謬的願景。區域和城市可以以自治實體的身分，在包羅萬象、共同的歐洲保護傘下繁榮的期望，對應了許多歐洲領袖的願景，如同第一章所討論的。它所意味的是對過去幾百年歐洲歷史的背離，更何況是德國和義大利這些新的「民族」國家，是在十九世紀中葉之後才剛成形的。

一個已經過時的主意？

事實上，許多東歐的國家，包括好幾個已經加入歐盟的，以及少數幾個還在排隊等待加入的國家，都擁有像獨立民族國家一樣更短的歷史。對某些國家來說，它們的遺產就像俄羅斯帝國的一部份。對其他國家來說，它則是使用多重語言的奧匈帝國的一部份。當然，對奧地利和匈牙利自己本身，也是這樣的。

因此，一個沒有單一民族國家的歐洲，並非完全不可能。然而，我卻感覺到時機已經過去了，正如對任何形式的聯邦主義的政治支持，也已經凋零了。而且這樣根本的改革，當然會包含對所有歐洲協議與所有歐洲條約的徹底修正，這畢竟是會員國之間的協議。但就目前的情況來看，似乎是不可能的。

此外，就他們日常生活上的層次，歐洲人必須面對歐盟經濟失敗的現實。所以，這幾乎不是往「更加歐洲」、甚至往解散單一民族國家的地步前進的時候，兩者都既古代又現代。事實上，儘管歐盟的偉大產物，也就是歐元，有瀕臨解體的危險，但歐盟本身還是在力求生存。

英國離開對歐盟的影響

在上一章與本章稍早之處，我曾經碰觸過英國可能退出歐盟的議題。在下一章中，我會檢視這樣的離開對英國的好處與壞處。但還有另一個相關的議題需要在這裡被討論，意即如果某個單一強大會員國退出的話，歐盟會受到怎樣的影響。這會促進或是妨礙作為改革的力量呢？它可能會加速歐盟的解體嗎？任何國家都可以決定離開歐盟，但是為何要拐彎抹角、閃爍其詞？英國是最有可能這麼做的國家。因此，在接下來的篇幅中，英國就是我會舉的例子。儘管如此，大多數的分析都可以應用到其他可能也會考慮離開的國家。在第九章中，雖然我會專注在英國退出可能會發生的狀況，但我還是會稍稍思考荷蘭的情況。

退出歐盟產生的嚴重後果，可能會是很可觀的。英國脫歐，將代表歐盟損失大約經濟規模的百分之十五，將近其人口的百分之十二點五，以及其出口的百分之二十（不包含在歐盟內的貿易）。此外，至少，在之後的歐盟內部，將必須有廣泛的協商，對於變更制度、配額、預算以及投票程序。

而在歐盟理事會內部，也會需要進行調整，以便反應英國二十九張選票的消失；而同樣的在歐洲議會內部，英國的七十三個席次也將會消失，或是重新分配。同樣的議題也會出現：關於英國在歐盟執行委員上的資格喪失，英國法官離開歐洲法院，以及關於英國人就業的配額，或英國在各種歐盟政體的代表。這所有的改變或許都可能輕易達成，但卻比較可能會導致爭吵，還可能會輕易引發對制度進行根本改革的呼籲。

英國脫歐，也會影響留下來的歐盟政治平衡與傾向。有些人害怕歐盟其中一個最自由的成員、以及一個最強大的市場支持者的退出，會把歐盟推向更大的規範與貿易保護主義方向。這是在這些議題上認同英國的國家中，也就是丹麥、瑞典和荷蘭，他們的商人和政治家最害怕的。

瑞典最大報紙《瑞典晚報》（Aftonbladet）明確表示，英國的退出會「對英國、歐洲和瑞典不利」。

就另一方面來看，有些觀察者認為既然英國是歐盟最尷尬的成員，它的離開將會讓歐盟更容易管理，也更容易推進更緊密的整合。但請注意，英國不加入歐元的決定，顯然並沒有讓該貨幣的管理更為成功。

同時還會有的風險是，英國脫歐可能會讓歐盟其餘成員的協調一致性變得更難，尤其是如果英國在歐盟之外顯然已經獲利極多、也表現得很好，而其餘的歐盟會員國，現在沒了英國的影響，將會朝向更多規範、整合或貿易保護主義的方向前進。發生這樣情況的機會，將變得更大，英國脫歐所引發的金融與政治議題，就像前面討論的那樣，導致其餘留下成員之間的激烈紛爭。

大老級的歐洲政治家，顯然有想到這點。瑞典外交大臣比爾特（Carl Bildt）曾說過：「彈性聽起來很好，但如果你開放到二十八段變速的歐洲，到最後就根本不會有歐洲。只是一團亂而已。」。這也似乎是另一位外交部長的看法，德國的威斯特威勒（Guido Westerwelle）：「德國希望英國保持作為歐盟積極而又具建設性的一部份……但摘櫻桃（譯注：只挑自己要的）並不是個選項。歐洲並不是各國利益的加總，而是一個患難時期的命運共同體。」

既然都已經有一段時間是歐盟的半脫離成員了，而英國還設法透過離開歐盟來促使它的解散，就會顯得格外諷刺。

雞蛋裡挑骨頭？

因此我早就主張過，儘管對於移民以及（或是）三大貌似合理事件（針對歐元區的財政與政治聯盟、歐元的解散及英國脫歐）其中任何一件的大眾關注，都可能會引發讓歐盟得以繼續的根本改革，但實際上，這其中任何一個事件，都比較可能會引發歐盟的解散。

但反正就紙上作業來說，一個經過適度改革的歐盟（削減大小、權限復歸、透過民主機制適度控制）；以及針對現有歐盟會員國從一張沒有聯盟的白紙開始出現的歐洲合作協議，兩者之間可能只會有很薄的一線之隔。就第一種情況來看，可能還是會有一種叫做歐盟的實體，但是它看起來及表現上會像個徹底不同的制度。而就第二種情況來說，將不會有一種叫做歐盟的機構，而是會有某種形式的合作與整合，這是歐盟已經認同或渴望的。

而就分析上來說，假如我們最後還是回到同樣的位置，這兩者當中無論哪一種方式發生，都將不會有所差異。天真的觀察家就可以說：基本上，他並不在乎改革與解散的目標。

儘管，還是會有一些實質上的差異。就負面來看，解散會有一些嚴重的風險：比如說，貿易議題上的完全合作，將不會即刻到來，或者不可能針對歐洲整合建立適當的制度，像是環境或安全的議題上。

同樣的，因為歐盟固有的本質，和歐盟菁英的自我利益與意識形態，以致在根本改革上獲得同意，將會變得極為困難。一張乾淨的紙，才會有比較強大的吸引力。

在我看來，這證明了就像英國那樣希望看到經過根本改革的歐盟的會員國，應該要從試著堅定這種改革行動開始，但如果它們失敗了，也不用太訝異。在這樣的情況下，「脫歐」將會招手。對於任何在歐盟各地迫切要求改革的企圖，也是如此。

IX 「脫歐」的成本與效益

對歐盟來說，英國的退出會是沈重的打擊。但是對英國人來說，這將會是真正的災難。

—約施卡•菲舍爾（Joschka Fischer），德國前外交部長

對於英國加入歐盟帶來的經濟影響，亦即相應的英國退出歐盟的成本與效益，目前並沒有一個明確的研究。要用單一數據確定總體影響，甚至演示出無可辯駁的淨影響是正是負，是一件相當困難的工作。

—丹尼爾•哈拉理（Daniel Harari）及加文•湯普森（Gavin Thompson），〈歐盟會員資格對英國的經濟影響〉（The Economic Impact of EUMembership on the UK），二〇一三年

到目前為止，我的分析一直把重點放在三大廣泛的情境：歐盟就像目前一樣航行；繼續進行但站在比較經過改革的基礎上；或是歐盟解散。然而還有第四個情境，在上一章中曾提到過，但還要經過仔細考量：歐盟繼續運作、但是有某個國家決定要離開。這樣的一個國家，應該如何衡量離開的好壞呢？

我會先從考量一個國家怎樣才能離開開始，因為這會影響可能的結果。除了比較逼真，也是基於比較簡單的緣故，我會假設是英國，儘管類似的考量也會對其他國家有效。接著，我會討論幾個關鍵議題，關係到離開是否會讓英國成為純粹得利者：歐盟的會員費、共同農業政策、貿易關係、英國會面對的各種選項、

單一市場、汽車製造商的立場、外商對英國運作可能會有的反應、倫敦金融城的利益、以及對工作可能帶來的影響。最後，我會以整體的評估作結。

一個國家要如何離開歐盟

一個會員國的離開歐盟，經常被認為是沒有前例，也難以想像的。事實上，阿爾及利亞在一九六二年、格陵蘭在一九八九年退出。這為其他國家的脫歐設了先例；然而，因為兩個國家都屬於海外的領土，所以它們對於一個完全會員國會如何退出，並沒有提供真正的指引。

的確，在歐洲憲章草案出現以前，並沒有任何歐盟的條約提過一個會員國自願從歐盟或其前身組織退出的概念。而在國際法之下，只要這個國家希望退出，永遠是可能的。這終究成了一九七五年英國所主張的公民投票主題，而且沒有其他任何會員國曾提出異議；所以，現在沒有任何事能阻止英國的單方面退出。這會需要包括國會廢止一九七二年的《歐洲共同體法》以及根據《里斯本條約》第二十條，歐盟必需接受一個國家的退出。雖然退出是合法的，而且代表了對倫敦國會統治權的確認，但實務上事情不會就此結束。即使退出歐盟，英國仍然必須遵守對歐盟所承諾的義務。更重要的是，複雜的經濟、政治與法律關係，表示英國必須要與歐盟協商，並要後續管理脫歐的涉入事項。

英國要怎樣成功地退出，以及要達成此目標需做些什麼，本身就是個大題目。但是我不認為這些事需要花本書讀者太多時間。無須多說，一個合法的退出是可以達成的。現在，應該是去看各種成本與利益的時候，以便了解這樣的一個退出，是否有好的意義。

歐盟會員的會費

歐盟會員資格最基本的花費，當然就是對歐盟預算的貢獻。你或許立刻就會想像，這是個毫無爭議的事情，但事實上，它並不是如此的直截了當。

在二〇一四年，英國政府對歐盟機構的支付款項，達到一百九十億歐元。但是，政府收到對歐盟預算貢獻的退款，還不到五十億歐元，所以淨付款剛剛超過一百四十億歐元。英國公部門也從歐盟收到大約四十五億歐元的各種撥款，使得整體數字正好有一百億歐元的缺口，約佔名義國內生產毛額的百分之零點六。除了這些在公部門之間來去流動的金額以外，英國的私領域也有付出或收到許多的款項。

為了某些目的去察看政府的總成本，是妥當的；有些個案要看的，是政府的淨成本，又有一些其他的個案，必須要去了解英國作為一個整體的總成本與淨成本。關鍵點是，不管你用什麼樣的定義，總數不小（而且有增加的趨勢），而且也不是保證數額的。更進一步說，英國應該會發現，寧願像挪威與瑞士（見以下），即使在歐盟以外，根據事情的真正本質，才有義務對歐盟基金做出一些貢獻。

英國對歐盟預算的貢獻，是英國媒體高度感興趣的題目；典型會被參考的數據是總值，而不是淨值。我不希望貶低對預算貢獻的重要性，但帳目必須在評估任何成本與效益時被認真看待。總而言之，這種數字並不是偉大國家的命運所被仰賴的——也不該是有關歐盟會員資格的重大決定所應根據的。

共同農業政策

一個引起英國媒體矚目的相關議題，是共同農業政策的成本。共同農業政策為歐盟的農人提供補貼，而且以人為的方式讓農產品的價格居高。作為這類產品的淨進口國英國，最終成了一位「淨受害者」；英國消費者為食物所付出的價格，要比英國能夠在世界市場上自由購買食物要高很多。

不過，這兒有必要注意避免雙重計算。只要共同農業政策的支出，是由歐盟的預算來支付，那就已經包括在以上的估算之中。只有共同農業政策造成的異常行為導致任何進一步的經濟損失，才應該被加到歐盟預算的貢獻之上。

這些年來，共同農業政策的成本估算差異很大。而如果至少以對國內生產毛額佔比的方式表達，一般而言數字是隨著時間而下滑的。根據一九九三年經濟合作暨發展組織的估算，對英國的意涵似乎是國內生產毛額的百分之四來自於共同農業政策成本。一個在二〇一二年出版，由「開放歐洲」智庫所做的更近的研究估算，成本大約在國內生產毛額的百分之一點一，而這還包括財政成本。

因資源不當分配的結果，所導致的非財政成本，包括來自於歐盟對國內製造業的補貼，以及對進口農產品所課徵的關稅，總共大約是國內生產毛額的百分之零點五，比英國對歐盟預算的貢獻略少。這表示共同農業政策的成本很高，但還離令人驚訝的程度很遠。若與一九七三年英國加入歐盟之前與之後作立即的比較，當食物價格在爭論中引人注目時，共同農業政策的相對重要性就減退了。

媒體的注意力放在像是預算的貢獻以及共同農業政策成本，這有部份原因是對一般人來說，似乎數目很大，而回報很小；但一部份也因為它們是——或至少看起來是，立即可以量化的。然而，在經濟學上經常發生的狀況是，容易量化的部份，可能都是公式中較不重要的部份。這些元素中有許多不確定性的，以及必須要做判斷的，才是有可能被證明為最重要的。

貿易關係

這些不確定因素中，最為顯著的就是英國與歐盟的貿易關係，而這會連動到雇用與成長的展望。問題有些是一般層面的，也有一些必須分開考慮。首先，我討論一般的貿易問題，包括英國與歐盟許多貿易關係的不同選項。

即使純粹討論與歐盟貿易的問題，也會有很大幅度的誤解。英國外銷至其他歐盟會員國的貨物，剛好超過百分之五十；對整個歐洲而言，超過百分之五十七。有時候，這些數據會被過度解讀。但是除了貨物以外，英國也是一個大的服務輸出國；所以，要考慮的數字應該要包括貨物與服務。如果將貨物與服務一起看，英國的外銷超過國內生產毛額的百分之三十。在那之中大約百分之四十五是對歐盟的外銷或約相當於國內生產毛額的百分之十四。英國也從海外投資方面賺取了巨額的金錢。如果這也包括在外銷的貨物與服務當中，那麼海外總收入來自於歐盟部份的比例，剛超過百分之四十。

事實上，即使這些數字提供真實樣貌到什麼程度，都還是個爭議。有大量的經濟活動是仰賴於這些對歐盟的外銷，此外還有大量的工作機會，這是個我馬上就會回來討論的議題。所以，有可能爭論的是，更大比例的國內生產毛額，直接或間接依賴與歐盟的貿易關係。提醒你，當你一旦開始研究間接連結，你真的就會站在很滑的地面上。到頭來，超過國內生產毛額百分之五十沒有算入對歐盟外銷的部份，也會與其他部份的英國國內生產毛額有間接的連結。

更進而說，針對其他方面有一個調整必須要做：有一大部份英國經過安特衛普與鹿特丹港口的外銷，是被算做對歐盟的外銷；但事實上，卻肯定是再度外銷到歐盟以外的國家。此外，有一個所謂的「荷蘭扭曲」（Netherlands Distortion）是英國公司的操作所造成的。為了租稅的理由，透過登記在其他國家（包括荷屬安地列斯在內）的「空殼」式的控股公司，挪移海外投資所得，登記在英國國內帳戶的所得來源是荷蘭。還有一個盧森堡也在參與在內的類似扭曲。有人估計，這些扭曲合併的規模，達到接近國內生產毛額的百分之五。

然而，即使把這些數據也計算在內，毫無疑問的英國與其他部份歐盟的貿易額度是巨大的。如果英國要退出，事情會如何發展是一個極端重要的問題。接下來，我根據官方登記的數字來做分析。但不管怎樣，讀者必須心裡有數，他們有可能會誇大歐盟對英國貿易的真實重要性。

脫歐之後還能存活嗎？

假設只要「大不列顛王國」一離開了聯盟，所有英國對歐盟的外銷都會中止，這是錯誤的。一大部份應該會繼續。真正會發生什麼，決定於什麼樣的貿易關係。我們無法確知答案，但我們可以透過聚焦於自身利益的考量，以及現存的國際事務結構中，得知一些脈絡。有一件事是很清楚的：雙方維持一種緊密的商業關係，必定是會有巨大的利益。而這也是最可能的結果。

英國處在一個強勢的協商地位，對許多歐洲大陸公司而言，英國是一個巨大的市場。英國對其餘歐盟國家，是最大的單一外銷市場，甚至比美國還大。對許多歐洲大陸的廠商來說，這就是他們最大的市場。例如，義大利車商法拉利最近宣布，英國已成為他們最大的市場。

更進一步說，其餘歐盟各國與英國的貿易，是確切的順差；也就是說，它外銷至英國要比英國外銷至歐盟其餘部份要多。注意，雖然這並不意味著英國在與歐盟的貿易方面「屈居下風」，從貿易關係中所涵蓋的獲益是複雜的，包括能夠從外國進口比你自己製造要更便宜的東西。此外，與每一位貿易夥伴維持均衡的關係，也並非是必需或有利可圖。

所以，在英國離開歐盟之後，許多的歐洲公司包括德國汽車製造商寶馬與賓士，將會非常希望與英國維持自由與開放的貿易連結。我過一會兒就會討論汽車製造以及影響在英國外資廠商的特別因素。因此，他們一定會遊說他們的政府以及歐盟。的確，因為英國與歐盟的貿易關係是如此的緊密與廣闊，對英國來說，協商一種特別優惠的貿易關係，應是可能的。

有許多可想像得到的方式可運用，它們之間有時只有些微的差異。但是，如果我們把留在歐盟的現況當作選項一，如表 9.1 所列，另外還有六個主要的選項。我試著把各選項依據其與完全歐盟會員資格的接近程度，作下降順序排列，雖然不同選項之間的差異並不總是很清晰。（必須要注意的是，這個表只能用於離開的國家與留在歐盟國家之間，貿易安排的參考範圍。有關更廣泛的全球貿易會有什麼選項存在，以及假如歐盟瓦解，對歐洲的國家而言什麼樣的安排是可能的，將會在第十章討論。）

選項二試著協商類似挪威作法的一些事務。挪威並非歐盟的會員，但它是「歐洲經濟區」（European Economic Area，EEA）的會員，也是「單一市場」的會員；其中的重要性，我將隨後討論。提醒您，挪威進入歐盟市場，要根據歐盟的原產國規則來執行。例如，假設一輛汽車從中國進口到挪威，然後再出口到一個歐盟的國家，那就必須被課徵關稅。但是歐洲經濟區對挪威的好處是，它在共同農業政策、歐盟漁業規範與跨歐盟區域政策之外。

選項四，我隨即會討論選項三，是複製瑞士從歐盟所享有權益的安排。瑞士也錯失了歐盟的三項「福利」。事實上它既不屬於歐盟，也不屬於歐洲經濟區，但透過一系列的雙邊協議而與歐盟維持了緊密的關係，而賦予它外銷貨物進入單一市場——免關稅也免麻煩。這些安排並不包括服務，也不包括金融服務。

表面與真實

這些為挪威與瑞士所做的安排，並不應該簡單的只看表面。實務上，雖然兩個國家都在歐盟之外，但它們都與歐盟緊密連結，而且為歐盟的預算做出一些貢獻。

更進一步說，對於他們的這些安排有許多不滿意之處。以挪威的例子來說，不滿是來自於挪威方面有義務要接受歐洲的法律與規章，但卻無法表達意見，被描述為「來自布魯塞爾的傳真機政府」。事實上，這個廣為引述的說法是相當誤導的。除了傳真機部份是相當不合常理與落後以外，挪威也並不需要適用所有的歐盟法律。在二〇一四年，挪威政府聲稱，所有在一九九七與二〇〇三年之間實施的歐盟立法，挪威採行了其中的百分之十八點五。

瑞士並無義務要接受歐盟規章，但實務上卻接受了很多。一個顯著的優點是，瑞士對歐盟之外的其他國家，可以自由執行自己的貿易政策。瑞士最近與中國協商達成了自由貿易協定。歐盟也正在協商，如果達成，那英國作為歐盟的會員，也會受益（第十章有更多討論）。但至關重要的是，英國雖然是歐盟的成員，但並不能與中國或其他任何國家協商自己的自由貿易協定。

但是，瑞士的作法在布魯塞爾引起了逐漸加大的怒火。歐盟真正希望的是瑞士接受挪威的作法，要瑞士加入歐洲經濟區才算數；然而，這在二十年前已為瑞士的一次公民投票所拒絕。

表 9.1　英國與歐盟貿易關係的選項

權益＼選項	① **歐盟** 完全歐盟會員資格	② **歐洲經濟區** 幾近但不完全是歐盟會員，「挪威選項」	③ **歐洲經濟區輕量版** 介於瑞士與挪威選項之間
進入單一市場	透過關稅聯盟的全面適用；額外的四大自由：勞工、資本、貨物與服務	透過歐洲經濟區協定，根據原產國規則的全面適用，四大自由	外銷至歐盟貨物的全面適用，但是單一市場的規則不適用於其他經濟體
非歐盟貿易	在歐盟的共同商業政策（註）與自由貿易協定之下進行	在歐洲自由貿易協定、自由貿易協定或個別的雙邊協議之下進行	與歐洲經濟區相同
社會與雇用立法	全部適用	全部適用	無
產品規範	全部適用	全部適用	只影響對歐洲的外銷
對歐盟預算的貢獻	適用	依照國內生產毛額的百分比做基礎，計算參與地區的貢獻，加上對歐洲經濟區基金的自由捐獻	自由捐獻
共同農業政策 共同漁業政策 以及政策規範	適用	無	無
主權	具有影響和投票（或被否決）的能力	影響力受限而且無投票權，規章具有法律的強制性	影響力受限而且無投票權

註：共同商業政策（Common Commercial Policy, CCP）

④ **瑞士** 自由貿易協定，一種量身訂做的雙邊協議	⑤ **土耳其** 對歐盟一種精簡的關稅；「土耳其選項」	⑥ **自由貿易協定** 「瓶子」選項	⑦ **美國選項** 有時也被稱作「世貿專屬選項」；無特別做法
根據原始規章可進入大部分的地區，勞工、資本與貨物的自由移動	貨物的全面適用，農產品與服務不包含在關稅聯盟之內，因為關稅聯盟只包括實體的貨物	適用關稅，但不包括一部份的單一市場，只有貨物沒有勞工的自由移動	歐盟會員與其他任何國家接受相同待遇，但是歐盟關稅適用於對歐盟的外銷
在歐洲自由貿易協定、自由貿易協定或個別的雙邊協議之下進行	根據歐盟的共同商業政策，適用於工業貨物，但不適用農產品。必須與任何簽了歐盟自由貿易協定的國家開始進行自由貿易協定的談判	對歐盟貿易 不設限制	對歐盟貿易 不設限制
無	無	無	無
全部自願	全部適用	對歐盟的外銷 只適用歐盟規章	對歐盟的外銷 只適用歐盟規章
對瑞士發展基金與歐盟基礎建設的「自由」捐獻	無	無	無
無	無	無	無
雙邊適用的規章	適用產品規章對CCP貨物影響範圍受限	完全主權但對歐盟無影響	完全主權但對歐盟無影響

選項三與保守黨歐洲議會成員班納曼（David Campbell Bannerman），在他的書《是跳躍的時候了》（*Time to Jump*）當中所提的建議相呼應，他把這個選項取名為「歐洲經濟區輕量版」（EEA Lite），處於瑞士與挪威的方式當中。在這種方式之下，英國應屬於歐洲經濟區但是必須離開單一市場；對於外銷到歐盟貨物的製造，必須適用單一市場的規章，但對於其他並不包含對歐盟外銷的更大經濟區塊，卻並不適用。英國將可廢止現存的歐盟法規，而且不用再執行新的歐盟法規。也可執行瑞士式的移民管控，對於不同歐盟會員國的人民採取差別待遇；並對某些特定國家的人民，在特定時段中所能允許進入的數量設了上限。

這個歐洲經濟區輕量版的建議，對英國的歐盟懷疑論者是具有吸引力的，但可行嗎？別忘了歐盟對於瑞士的不滿。歐盟是否會接受英國採行歐洲經濟區輕量版模式，還是非常不清楚的。

選項五複製了土耳其與歐盟的架構。土耳其選項是一種對歐盟精簡模式的關稅聯盟；對於貨物採取全面開放，但不包括農產品與服務。缺點是土耳其對於與非歐盟國家的貿易，仍然適用歐盟的規章；但它對歐盟在這方面以及其他事務的影響範圍卻有限。優點是，土耳其無須對預算作貢獻，也不適用歐盟的社會與雇用立法。

其他選項

選項六是英國與歐盟協商一個自由貿易協定，而不需要任何瑞士方式的干預和掣肘。特點是，英國與歐盟之間貨物可以自由貿易，但勞工的自由遷徙是不在內的，這給了英國與其他和歐盟簽了自由貿易協定的國家相同的立足點。這些國家的數目很大，包括南非、哥倫比亞、秘魯、摩納哥、以色列以及南韓。的確，歐盟還在協商更多的國家，包括與美國、印度和日本。

從英國的觀點來看，這些安排方式是具有吸引力的，而且確保一個自由貿易協定的機會很高。到頭來，全世界很快都將與歐盟簽訂某種形式的自由貿易協定。但即便對英國——歐盟最大的外銷市場來說，無法確保協議的機會很小，英國如果因此認為一定會得到一份具有吸引力的合同，是不聰明的。的確，因為一部份為反對而反對，歐盟也許會不合作，所以即使這個機會成真還早得很，但考慮最終的負面效應，也就是說，英國與歐盟沒有任何特殊的安排方式是好的（假設前提是無法協商出可接受的條件），那就是表 9.1 的選項七。聽起來像是災難性的，但並不會有事——將英國比照印度、中國與日本，放在與美國現在相同的地位。所有這些國家在管理對歐盟的外銷事務相對是容易的。

這個選項有時也被稱作「世貿專屬選項（WTO only option），標示出唯一對抗不公平貿易行為的保障，就是世界貿易組織。但是我把它稱之為「美國」選項，所揭櫫的是把英國放在與美國相當的地位。提醒你，如果美國要與歐盟協商一個自由貿易協定，那選項七就會向上挪移而成為選項六。這同樣也適用於其他國家，目前採行選項 ，但正與歐盟在協商自由貿易協定。

然而，「美國」選項意味著，英國對歐盟的出口將面臨共同的對外關稅。事實上，這對我們不應該有任何恐懼。歐盟的平均關稅約為百分之五。如果算上這筆費用，英國企業每年將花費七十億英鎊 ——這是一筆相當可觀的資金，但不是壓倒性的。事實上，這種潛在損失已經被由英國脫歐恐懼所導致的英鎊下跌的影響而抵消了。

更進一步說，有些英國企業擔心除了關稅壁壘以外，歐盟會員國將會有對英國進口的歧視行為。事實上，在世界貿易組織的規範之下，這種歧視行為是非法的，但也無法阻止它的發生。總而言之，是要依賴世界貿易組織假設能存活，而且持續有效。我將在第十章討論這個題目。

事實上，許多不同選項之間的重要差異，並不真的是面對共同外部關稅的危險，甚至也不是貿易差別待遇的可能性，而是單一市場的會員資格。這是因為歐盟並不單只是一個自由貿易區或一個關稅聯盟。單一市場結合了免關稅門檻，再加上一系列的共同規章公平的適用於所有會員身上。許多不同的貿易選項具有多大吸引力，很大部份決定於單一市場會員資格有多重要。

單一市場

進入單一市場的權限，主宰了貿易關係的爭辯。很諷刺的，是兩位英國委員發展單一市場的概念並推動它成為事實，推動的力量來自減少對貿易規範性障礙的期望。單一市場現在結合了二十八個國家，而成為世界上最大的整合貿易聯盟，其國內生產毛額的總值約為十二兆歐元。

重點是，如果加入單一市場而且遵守所有的規範要求與標準，英國進入歐洲大陸市場的外銷與本地生產的貨物將可站在公平的立足點。但如果英國在單一市場之外，就要適用不同的法規與標準，那危險在於製造商將會需要使用兩套標籤與包裝——或者在最糟糕的情況下，要用兩套生產程序。加入的壞處是，因為單一市場最早的願景是一套共同、最低層次的規範，但在實務上規範會變得亂七八糟，而且還套用於整個經濟體。

如果有人建議英國該留在單一市場，那聰明的學者、粗獷的外交官、理想崇高的商人，與頭髮灰白的政客們，都會點頭表達同意。然而這並不容易解決，通常是做了才有進展的。

一個誤導的比較

當歐盟支持者談起英國離開歐盟的可能性時，他們通常都用「轉而背對單一市場」或「為單一市場逐出」等字眼。因為我們對歐盟外銷的佔比是如此的大，可能介於百分之四十與百分之四十五之間，所以造成的威脅會像是某種經濟災難。

這給人的印象似乎是談論在單一市場所在地的內部進行交易的空間，也許我們可以想像金融證券交易中心的一棟房子，就像是過去與現在的證券交易所；或者也可以是在舊市場的大房子，用作穀物交易所的，進到這個交易場所，會有一扇門鎖確保，而離開歐盟，就像是關上大門，或是大門在你後面被重重的摔上，結果你失去了進入市場的資格。

必須承認，有些評論者似乎在構思一種半棟房屋的可能性，因為他們在談論把脫歐視為移除或關閉對單一市場的「完整權限」。這種論調好像是說非會員可以被允許進入其中的一部份，而不是全部的空間；或者說，被允許進入全部的空間，但只能在某些時段中，也許是星期一至星期二，或者是每天，但只能在上午十一點與下午三點之間。

這完全是種誤導。世界上每一個國家都可以進入這個房間，只是非會員也許要付某種入場費（共同外部關稅），才能進入。而為了要提供貨物在這棟貿易大樓中銷售，必須要遵守由交易所制定的所有條件與標準。不過也就是如此了：門不會上鎖，沒有進入的時間限制。至於要遵守單一市場的規則與標準，這正是出口商銷售貨物至全世界其他任何市場時，所必須做的。當英國外銷至美國，它必須要遵守美國的規章，滿足美國的標準；類似的情形也會發生在對中國與澳洲的外銷。差別是，英國不需要將整個經濟體適用美國、中國與澳洲的規章與標準。

而且外銷到單一市場，又不是對單一市場的所有成員都是完全可行的。到頭來，美國、中國、日本、印度，以及其他許多國家，都能成功的出口到單一市場，卻並不需要成為單一市場的一部份。就像我前面所提的，它們都試著與歐盟簽訂自由貿易協定（例如，選項六），但並不包含要屬於單一市場。所以，為什麼英國成為其中一部份，是如此重要？

面對證據

雖然，從外面對單一市場銷售是完全可能的，但假設與一個國家是否處在內部相比，是比較不利的。這也許合理，但是證據並沒為它提供很多支持。從英國在一九七三年進入歐盟到二○一二年為止，對歐盟十四國（EU14，也就是除了英國以外的所有成員，不包括在二〇〇四、二〇〇七和二〇一三年擴張時所加入的）的外銷貨物比例，從百分之六十四跌至百分之六十二。大約四分之一的下跌發生在一九九三年開始單一市場的期間。有趣的是，在一九六〇到一九七二年間，當英國在歐盟之外時，英國對歐盟十四國的外銷貨物成長了百分之十二。

證據也顯示即便英國在歐盟裡，許多單一市場之外的國家對單一市場的外銷表現，比英國還好。在單一市場最早的十九年之中，從一九九三到二〇一一年之間，在三十五個對十一個單一市場創始會員國成長最快速的出口國家之中，英國排名為二十八，剛好落在埃及之後。

至於在單一市場的前十九年當中，會員之間外銷貨物成長的加權平均數增加百分之九十二。在這個區間當中，挪威與瑞士的相對數據是百分之一百一十四，對美國、加拿大、紐西蘭和澳洲的數據，則分別為百分之一百二十六、百分之一百四十二、百分之一百四十六以及百分之二百四十三。

歐盟是英國單一最大的外銷市場。但是，必須承認的是，從所有在單一市場之內理應得到的利益來看，英國對它的外銷與對世界其他部份相比，是令人同情的低。在一九九三到二〇一一年期間，英國對歐盟十一國（其他的單一市場創始會員國）外銷的成長只有百分之八十一，在英國外銷成長最快的三十三國之中，歐盟被列為第二十六名。外銷至澳洲、印度、阿拉伯聯合大公國與俄羅斯的成長率，分別為百分之一百五十九、百分之二百六十九、百分之四百一十三以及百分之五百零八。最高的是卡達，百分之一萬六千一百四十一，從一個非常低的水平開始。

以上所有的數字比較，都無法為這個情況下結論。特別的是，由於缺乏反向事證，任何的分析都會成為經濟學家生涯中所要遭逢的災難。也就是說，我們並不知道如果英國在單一市場之外，那這些數據會變成如何。與現狀相比，英國對單一市場國家的外銷，甚至有可能變得更弱。但最起碼，這些數據對於英國擁有單一市場會員資格是絕對重要的說法，提出嚴重質疑。真正重要的因素應是一個經濟體的整體健康狀態，以及它的成長率。

把成本列入考慮

一個國家作為單一市場成員所得到的利益，必須與損失相比較。英國或任何考慮離開歐盟的國家，必須要評量從單一市場之外進口所負擔共同外部關稅的損失；而最重要的是，必須要適用其他不與歐盟貿易往來的經濟體所適用單一市場規章以及其他形式歐盟規則的損失。即使像英國這樣的一個開放經濟體，此一部份的經濟超越了所有貿易，還並不只是與歐洲的貿易。

就像我上面指出的，大約英國百分之十四的國內生產毛額，直接由對歐盟的貿易所產生。當然也表示，大約百分八十六並非由對歐盟貿易所產生。如果我們對鹿特丹與安特衛普效應估算一個合理的空間，那國內生產毛額中並非由對歐盟貿易所造成的比例，約為百分之九十。幾乎在所有的西方國家中，國內生產毛額的組成與雇用關係到基本的消費者需求滿足，而且是由國內經濟所提供者，包括：零售貿易、水電瓦斯、娛樂、酒館與餐廳、服務業像是乾洗、居家維修。這個清單可以不斷的列下去。

但在目前情況之下，這些單純的國內經濟行為，受到許多歐盟規章的嚴重影響。譬如說，根據英國國民保健制度，醫生的可工作時數（與這個經濟體中的所有工人一致）是依照歐洲工時指令而規定的，在英國是從二〇〇九年開始生效，將工作時數限制在每周平均四十八小時之內，衡量的參考區間是二十六周，也對於有關休息時間加入其他的義務和限制規定。

這結果是對於英國國民保健制度造成災難。因為年輕醫生工作很長的時間，以便在過程中很快累積充足的經驗，這是慣常的。歐盟現在所設的限制，意味著有經驗醫師的短缺，因此也造成了未來醫療顧問的短缺。

當想到在單一市場之外的損失，必須要承認的事實就是，絕大部份的服務業，單一市場是完全無法發生作用的。這對英國是特別直接有關，因為這正是它利益所仰賴的一個區塊。

人員的自由遷徙

另外有一個本身就受到許多關注的極為重要問題，但卻很少被視為與單一市場相關而成為辯論題目，就是我在前一章中曾評論過的人員遷徙。從單一市場的結構來看，人員在歐盟當中自由遷徙，具有清楚的獲益，這應該是一個信心的問題。沒錯，當時的歐盟較小而且同質性高。對西歐的人民而言，現在正經歷的是未受控制、也無法控制的來自其他會員國的移民人數；而且被證明已成了公共服務、住宅提供、福利項目，以及現住人民容忍的負擔。

如能為全體選民所接受的歐盟改革，一定要包括在對歐盟之內自由遷徙人民的限制。如果加諸在人民遷徙方面的限制失敗了，對單一國家而言，最簡單的做法就是站在單一市場之外，然後才能對國家邊界重啟控制。

在二〇一四年初，歐盟對羅馬尼亞與保加利亞人民遷徙所實施的臨時性限制到期時，這個問題獲得了更多的立即關注。在英國，害怕來自這些國家大量流入的移民，會對公共服務造成無法容忍的負擔。這種害怕又進一步引起對羅馬尼亞與保加利亞的注意，因為懷疑這兩國對來自摩爾多瓦（Moldova）以及其他非歐盟國家的移民隨意簽發護照，賦予這些人跨越整個歐盟自由遷徙的權利。

汽車工業

在檢視過這些會影響貿易關係的一般性考量因素以後，再思考兩個有關英國會員資格被仔細審酌關鍵的特殊工業地位，是會有幫助的，就是汽車工業與金融服務業，先從前者開始。

汽車工業在英國雇用了超過七十萬人，大約佔外銷總量的百分之十。英國外銷至歐盟的汽車，遠超過進口；但對歐盟以外國家的貿易，卻剛好相反。英國並沒有自己所擁有的大汽車廠，大部份的英國汽車製造是由德國、法國、美國與日本負責，所以退出歐盟的可能效應，與外國企業主的態度緊密連結。

英國的汽車工業是個成功的故事，但整體的工業傾向，卻為全球性的汽車產量過剩所主導，而逐漸移向成本較低的新興市場。德國位居中國與日本之後，是世界上的第三大汽車製造國，跟在後面的是韓國、印度、美國、巴西、法國、西班牙、俄羅斯、墨西哥、伊朗，以及英國，位居第十三名。

如果英國退出歐盟，很清楚的，就會有巨大的工業壓力促成與歐盟的自由貿易協定。假設不是即將會成立的話，從英國外銷到歐盟的貨物，就會有歐盟的外部關稅問題；目前的稅率是汽車百分之十、進口零件百分之五。這是一個明顯的障礙。百分之十的稅率與匯率升值百分之十，具有同樣的效果，也可以被百分之十的匯率貶值所抵消。這種規模的貨幣移動是很普通的，可從一年移動到下一年，有時經過的期間會更短。

如果歐盟課徵關稅，那就會讓英國有機會針對從歐盟進口到英國的汽車，課徵一種類似的關稅。這種以牙還牙的遊戲，並不應該被推薦，但需要強調的是，如果英國用這種方式回應，那對英國總需求的淨影響，可能會是正的；因為英國從歐盟進口的汽車，要多於它向歐盟出口的。當然，對於總需求的立即影響，並不就是一切，至少並不只是因為外資廠商是否決定繼續留在英國的效應。

然而，對總體需求的影響，必須銘記在心。尤其當汽車工業的領袖們興致勃勃地談起英國從歐盟退出，會對他們工業產生的巨大危險，以及對英國的巨大危險。

外國的反應

由於外資在英國的汽車製造業以及一些其他工業的主導地位，所以他們的關心值得特別注意。在二〇一三年七月，日本政府寄了一份備忘錄給英國的外交辦公室，警告說日本公司之所以在英國投資，是因為把英國視為進入歐洲市場的門戶，也暗示如果英國從歐盟退出的話，十三萬個英國工作機會可能會落入風險。這份文件中說，如果英國不繼續在歐盟扮演一個「主要的角色」，那大約有一千三百個在英國運作的日本企業，將會檢討他們的處境。

就好像是在支持這個觀點一樣，日產汽車在英國東北部桑德蘭市（Sunderland）的工廠雇用了六千四百人，營運長志賀俊之（Toshiyuki Shiya）在二〇一三年十月說，英國作為歐盟的成員是「非常重要的」。他也說，如果英國離開歐盟，那歐盟對英國製造的汽車課徵進口關稅的威脅，對日產來說是個「障礙」。

的確，如果退出歐盟，英國可能會失去一些國外的直接投資，包括已經到位的日本國外直接投資。害怕背後的概念是之所以會作這種投資，是因為英國是歐盟的會員。日本廠商在英國投資，最初並不是為了供應比較小的英國市場需求，而是利用英國來供給整個歐盟市場的需求。

然而，英國對於國外直接投資的吸引力，並不只是歐盟的會員資格。有好幾個理由讓日本與其他的外資廠商，選擇把營運放在英國。免關稅、無干預、進入歐盟的其他國家只是其中的理由之一，英國的優勢包括語言、可被依賴和信任的法律系統、一種友善歡迎的社會和政治文化，以及全球的連結。

日本政府與廠商在對於重要的歐洲事務作認真判斷方面，並不著稱。在一九九〇年代末以及二〇〇〇年代初，他們對於英國不使用歐元也發出了類似的雜音，但後來發現他們完全錯了。

似乎是為了要證明英國脫歐，並不是一個日本獨有的擔憂現象，在二〇一四年一月，福特的歐洲、中東與非洲生產營運最高執行長史提夫•歐迪爾（Steve Odell）說，如果英國離開，那就會像是「切下他的鼻子去刁難他的臉」（編按：自討苦吃），而且對英國的工作機會與企業會是個災難（福特在英國雇用了將近一萬五千名員工）。

從某個程度來說，對於日本、美國以及其他從英國外銷的廠商，事情取決於外銷貨物所面對的關稅障礙有多少。從前面所描述的關稅體制來看，是一點都不繁重的。進一步說，在離開歐盟之後，英國很可能會享有來自其他歐盟會員一些相當優惠的貿易條件，表示不會課徵關稅。

在任何情況之下，即使英國沒有確保優惠待遇，也不會造成不能克服的障礙。全世界所有的國家，都設法成功的對歐盟外銷，而它們自己並不一定是歐盟會員。我們必須承認，這種理性的考量，被證明一體適用是可能的。這可能會是英國在脫歐之後，歐盟會「切下它的鼻子去刁難它的臉」，而在與英國打交道時變得極端不友善。在面對這樣的待遇時，英國的外商決定降低他們在當地的營運，也是可能的。

被誇大的重要性？

再來討論一次，英國的機構若將國外直接投資因素視為極端重要的典型論調，在面對證據時是具有風險的。而有趣的是，把單一市場作為一個整體，與非歐盟的歐洲國家以及歐洲以外的國家相比，它在吸引國外直接投資方面並不成功。而在一九九三與二〇一一年之間，英國的國外直接投資股票的成長率，低於其他單一市場創始會員的中位數。

但又如何呢？一個國家所接受的國外直接投資水準，並不是評估從中獲利的正確指標。為了確保更多的國外直接投資，提供更多慷慨的補助以及其他誘因，以使廠商將營運放在你的國家是可能的。但是，在這種情況之下，納稅人補貼的錢，也會被其他的做法所挪移。經濟學家認為這種對市場的干涉，不是一個好主意。為什麼國外直接投資就要有差異？只有當國外直接投資對經濟作出額外的貢獻，而參與者在正常市場機制下有所斬獲，那這樣的干涉才能合理化。

先進技術與管理模式的引進，也許的確是個利益。但這並不是理所當然的，個案必須針對成本來做討論與評估。

如果英國支付了單一市場的會費，直接透過英國的預算貢獻和間接透過歐盟規章對英國經濟發生作用；而國外直接投資來到英國，只是因為英國的單一市場會員資格，那的確這些國外直接投資是得到了巨額的好處。如果這些補貼為國外直接投資帶來的利益所合理化，那以不參加單一市場所省下的錢，來提供直接補貼，以吸引並確保外國投資得到便宜，應是可能的。

影片報導的謬誤

國外直接投資，是經濟學上一種眾所周知的現象，也就是所謂的專注於容易被看到的利益，而相對的是成本的擴散與不透明。假設英國自歐盟退出，導致日本汽車製造商關閉了在英國的工廠，那就很容易能找出輸家，最值得注意的就是日本公司在英國工廠的所有員工。電視台的採訪團隊，可以輕易前去拍攝廢棄的建築物，以及關閉、或用木板封起的商店。訪問的對象可以是已被資遣的汽車工人和依賴不復存在的工廠維生的當地商店跟員工。

不過，那只是主題的一小部份。汽車工廠釋出的員工，將會在其他任何地方受雇。過去為這些工廠佔用的土地和建築物，可以由另外一個企業使用。而英國脫歐之後所省下的金錢，可以用來為其他任何地方帶來利益。

但到底要在那裡才能觀察到這種現象呢？要怎樣才能捕捉到替代效果在經濟體內所激起的漣漪？你能訪問誰？想要確切知道一個經濟體如何適應企業的失敗，與退出所帶來的新機會和挑戰，是不可能的，因此自然會傾向於高估一個企業存活的重要性。

「國外直接投資」這個議題，在辯論歐盟會員資格時，是個嚴重的問題，但我確信與其他因素相比，它的重要性有被高估的傾向。

歐盟與倫敦金融城

汽車製造業是一個明顯製造實體貨物的產業，也因此很容易為關稅所影響；在光譜的另一個極端，則是金融服務業，大部份都在與抽象事物打交道，所以與關稅的問題無關。但不管怎麼說，這兩個行業都受到歐盟規章與有關進入歐洲市場事務的重大影響。還有，就像汽車製造業一樣，許多在這個領域中提供英國「產出」的大企業，都是外資所擁有。

毫無疑問的，英國在歐盟之外表現如何，與它金融服務業的命運緊密相連。提到金融服務業，就會提到「倫敦金融城」，或簡稱「金融城」。「金融城」的利益是一個可被放入考量架構之中的強大因素，以形成決定離開或留在歐盟的基礎。

最新的全球金融中心指數，將倫敦排列第一，從二〇〇七年以來持續如此，隨後的是紐約、香港與新加坡。的確，倫敦在所有五項關鍵領域的競爭力，均排名第一：人才、商業環境、市場通路、基礎建設與一般競爭力。毫無疑問地，從全球的規模來看倫敦是一個成功的故事，它為英國的經濟做出了顯著的貢獻。

有關這本書的主題還有許多尚未談到的，其中一個是「規模」的問題，規模是有很多的不確定性。聽到金融服務業對國內生產毛額的貢獻估計高到百分之八到百分之十，這並非異常，只是這些數據包括了所有的金融服務，像是不動產抵押與國內保險，還有批發業和其他經常與「金融城」綑綁在一起的國際活動。根據「倫敦金融城公司」二〇一二年的研究，「金融城」對英國總國民所得（總附加價值）的貢獻是百分之三點七。我的懷疑是，「金融城」的重要性超過了純粹數字所呈現的，因為「金融城」的活動與其他在倫敦發生的事情，兩者之間有相互連結性。不管真實的數據為何，把「金融城」與歐盟之間的關係弄對是非常重要的，但什麼才是最佳做法呢？

近幾年來，英國政府與歐盟之間針對許多想要影響或控制「金融城」的運作與機制的企圖，持續爭論不休。最近爭論更加密集，為了回應全球性的金融危機，歐盟的金融部門立法被提了出來。實務上，有四項措施會對「金融城」造成重大影響：衍生性商品臨櫃買賣的限制、歐盟實施所謂的《巴賽爾資本協定三》，為資本流通訂定了更嚴格的要求、銀行從業人員獎金的上限、以及金融移轉稅。

從英國的觀點來看，這些做法的危險是會導致企業外流、關鍵人才與（或）金融機構轉向其他金融中心（譬如說紐約與香港）。事實上，雖然這些改變對於很多在「金融城」的人士似乎是夠麻煩的，但更應該關心的是在未來即將採取的措施，才是這個「金融城」的夢魘。到頭來，歐盟的故事就是，從頭開始你得接受一套作法，然後一點一點的，你會被迫接受更為嚴苛的法律，假如你一開始就知道的話，會發現不但無法接受，根本是凌遲致死。

但不管怎樣，對這種逐步侵入最佳的抵抗方式，到底是留在歐盟裡面，從內部與它們爭戰？還是離開歐盟去耕耘自己的田地，就像紐約、新加坡、香港以及杜拜？

留在歐盟的好處與壞處

也許英國脫歐所導致最嚴重的問題是有關所謂的「跨國界通行權」。這允許一家在歐盟中某個國家有分行的金融機構可以對另一個沒有分行的歐盟國家進行銷售。

譬如說，一家銀行可以從倫敦對整個歐盟進行業務，相反的，瑞士的金融機構不能直接對歐盟進行業務；他們必須在歐盟的一個會員國設立分行。實務上，瑞士、美國和來自其他地方的外商銀行一面倒的選擇倫敦做為根據地以進行他們的歐盟業務。但假如英國離開歐盟，在現行規章之下它們必須選擇在某個會員國設立分行——就像希望與歐盟做生意的英國銀行一樣。

所以，最起碼的狀況是，在這裡有分行的英國銀行以及外國銀行會面對大幅度的成本增加，而且必須將大量的業務以及許多第一線的工作從倫敦轉至其他的歐洲城市，最可能的是巴黎、法蘭克福、盧森堡或者都柏林。在極端的狀況下，他們或許會想到，在歐洲有兩個營運中心，一個在歐盟之內，另一個在歐盟之外是不值得的。假如一個在歐盟之內的分行是必須的，他們的合理舉動應會是把所有的業務移走，而且關閉倫敦分行；或者只維持一個象徵性的地位。

這樣的威脅有多嚴重？英國對歐盟的金融服務業務大約是每年二百億英鎊，而所享有的盈餘大約是一百六十億英鎊。如果沒有了跨國界通行權，英國外銷到歐盟的金融服務有可能大約會下跌一半，或者大約是一百億英鎊。

這是一筆很大的數目，但那並非勢不可擋，因為那大約相當於英國對歐盟預算的淨貢獻。而且，並不是所有的一百億英鎊都完全是損失。用來製造這些收入的資源——主要是被雇用的有技術勞工，應該會被釋出至各處接受雇用。

但是損失就真的這麼大嗎？針對可能的結果有一個光譜，在一端是完全從倫敦撤出；在另一端則是在歐洲大陸設立一個象徵性招牌的營運點。真正的結果會落在光譜的何處也許會隨著不同的金融服務部門而變動，而且也會取決於英國與歐盟的協商結果。

資金管理業似乎不太會因為失去了跨國界通行權而導致太大的不便，因為大部分的基金管理人已經在歐盟的其他地區設立了法人機構，而通常是在都柏林或者盧森堡。

然而對銀行業而言，如果英國離開了，歐盟必定會堅持，假如要在歐盟之內進行業務，銀行必須要在歐盟之內有一個顯著的業務據點以及承諾的資金和許多的工作機會。但不管怎樣，那還是會與大量的活動持續在倫敦發生是相容的。

許多因素會鼓勵銀行把愈多的業務保留在倫敦愈好。從一開始，倫敦是一個支援設施的巨大網絡，包括法律與會計服務，這沒有任何一個歐洲城市可以相提並論。此外，在歐盟之外，雖然英國並不是一個法規經常會被提及的國家，但它卻可以讓許多歐盟的規章與限制失效，包括銀行從業人員的獎金不能超過薪水的兩倍的上限。當這項規定首次問世時，銀行高分貝的抱怨，而且警告這會導致業務與工作機會從歐盟外流至蘇黎世、紐約、杜拜或者新加坡。

同樣的，吸引歐洲的銀行家與其他的專業人員到倫敦工作是容易的，這並不只是因為這個偉大的全球化城市的娛樂與生活形態的吸引力，也因為是個人所得稅方面的優惠規定——特別是與法國相比之下。還有，更廣泛的說，金融服務在歐盟並沒有被高度肯定。金融服務稅的建議案目前卡在歐盟規章長草區的某處。如果再度現身，它可能要面對金融服務業潛在的重大打擊。在所有的這些條件下，會有任何以自身利益為考量的投資銀行移轉他們的整批業務活動到巴黎或法蘭克福嗎？肯定的，它們只會轉移最起碼的業務以符合歐洲的規定。

它甚至並不好像是留在歐盟就代表歐盟當局會歡迎並支持倫敦金融城的卓越地位。的確，對某些歐洲官員清楚期望的一部分是，看到倫敦金融城的規模縮小。事實上，英國政府最近才在歐洲法院贏得了一項判決，阻止了歐洲央行在歐元區之外拒絕歐元流通至歐元清算機制。歐洲央行清楚的企圖是將以歐元為名義的活動轉到歐元區。

英國政府設法贏得了這個特別的判決，但是這並不能保證下一次也贏，因為下一步動作必須要經過深思熟慮。當然，在他「重新協商」的過程中，卡麥隆有在尋求保護倫敦金融城的角色；但是，從過去的紀錄以及歐盟官員所偏好的事證來看，我們對於在歐盟之內倫敦金融城的利益會受到保障是很難會有信心的。

從更長期來看，不管它的特殊性以及特定的利益，有關倫敦金融城的爭論會落入與其他所有行業一樣的層級。也就是說，從長期來看，歐盟的相對重要性將會下滑。在理想的世界中，從整體的英國以及特定的倫敦金融城來看，並沒有需要在與歐盟和世界其他部分做生意之間做選擇。但是，如果真要做出選擇，英國金融服務最重要的市場將會是世界的其他部分；這當然可以使它成為全球的金融中心。很重要的是，沒有其他事物可以阻撓倫敦獲得這個獎項。

歐盟與工作機會

那些渴望與歐盟維持現狀的人的主要爭論之一，是大量的工作機會與英國的歐盟會員資格緊密相連，而且並不只限於「倫敦金融城」，是散佈在整個經濟體之中。在英國目前的聯合政府與從前的工黨政府都說過，有三百五十萬個工作機會，直接或間接與外銷貨物與服務到歐盟相關連。另外幾個其他的來源，也提供了類似的數據。

雖然，非常多的工作機會與歐盟貿易有連結是真的，但從經濟學來看，問題常常並不是準確的數據：三百五十萬、三百九十萬，或二百八十萬，而是在估算背後的觀念。有關外銷歐盟的工作機會數目，與如果歐盟會員資格終止後消失的工作機會數目，並不一樣。

貿易與工作機會的問題，困惑了許多贊成持續歐盟會員資格的商業團體。典型的是一些重量級、薪資豐厚的企業大老，經常是在敲鑼打鼓的裝飾之下，以這個問題的領袖身分發言，他們認為：歐盟會員資格對他們的業務，而且擴張到整個的英國經濟，是重要的。就是這一群人，他們窮盡畢生之力浸淫在小機具、保險、水資源處理、目前約六十歲左右的年齡，能擁有一個被賦予權力與名聲的職位，而首度有能力解讀在他們領域之外的世界狀況。

舉例來說在二〇一三年五月，一群卓越而優秀的商界人士寫了一封信給《獨立報》，指控歐盟懷疑論者的國會議員「呼籲英國退出歐盟，是把政治放在經濟之前」。這封信中說：「留在歐盟的經濟主張是一面倒的，而且歐盟會員資格對英國的價值高達一年九百二十億英鎊。」簽署這封信的人包括英國電信（BT）、勤業眾信（Deloitte）、勞埃德（Lloyds）的董事長，也包括了蘇銘天爵士（Sir Martin Sorrell）及理查•布蘭森爵士（Sir Richard Branson）。

我們對於這種「睿智」要小心，留在歐盟的經濟主張就像脫歐的經濟主張一樣，離一面倒還非常遙遠。爭論的點應該要被小心的評量，才能導致一個均衡的判斷。除了少數幾位值得敬重的例外，企業的高手們應該回到他們的小機具、保險、水資源管理或其他任何領域，而不要干涉國家的經濟與政治管理。重要的問題是，到現在為止，他們能夠準確地評估目前小機具製造業的利益或者他們自己在其中的地位，但卻無法判斷這個工業會如何改變，在五年之內是不是還有小機具的需求；或者說，即使如果有的話，小機具是否會來自中國。他們也無法代表小機具製造商發言。為數不多的小機具替代品的製造商，仍未誕生。

更重要的是，他們也無法代表經濟體裡面的一個巨大部份、一個佔絕大多數的部份發言，這個部份與小機具製造完全無關，卻仍然受到歐盟與其各種干預的重大影響。經濟學的精義是替代與不確定性，成功經濟政策制定的精髓，是完全承認後者而給予前者完備的韁繩。這與辛剛秘•華納特爵士（Sir Thingummy Whatnot）所熟知的小機具製程，沒有太多相關。

事實上，找出所有企業人士、企業組織以及遊說團體意見的陰暗處，是可能的。適當而資訊充足的企業團體，可以很容易的像辯論的反方那樣發表意見。在二〇一三年十月，英國商會的主席約翰•朗沃斯（John Longworth）說：

> 要求首相放棄改革和改變英國與歐盟關係努力的人們，並沒有認可維持現狀不是一個選項。歐盟正在改變，而英國的政治人物們必須在決定歐洲的未來時，維護國家的利益——並不只是簡單的接受某一個別人士所主導的藍圖。

在同一天，工程師雇主協會說，英國必須維持做為歐盟的一部份，沒有「假如與但是」。工程師雇主協會最高執行長泰瑞•史庫勒（Trrry Scuoler）說：「英國絕不能在歐洲賭它的未來。這賭注是巨大的。認為我們可以輕易的從吊橋上被拉下來，而還能像以往一樣繼續前進，是天真的」。

離開的正面

有一個可以取代前面所討論，會造成貿易與投資重大損失危險的變通劇本，它需要應有的重視：英國在歐盟之外，沒有歐盟太多的干涉，而且現在自己有感覺到很像大約五十年前的新加坡，挺身對抗干預，並對整個世界開放，會把自己的事務管理妥當，而且因此進步繁榮。

對有些人來說，這似乎是個空想的前景，但歷史有呈現過成功國家的例子，從面對困境中得到激勵。同樣的，也有很多國家，在機構性的安逸和穩定的被窩中窒息。的確，對機構階段性惱怒的需求，是著名的經濟學家曼瑟爾•奧爾森（Mancur Olson）有關「為何有些國家成功，其他的卻失敗」的論文。關於英國想在歐盟之外成功，是沒有什麼不可避免的，但在最起碼的情況下，所面對的並不只是挑戰，也有機會。

設想英國升高了情勢，而且採取一些步驟來鬆綁經濟，以使自己更具競爭力。在這樣的情況之下，以英國作為基礎運作的代價，會看起來更受歡迎。留在英國之內的非金錢性利益，也似乎開始變得更具吸引力。日本與德國選擇留在英國的製造商，會知道它們作了一個好的選擇。

美國如何看待英國會員資格

企業界人士並非英國唯一必須對他們的觀點密切注意的外國人，另外還有一個重要的外交層面問題，特別與美國有關。美國一直是英國最親密的盟邦，在目前，美國似乎是極端渴望維持歐盟團結以及英國留歐。當英國清楚的在規劃脫歐時，美國也收到了警訊。美國覺得英國在維持歐盟走在正確的路線上，極為重要；也就是說，專注於與美國維持緊密的連結以及支持自由市場和開放貿易，以對抗潛伏於表面之下的法國當局的干預經濟與保護主義。

美國政府可能懷疑英國正苦於誇大的妄想中，相信在歐盟之外，可以在世界舞台上嶄露身手；或甚至與美國有更多的擁抱。有關這兩個問題，美國都希望英國的看法是一致的。

但是，卻完全把英國想錯了。英國的政治人物與人民，通常是低估而不是高估了英國的重要性。作為一個中等規模的強權，但也是獨立的國家，對於目前安排的一個不同選項，也是許多英國人民發現深具吸引力的——包括與美國比較少的擁抱。

當然，一個進步而強盛的歐洲，會為美國的政治與經濟利益提供最好的服務，問題是維持歐盟的現狀，是否最有可能達成此一目標。談起經濟動能，歐盟是一個失敗。戰後的頭幾十年，歐洲經濟的快速成長，蒙蔽了很多人對真實現況的了解。就像這本書清楚指出的，歐盟也有嚴重的政治問題：它的機構無法運作，它是極度不民主的，而且它的領導者被孤立在一般百姓之外。除非歐盟大力改革，否則最能夠服務美國利益的，是歐盟瓦解。如果英國離開歐盟，或者歐盟瓦解，美國很快就會從英國遭遇到的，繼續獲取切身的利益，然後也才能把重心放在維持跨全世界的開放貿易。

用人權轉移焦點

常常有這樣的一個假設，特別是來自於在英國的歐盟懷疑論者：能夠從歐盟的人權立法中逃脫，應該可被歸為離開歐盟的另外一個好處。此立法是在歐洲人權公約的會員資格之下，被引進英國，而由歐洲人權法院來執行。的確，有幾個有關人權的案子激怒了英國大眾。最令人惱怒的案子可能是阿布•卡塔達（Abu Qatada）的案子。他是一個激進的伊斯蘭神職人員，英國企圖要將他遣送至約旦，已超過二十年都沒有成功，而一直到二〇一三年才終於完成。

自從二〇〇〇年以來，人權法案使得歐洲人權公約可以在英國法庭執行是一個事實，但是歐洲人權公約並不是歐盟規章的一部份，事實上它是在歐盟之前，一九五〇年由歐洲理事會所起草，也與歐洲法院沒有直接隸屬關係。

但不管怎樣，作為《里斯本條約》的一部份，歐盟自己同意了歐洲人權公約。根據此一說法，像卡麥隆首相所說的，他要考慮不從歐盟退出而英國要廢棄人權法案是不可能的——除非在條約中有同意這點。一位英國的前首席法官，在二〇一三年說，人權法案應該要修訂，以釐清英國的法院在人權方面並不較歐洲的人權法院為差；而沒有英國的退出歐盟，這是無法達成的。再說一次，現況之下，沒有英國的退出歐盟，事情無法達成。換句話說，如果英國真的離開歐盟，它可以選擇要或者不要保留它的歐洲人權公約會籍。

為成本或利益加權

所以，爭論的平衡點在哪裡？我將在一會兒之後提供我的判斷。但我必須要強調，那只是個判斷，並不是像一位會計師以加總的總數所得到的結果，來分析一個公司的表現。許多真正重要的問題是抽象的，或無法立即量化、或並非事情將如何發展的先決條件。

在這種情況之下，雖然許多的會計作業被執行了，但卻產生差異很大的結論。這並非作者的能力不足或不誠實，而是因為針對這些主要問題的不確定性太大了，所以立即就可能得出不同的數據。

有一個在評估時特別困難的領域，就是歐盟法規的成本。一個由「開放歐洲」智庫所做的研究，二〇一三年十月發表，估計若要符合歐盟最重要的一百個法規，英國需付出的經濟成本是一年二千七百四十億英鎊，或大約是國內生產毛額的百分之二。有些人認為這太高，有些人認為則太低。

更廣泛的說，評估單一市場的淨利益是極端困難的。二〇一三年七月，英國政府在它的「能力檢討研究計劃」之下，從事了一項對於單一市場的研究，但對於這個困難的問題，和對於以前就存在的研究中所提到的量化利益問題，並沒有提出太多新的見解。單一市場淨利益的估算，介於加百分之三到九與加百分之四點二五到六點五之間。不過，像接下來就會提到的，對於更廣泛的歐盟會員資格，對利益均衡點的不同估算之間，差異更大。

在二〇〇〇年由「董事協會」（Institute of Directors, IDO）所發表的一個研究中，把英國對歐盟會員資格的全部成本，估算在百分之一點七五的國內生產毛額，快要達到一年的正常經濟成長。相反的，由「國家協會」（National Institute）在同一年發表、但在二 四年更新的研究中，結論卻是如果英國離開歐盟，它的國內生產毛額將會降低百分之二點二五。

二○○四年由希維塔士智庫的一份研究算出，歐盟會員資格的年直接成本達到國內生產毛額的百分之四。另外一個由經濟學家派崔克•閔福德（Patrick Minford）和維德亞•瑪漢布里（Vidya Mahambre）在二○○五年發表的研究中算出，英國會員資格的持續性成本是國內生產毛額的百分之三點二到三點七。同時在一份二○○二年由經濟學家提姆•康登（Tim Congdon）的研究提出了一個更大的估計數字——國內生產毛額的百分之十，或每一個家庭每年超過五千英鎊。數字會如此之高的主要原因，是康登對於歐盟法規的成本引用了一個百分之五的高數據，對於歐盟保護主義的成本，則是另外的百分之三點二五。

一個由派崔克•閔福德在二○○六年的研究估計，歐盟造成它的人民，包括英國與其他部份的歐盟國家，成本負擔在國內生產毛額百分之三的規模，用以保護它的工業免於與世界競爭。另外的一個極端，英國工業總會在一份二○一三年十一月的報告中指出，英國的歐盟會員資格為英國經濟增加了六百二十億到七百八十億英鎊的負擔，相當於每個家庭要花三千英鎊，或每一個個人要花一千二百二十五英鎊。然而，一份英國工業總會（由經過廣泛篩選的英國企業組成）的意見調查揭露，百分之七十八的會員贊成英國留在歐盟。

更寬廣的考量

所以，如果不是狹義的把可以界定的成本與利益加總，那根據什麼樣的基礎，一個國家可以決定留下或離開歐盟？當然應該是根據歐盟的治理方式和它的運作以及與各經濟體的交互關係和可能發展的方向。我在第二章討論過，歐盟是一個根本上不民主的組織，而且要看到它的轉變是困難的。它的決策方式不佳，而且對各經濟體的干預傾向於製造災難。這種傾向可能只會增加，特別是它在變得更大、更多元之後。同時，就像我在第三章和第六章所展現的，它對全球生產毛額的佔比在下滑之中，而且還會進一步下滑。

英國對歐盟預算的貢獻成本並不巨大，但是如果沒有根本的改革，就很可能會隨著時間而增加，類似因為遵守歐盟法規而不斷增加的成本負擔。面對這些因素，如果一個合理的貿易協定無法達成，英國可能要準備失去對歐盟的出口外銷，而也可能要準備失去一些國外直接投資。

雖然評估這許多因素的相對權重是困難的，但對我來說，如果歐盟不做根本的改革，那它聽起來就不會像是個經濟實體，感受得到在為你的行進加速。所以，試著達成根本的改革，是個可感受到的目標。如果英國可以確保歐盟的根本改革，包括權力的大幅外放、確切排除越伸越近的手、離開單一市場以及其他在卡麥隆首相在彭博社演講中所提到的事項、我在第七章中也分析過的改變；這樣的話，留在歐盟也許是值得的。

但是，如果這些目標無法達成——而我也高度懷疑這些目標是否可以達成，那我相信英國的最大利益是離開歐盟，站在單一市場之外，但是要確保一個與歐盟的自由貿易協定，其所附帶的協議中，要能包含一切英國與歐盟有共同利益領域的合作，包括環境，也可能是國防政策。

提醒你，這不會是許多歐盟懷疑論者想像的一個無痛、無風險的作法。特別是在實務上會有一個重要的風險，導致歐盟會員可能會大怒而向英國施加報復。因為大家可能看到的是英國干擾了歐盟的運作，還威脅到它的未來。還有，像我在下一章的討論，這可能會在一個不友善的環境中發生，開放的國際貿易系統在其中崩解，而且美國會退縮到一個孤立的角色。

這些都是嚴重的風險，但是，照我的看法，如果歐盟根本改革了，那這些風險都是值得承受的。好的方面是，能夠運作國內經濟以及和世界各地進行貿易的展望，卻可以不用面對歐盟會員資格所帶來的種種阻礙。

荷蘭方面的重要性

很顯然地，英國並不是唯一一個可能會考慮離開歐盟的國家，儘管它是唯一一個針對這個議題舉行公投的國家。即便如此，許多可以算得上是評估英國立場的因素，也會是其他任何國家要考慮的關鍵議題，不過，其中還是有一些關鍵差異，值得在此簡短討論。

巧的是，我的公司「資本經濟顧問公司」，在二〇一四年二月曾發表一份研究，探討荷蘭退出歐盟會帶來的結果。這樣的事情被廣泛地稱為「荷蘭脫歐 NExit」，比照「英國脫歐 Brexit」以及

「希臘脫歐 Grexit」（不論是退出歐盟或單指歐元區）。有兩個不同於英國立場的關鍵差異：就是針對金融服務的效益、以及算不上大的汽車製造業，而且在荷蘭的經濟體中，也沒有如此大的國外直接投資區塊。

另一方面，荷蘭也必須考量一些不適用於英國的因素。首先，它是歐元區的會員，如果它要離開歐盟，就得退出歐元，並開始用自己的貨幣「新荷蘭盾」。這會引起額外的複雜情況，因為新的貨幣或許會大幅度地對歐元升或跌，而且各種資產和負債都是以歐元計價的。因此，對荷蘭、或對任何離開歐盟的歐元區會員來說，歐元崩解或退出的因素，都顯著具有的重要性。

此外，荷蘭跟英國相比，既是一個小得多的經濟體，也是一個跟歐盟有更密切關係的國家。因此，在退出之後和歐盟之間取得一種正確的關係，就會變得更加重要。

很顯然地，正如英國可能脫歐的議題，圍繞著荷蘭的脫歐，也有相當多的風險與不確定性，但是「資本經濟顧問公司」的研究所下的結論是，荷蘭會是脫歐的純粹得利者。就像其他國家一樣，它可以省下對歐盟預算的貢獻，並且獲益於能夠不受歐盟的規範。而且，在歐元區之外，它還可以因為省下對表現較弱的南方會員國進行緊急財政援助而得利，因為能夠運作自己獨立的財政與貨幣政策，並且能和全世界迅速成長的國家發展貿易連結。原則上，同樣類型的考量因素也適用於評估任何其他歐元區會員國可能退出歐盟的後果。

注意你的說法

人們有時候會談起英國「離開歐洲」的後果，但這在地理上是不可能的，對荷蘭來說也一樣。「歐盟」並不是「歐洲」，它是一個由歐洲國家組成的特別政治聯盟，碰巧涵蓋了大多數的歐洲領土：就此刻而言。過去也曾出現過其他聯盟，但是都沒有堅持下去。

同樣的，可能有人會聽說，英國「背棄」其主要市場，或英國「被拒之門外」，這是很荒謬的。正如我曾經主張的，在歐盟之外，英國還是會繼續在其貿易部份，與聯盟國家有所交集。

但這並不是指歐洲人，包括英國人在內，如果每個國家都退回到各自的小世界裡，情況就會變得更好。英國離開歐盟，那主要的義務及其首要的機會，就得是參與其他的體制結構，或是發展新的體制，來取代歐盟。

X　取代歐盟的可能安排

> 若說是國協創造了構成新英國全面榮景的核心生動活力、相同志趣、自由貿易，用技術術語來說，那是胡說八道。
>
> —《經濟學人》，二〇一一年十月三十日

對歐洲國家來說，人們傾向於認為，歐盟是唯一可能的超國家組織形式。其實，還有很多種選擇。這些都與離開聯盟的個別成員，以及整個聯盟瓦解的情況有關。

本章的主題，就是找出替代性做法的可能形式。首先，我將討論歐盟如果分裂或解散時，歐洲的貿易關係可以如何安排，包括歐洲會員國之間可能的政治聯盟。然後，我會討論歐洲與美國更為緊密的貿易連結問題，各國被排除在世界貿易集團之外的危險，以及與這些集團談判的困難。接下來再要討論的是世界貿易組織的重要性，以及審查英國如果離開歐盟時的可能選項，包括大英國協之間連結的吸引力。最後的結論裡，我會衡量目前學者的共識，以及歐洲領袖們對於歐盟願景的批判性評估。

如果歐盟破裂之後的貿易關係

假設是歐盟會完全破裂，那會員國是否有能力、也願意保留一些這個組織初期類似共同市場時期的作法？或者他們將沉淪於那些舊有的壞模式，譬如貿易限制？

當考量到未來結盟的形式，歐洲國家不但要摒棄「日益緊密的聯盟」的觀念，也要摒棄關稅聯盟的觀念：也就是說，所有從聯盟以外進口的貨物，一律課以共同關稅。就拿英國來說，英國的進口，百分之九十是免關稅的；而且關稅只對貨物課徵，並不對服務與所得流動課徵，這是特別重要的。在歐盟之外，世界上的其他任何地方，都沒有明顯的關稅聯盟。

這是個清楚的例子，說明歐盟所建立的國度，與我們所生活的世界相比，是如何帶有一種越來越少的相似性了。當歐盟的概念形成時，貨物佔有貿易流動的絕大多數；而在那之後，服務方面的貿易快速發展，可以確定的是在未來它將繼續成長得更多，尤其對於透過數位方式提供的服務，更是特別真確。當然，這是歐洲經濟共同體在一九五七年成立時，無法想像的。

從一個更為廣泛的觀點來看，如果歐盟結束了，歐洲並不需要回到彼此處於戰爭時的個別國家狀態。只要是一談到經濟的議題，關鍵的需求就是發展出一個自由貿易區，這並不用超越人類智慧就能夠建立。總而言之，像下面會討論的美國、加拿大與墨西哥成功建立了「北美自由貿易協定」，而且並沒有使用任何令歐盟苦惱，含有政治、法律與整合者深晦難懂的語言。甚至在亞洲，東南亞國協也獲致了類似的成果。

北美自由貿易協定作為歐盟的一個例子

「北美自由貿易協定」是在一九九四年成立，目的在增加美國、加拿大和墨西哥之間的貿易，然後更進而推動成長。這目標已經達成了，即使這些國家仍然維持著自己的主權貨幣，而貨幣的價值經常大幅變動，但這些國家之間，並沒有朝向形成政治結盟的動作。

必須承認的是，前墨西哥總統文森•福克斯（Vicente Fox）在二〇〇七年九月的一次電視訪問中，鼓吹在三個國家當中建立一個貨幣聯盟。他聲稱，曾與美國小布希總統談論過北美貨幣聯盟的可能性。此一聲明在同一天當中，為白宮新聞部長所否認：「並沒有建立此種貨幣的計劃在進行中，美國與加拿大政府對於北美共同貨幣聯盟，從未曾提供任何官方的支持。」理由有好幾個，並不只是因為對美國的經濟利益很小，而潛在的政治損失卻較大。

在二〇〇六年所作的一次評估中，加拿大的財政部說得非常明確：「採用一種北美共同貨幣並不是加拿大所期望的。」更進一步說：「一種北美共同貨幣，毫無疑問的意謂著加拿大採用美金和美國的貨幣政策，那加拿大勢必要放棄對於國內通貨膨脹和利率的控制。」

作為一個自由貿易區，「北美自由貿易協定」與目前的歐盟有許多相似之處，但也有一些關鍵性的差異：它允許貨物與服務的自由移動、對智慧財產權相互尊重，以及資金的自由移動。但是與歐盟的關鍵性差異，是它不允許人口的自由遷徙。另外兩個關鍵性的不同是：它並不強制要求會員國採用同樣的關稅或其他貿易障礙，而且它也沒有相當於歐盟單一市場的一致性。

東南亞國協的例子

類似的論點，也可以用在亞洲的貿易協定，名字叫做「東南亞國協」，成員國包括汶萊、高棉、印尼、寮國、馬來西亞、緬甸、菲律賓、新加坡、泰國與越南。一般而言，討論一種東南亞國協貨幣聯盟所受到的歡迎程度，要超過北美自由貿易協定的貨幣聯盟，雖然到最後是什麼也沒達成。

的確，歐元區的發展，讓一位具有高階官員身分的成員，排除了在可預見的未來看到一種東南亞國協貨幣聯盟產生的可能性。在二〇一二年五月的一次記者會中，亞洲開發銀行的首席經濟學家李昌鏞（Changyong Rhee）說道：

> 歐元區應該要扮演亞洲的指標。擁有單一貨幣和一個大的聯盟可能會製造問題。我們先看看他們如何解決問題，然後再來研究擁有單一貨幣是否仍然是值得讚許的。

在二〇一三年四月的演講中，亞洲開發銀行總裁當選人中尾武彥（Takehiko Nakao）說亞洲「還沒有到達考量一個貨幣聯盟的階段」，他也評論：「除非所有國家都願意用國與國之間財政調度的方式，來解決財務麻煩，否則，共同貨幣是不可能的。」以及「亞洲國家專注於發展使用自己的貨幣，是更具有生產力的。」

在二〇一三年六月的世界經濟論壇中，泰國副總理吉迪拉•納•拉隆（Kittiratt Na-Ranong）說：「一種東南亞國協的貨幣是不可能的。」他也說：

東南亞國協的成員，在一九九七年亞洲金融危機中一起受害；而我們看到了匯率的好處，它是資本主義制度的重要本質。

總體而言，在可預見的未來，形成一個東南亞國協的貨幣聯盟是高度不可能的；沒有任何一位亞洲決策者，會進一步推動這個議題。東南亞國協的領導人完全專注在進步的真正源頭：貿易、投資、工作、創新、教育。再說一次，從歐洲學到的教訓是：貨幣聯盟或者政治聯盟，並非緊密合作或甚至貿易整合所必需。

一個歐洲的模式

有趣的是，在歐洲一個扮演類似北美自由貿易協定，或東南亞國協功能的組織結構早就存在了。它叫做歐洲自由貿易協定，在一九六〇年時就已經在了。今天，歐洲自由貿易協定與歐盟關係不佳，成員國只有冰島、列支敦士登、挪威與瑞士。但以前它的組織要大得多。在剛成立時，它的成員國還包括奧地利、丹麥、葡萄牙、瑞典以及英國（見圖 10.1）。

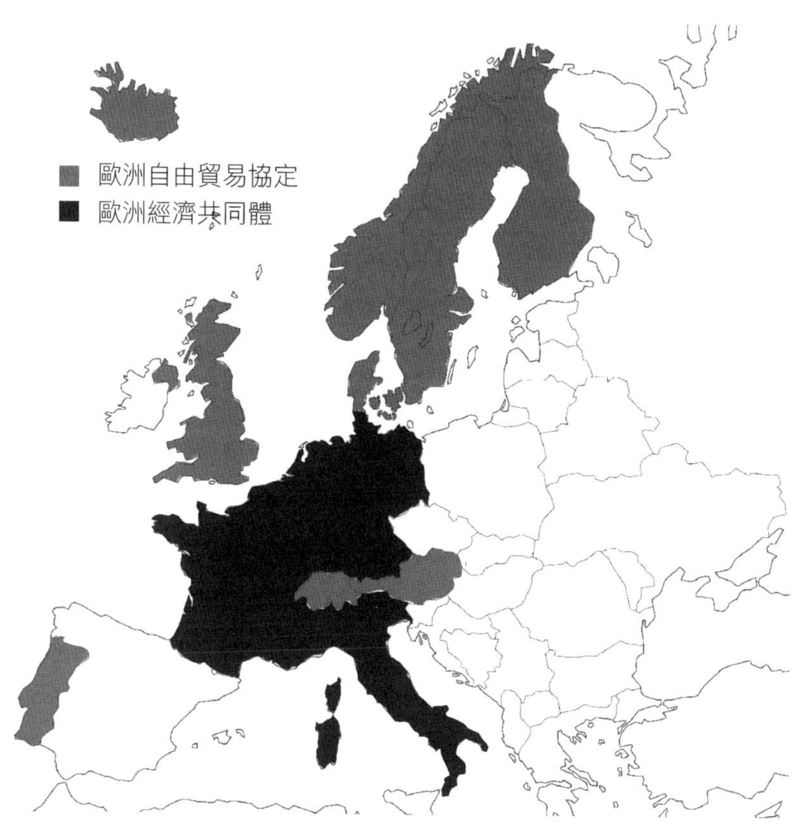

圖 10.1　英國在 1973 年加入歐洲經濟共同體之前的歐洲自由貿易協定與歐洲經濟共同體。出處：www.efta.int，www.europa.eu

關鍵的改變發生在一九七二年，當時英國伴隨著丹麥，離開歐洲自由貿易協定，而成為歐盟的成員。葡萄牙在一九八五年跟進，芬蘭在一九八六年加入歐洲自由貿易協定，但在一九九五年離開，並隨同奧地利與瑞典一起加入歐盟。

英國政府離開歐洲自由貿易協定，並加入歐盟的決定，是個第一級的戰略錯誤。在當時，由德國和法國所領導的歐洲共同體，已經是一個更大的經濟體，而且有計畫將會變得更大。就像圖 10.1 所顯示的，所謂更大的經濟體，完全與幅員無關。當時被歐盟排除在外，就好像錯過了鎮上唯一的一場比賽那般。但至少對英國而言，是這個組織建立一個完整政治聯盟的野心，能走多遠的問題之前的事，也是這組織全面干預國家生活事證確鑿之前的事。

不管怎麼說，歐洲自由貿易協定的結構，為歐洲提供了一個如果歐盟瓦解的話，可存活的體制模式。並不需要重新來過，只要回到歐洲自由貿易協定，就是個適當的起始點。另外還有個組織也在表面上提供了一些類似的東西：歐洲經濟區，成員包括歐盟，加上歐洲自由貿易協定除了瑞士以外的所有成員。這個組織在一九九四年成立，但有效的擴張歐洲單一市場，把所有的義務與限制，衍伸至歐洲自由貿易協定國家。這也是為何瑞士並非成員的原因。如果歐盟無法存活，單一市場，就如同它現在的結構，確定也無法存活。歐洲國家需要回來的目的是自由貿易，根據此一說法，應該是由歐洲自由貿易協定，而不是歐洲經濟區提供一個可以存活的框架。

可能的政治聯盟

在這種安排之下，歐洲各種形式的聯盟，或政治結盟的發展，仍然是大有可能的。現有的歐元區當中，有兩個清楚的集團，各擁有大約均等的人口，而每個國家都屬於兩者之一：德國加上它意見一致的夥伴，奧地利、荷、比、盧三國，以及芬蘭，總人口約為一億二千萬人；地中海俱樂部，也就是西班牙、葡萄牙、義大利和希臘，總人口也大約是一億二千萬人。剩下來的國家——核心的國家，是法國，大約有六千萬的人口。它可以加入任何一個群體，或當歐元與歐盟持穩時，成為掌握權力平衡的槓桿。

法國可以很容易的與義大利、西班牙和葡萄牙建立一個拉丁國家的鬆散聯盟。但為何法國需要如此做呢？一旦「日益緊密的聯盟」被摒棄了，那所有的國家都將可以自由的依照不同條件，來為自己做個別選擇。

假設全歐盟有了自由貿易區的存在，那就不該會有國與國之間建立緊密聯盟關係的急迫性經濟需要。所以，理由反而應該是政治性的，或者與安全有關。如果成員國如此選擇，這樣的國際聯盟應該是鬆散的，所管轄的範圍也只是緊密合作以及（或者）申根形式的邊界規範。但也可能一路走向完全的財政與政治聯盟。

比利時則是一個有趣的例子。它可能很希望加入北邊的核心集團——如果可以的話。但德國應該一定會拒絕，比利時的高債務還不是最重要的理由。因此，在這種情況之下，可以想像比利時應該會試著去與法國成立，或甚至加入一個緊密的聯盟；更可能的是，就像它已經威脅要做好幾年了，打算分裂成兩個獨立的小國：講法語的南邊併入法國，而講比利時語的北邊併入荷蘭。總而言之，比利時是一個完完全全的「人造國家」，一八三〇年在英國要求之下成立時，目的是防止土地，特別是斯海爾德河（Scheldt）的河口和安特衛普港，落入法國人手中。今天，已經完全沒有這樣的顧慮了。

希臘與愛爾蘭是不同於他國的。兩個國家都可以繼續保持獨立，併入新的歐洲自由貿易區，而當其他任何跨歐洲的合作形式出現時，可選擇不與其他會員國緊密來往。然而，愛爾蘭的例子則是它會選擇與英國編造緊密的關係，只是會因明顯的歷史緣由，而困難重重。

如果歐洲真的合併為幾個不同的集團，那嚴重的問題會是位於中歐與東歐的共產國家。其中有些國家也許會選擇朝向德國領導的核心（如果這種組織存在的話），並尋求表達忠誠。有些國家也許會選擇自己建立一個鬆散的聯盟組織，而或許有些國家會尋求與英國結盟。換言之，假設開放的貿易連結了歐洲之內或者某種形式的泛歐洲合作，像是有關環境或者國防這方面的事務，那大部份甚至全歐洲國家，都寧願選擇自力更生。

很清楚的，如果歐盟解體，所有從前是蘇聯集團成員的歐盟成員（而且已經是北大西洋公約組織的會員國）的最大擔憂是跌回俄羅斯影響全球的時代。如果歐盟真的瓦解的話，北大西洋公約組織作為對抗俄羅斯復甦的重要性將會增加。事實上，歐盟與北大西洋公約組織的會員資格大部分是重疊的。北大西洋公約組織的二十八個會員國中，只有六個不屬於歐盟：阿爾巴尼亞、加拿大、冰島、挪威、土耳其與美國；而歐盟的二十八個會員國中，只有六個不屬於北大西洋公約組織：奧地利、塞浦勒斯、芬蘭、愛爾蘭、馬爾他以及瑞典（見圖 10.2，其中並無美國與加拿大，兩個國家都是北大西洋公約組織成員，但都不是歐盟成員。）

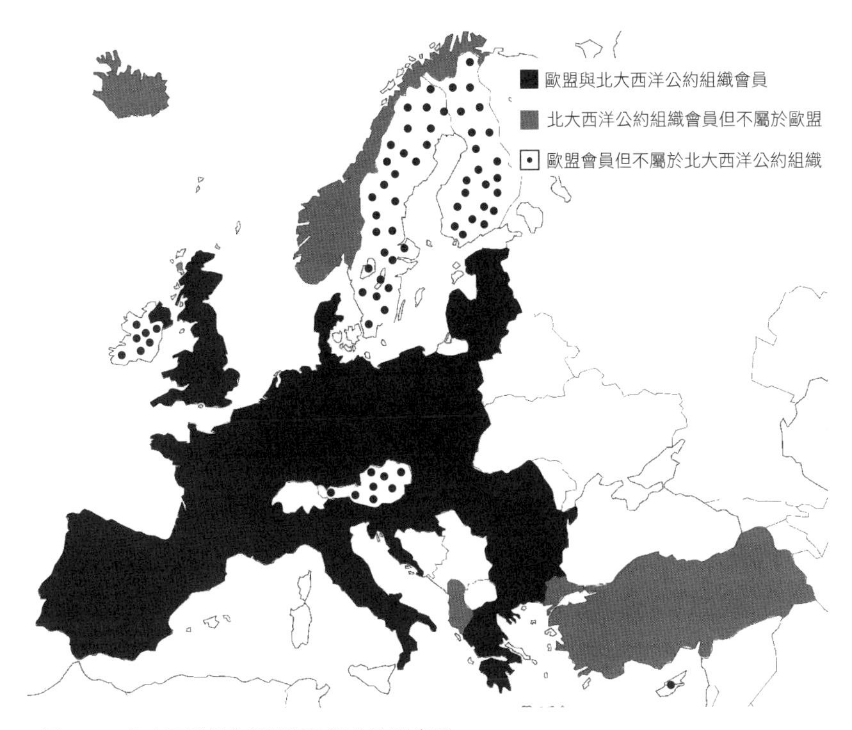

圖 10.2　北大西洋公約組織與歐盟的歐洲會員

解決土耳其的問題

就如同我們知道的，結束歐盟的一個很清楚的好處，是將目前還在歐盟外面的三個國家，整合進入替代組織的一個時機。前面的兩個國家：挪威與瑞士，只能代表微小的獲益；但對第三個國家，則是極端的大利益：土耳其。為了堅持在日益緊密的聯盟中的快速發展，現在包括財政與政治的聯盟，歐盟的領導人很有效的排除了土耳其。歐洲的選民將永遠不會有胃口，接納土耳其作為歐盟一個完全平等的會員國；他們的領導者知道這點，而被迫將手從土耳其的會員資格移開。但這已經隔絕了土耳其，並冒著把它推向更朝向東方的風險，甚至走向成為伊斯蘭國家，這是會帶來災難的。因此，為了強大的戰略理由，土耳其駐足在西方，是很重要的。

作為對歐洲聯盟未來理想形式的試金石，它必須是一個土耳其可以扮演完全而平等角色的。根據目前的認定，顯示歐盟在實驗中失敗。我的建議是，歐洲自由貿易協定加上環境與國防上的合作（在北大西洋公約組織之內），再加上與那些有意願並通過試驗的會員國更緊密的合作。

與美國更緊密的貿易連結

如果，目前歐盟與美國正在協商要組成的北大西洋自由貿易區（過去叫做「跨大西洋貿易與投資夥伴協定」Transatlantic Trade and Investment Partnership, TTIP），成功達成結論，而之後被進一步推行至每一個會員國，即使後來離開歐盟，或參加其他任何一個接替歐盟的集團或組織，使每個國家有能力在歐盟之外表現良好，都是極為有幫助的。

如果這個協議可被達成，那就製造出一個約佔世界產出一半的貿易聯盟。潛在的利益據估計是歐盟一千億英鎊、美國八百億英鎊、世界其他各地八百五十億英鎊。

這可是關係到構成貿易壁壘的一系列繁複措施是否得以撤除。例如，汽車工業的製造商要做兩次衝撞試驗，才能通過幾乎完全一樣，但卻又不同的安全測試。類似情況是西藥公司必須要分開做兩次藥品與醫療器材的試驗，化妝品公司必須要製作兩種不同的標籤。

像這種「跨大西洋貿易與投資夥伴協定」成功達成的展望，經常會被用來作為留在歐盟之內的一種強力爭辯。他們就像希臘神話中的卡珊卓（Cassandras）預見脫歐結局，於是發出警告，離開了歐盟，英國將從這個龐大集團中切割出去。

而這種爭論也可以很容易的被導向另一條路線發展。如果協議達成後，英國脫歐，那英國持續遵守剛簽訂的協議，為何是不可能的呢？如果這會發生，那將是合乎每一個人的利益的。英國即使在歐盟之外，也仍然可以成為協議的一部份，那英國還要留在歐盟之內的理由是什麼？

對世界上的貿易聯盟關閉大門

比較一般性，也是比較令人擔憂的是，這個世界似乎在向形成幾個大的貿易集團方向移動，歐盟、北大西洋自由貿易協定、東南亞國協以及南方共同市場（MERCOSUR），是目前的領導者（見下頁圖 10.3）。在這些聯盟之外，二〇一三年底時，在進行談判建立一個十二個國家的「環太平洋貿易集團」，有資格參加「跨太平洋戰略經濟夥伴關係協議」（Trans-Pacific Partnership, TPP），包括美國與日本在內。還有俄羅斯正在推動一個「歐亞經濟聯盟」（Euroasian Economic Union），要把過去的蘇聯成員連結；其中白俄羅斯與哈薩克斯坦被排除在外，因為它們已經與俄羅斯有關稅聯盟了。

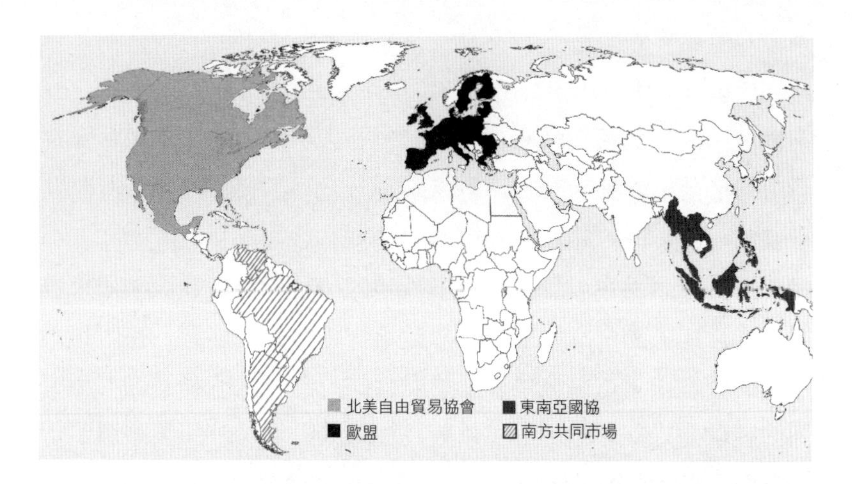

圖 10.3　世界上主要的貿易同盟。資料來源：www.naftanow.iorg，www.europa.eu，www.asean.org，www.mercusor.int

所以，在一個夢魘的視野當中，如果歐盟破裂了，歐洲的國家會發現自己被孤立在世界之外，彼此關閉市場，也關閉了世界各地的市場。這個問題在小國與世界上的大型貿易集團協商時會愈大；國家愈小，問題就愈大。即使對英國與法國而言，也是有點要擔心的。這代表的將會比兩次世界大戰之間的保護主義時期他們所忍受的情況還更糟，因為當時至少還可與遼闊的帝國自由貿易。所以，這可能是最壞的情況了。

有趣的是，這些貿易聯盟中沒有（或者據我個人所知，在其他任何地方也沒有）任何一個國家選擇退出或共享國家主權的。只有在歐盟，國家主權應該是已過銷售期限了。事實上，在過去幾十年以來，國家主權是極端熱門的。一九四六年，聯合國的會員國是五十一個國家；今天是一百九十二個。

對歐盟來說，問題仍然是個別的前會員國要如何去與世界上的其他國家討論貿易協定，因為它們的實力要比歐盟小得多。

有關將發現自己處於四面環海困境中的評論，最近為前卡麥隆政府的政務委員以及英國主要親歐派人士之一的肯尼斯•克拉克（Kenneth Clarke），在歐盟與美國之間建立一個貿易聯盟的協商過程中被提起，他在二〇一三年六月十八日《每日電訊》中寫道：

> 很簡單，對於建立一個自由市場，涵蓋了超過八億人口、全世界生產毛額的百分之四十七，而且刺激歐盟與美國的合併經濟到接近一千八百億英鎊的政治承諾與投入，只有規模對等的經濟聯盟領導者，才能做到。

事實上，這並不是一個清楚的結論。沒錯，作為一個較大聯盟的成員，會賦予像英國這樣的國家更多的份量。有時候，在與世界他國協商時，這種份量也可被稱為「影響」或「拉抬」的力量。但在另一方面，你所參與的組織愈大，要讓這個組織與世界各國的協商達成共識會更困難；而要讓組織的利益與個別會員的利益緊密一致，也會更不可能。

這點與英國特別相關，因為英國的經濟結構與其他大部份的歐盟國家非常不同；特別是它佔比很大的服務業外銷。原則上，對於像英國這樣的國家要透過一個大得多的協商機構，而本身又是該機構的成員之一，去與全世界談貿易，若輸掉出局，完全是可能的。輸的原因可能來自於有遵守協議的義務，而協議內容，又與它的特殊利益相違背；而它當然又被禁止自行去尋求類似的貿易協商。或者說，損失也可能是因為在會員國（以歐盟的例子是二十八）之間，全面達成協議的困難所造成；意思是說，許多的貿易協定被證明是不可能的，或者只有曠日廢時之後才可能。

所以，再一次，這個論點得面對實際考驗。事實證據剛好與親歐盟陣營所廣為聲稱的確定性背道而馳。實際上，歐盟被證明在協商「自由貿易協定」方面，特別的差。

最近，英國工業總會警告英國，如果它採取「瑞士選項」（意指英國協商貿易條件時，沒有歐盟在背後支持的力道）時的危險，與瑞士相較是非常有趣的。在二〇一三年十二月，瑞士有二十六個自由貿易協定在執行中，歐盟有二十五個。就平均來看，瑞士的自由貿易協定比歐盟完成得早。

更重要的是，雖然有重疊之處，這些自由貿易協定的涵蓋範圍仍有不同。當歐盟有自由貿易協定在執行中時，瑞士與幾個國家並無相對應的協議：敘利亞、聖馬利諾、阿爾及利亞、中美洲與安多拉。瑞士與六個國家有自由貿易協定在執行中，而到目前為止與歐盟並無相對應的協議：新加坡、南部非洲關稅同盟、日本、加拿大、烏克蘭、中國與香港。這似乎是雖沒有歐盟在後支持，瑞士卻能夠超越歐盟，而做到與更重要的貿易國家簽訂自由貿易協定。

更進而言之，如根據隨後而來的外銷成長來判斷，包括服務在內，瑞士的自由貿易協定，要比歐盟的獲利更多。

瑞士經驗也不完全是自成一格的，許多相對小的國家，都能與其他國家或貿易聯盟成功協商。這包括哥斯大黎加與中國，約旦與美國，及以色列與歐洲自由貿易協定。所以，協商貿易條件被孤立的想法，是不太可能實現的，而且聽起來並沒有那麼麻煩。

世界貿易組織（WTO）的重要性

當問題存在時，保護遭到貿易歧視國家的，正是由世界貿易組織所建立並監督的一系列貿易協定。世界貿易組織成立於一九九五年，它是關稅暨貿易總協定的後繼機構，是在戰後立即建立的，目的是要掃除關稅與其他的貿易障礙。世界貿易組織透過一系列談了好多輪的多國協議來開放貿易。一直到最近，最後的八回合談判，所謂的「烏拉圭回合」，是在一九九四年完成的。

七年之後在二〇〇一年，第九回合多哈談判開始了。但是，進展極端緩慢，造就世界貿易組織的覺醒，以及全世界往多邊主義移動的獨特傾向。當這情況發生時，二〇一三年底在峇里島的會議中，世界各國的代表們提出了一個想法。所以，雖然世界貿易組織並不太妙，但是至少存活了。

照理說世界貿易組織不會持久，但結果呢？關鍵國家當然就是美國。二次大戰之後的幾十年以來，它致力於開放全世界的貿易，並不只是要讓與它步調一致的國家繁榮進步，然後才能築起一道防堵共產主義的牆。但現在美國看到，不會太久之後，它的相對經濟下滑，將會導致它把經濟領導地位讓給中國。美國已經逐漸失去領導力了，而且似乎正在從全球事務上後退。它在食物方面自給自足（的確，它已是個淨出口國），而且它在能源方面可預期到的自給自足成就，可能會更強化孤立主義的趨勢。

如果美國真的成為孤立主義者，外面的世界也築起障礙，然後歐洲的國家，不管是否隸屬於某種形式的聯盟，也採取同樣行動，那麼在聯盟之外的單一歐洲國家，在這個世界上一切自理，這將會是非常不舒服的。

我不想要低估這個風險，但毫無疑問的，它是存在的。戰後世界逐步的貿易自由化，是美國在世界經濟的的特殊地位，和各國政體所造成的結果，我們應將這視為最終的最壞情況。但我個人的看法是，不大可能發生。即使美國處在一個比較孤立主義式的情境，也應該不會與歐洲完全斷絕，美國會希望與歐洲的夥伴用集體或個別的方式談妥貿易協定。的確，世界的很大部份已形成了聯盟，但這並不是保護主義者築起與他國貿易障礙的模型，北美自由貿易協定、東南亞國協或者南方共同市場，也沒有要防止它們的會員與其他國家簽訂自由貿易協定。除非事情的發展出了大錯，否則我們沒有理由相信，它們會抗拒與外面的國家進行貿易上的協商。

更進一步說，歐洲的國家應該要了解，機會是來自於他們的共同利益存在於某種形式的自由貿易協定。即使應該會更困難，但對他們來說，在雙邊基礎之下協商許多的貿易協定，仍然必定是可能的。而且就如同上面所討論的，如果歐盟解體，歐洲會回到孤立主義、單一民族國家的狀態，是不大可能的，反而是會形成一連串的聯盟，而在聯盟之中或之間，組成貿易協定應該是相對容易的。

英國的選項

我已經很清楚的講過了，如果英國離開歐盟，它很可能會與歐盟確保一種有利而緊密的貿易關係。但是我也承認，這有不能達成的風險，也會升高英國在世界上被「孤立」的恐懼。以上的討論，點出了引起恐懼的因素。我解釋過，英國應有能力與世界上的許多國家協商自由貿易協定；而除此以外，如果英國期望這麼做，也有兩個特別的組織，可以提供會員專屬的利益。

其中第一個是北美自由貿易協定。但英國前任大法官肯尼斯•克拉克（Kenneth Clarke）用自己的方式否定了這個想法：

> 英國人始終有一些羅曼蒂克的靈魂，對於英國孤立於世界對抗種種的不平等，我們無法不受到「輕騎兵衝鋒」（編註：有勇無謀）式的觀點所干擾。以歐盟換取北美自由貿易協定的背後是一樣的情結。

事實上，這並不是一個獨特的想法，美國德州參議員菲爾•葛蘭姆（Phil Gramm）讓邀請英國加入北美自由貿易協定的想法浮出檯面，這將毫無疑問的得到許多來自美國與加拿大的支持，也有來自英國的支持。

當英國還是歐盟會員國時，是無法加入北美自由貿易協定的；但如果離開歐盟，這就有可能了。對英國而言，將展現一種有利的情境。因為如果真的參加了，英國將在不需要對它的經濟施加干預的情況之下，與北美之間進行自由貿易，而同時又能夠與歐盟和世界上的其他國家或聯盟，協商自由貿易協定。

大英國協的連結

還有另外一個可引人入勝的想像，離開歐盟並不一定會切斷英國在一個改革後的歐盟，或者其他我已討論過的許多不同形式組織的會員資格。這是因為英國是一個值得讓人注意的國家群體中心，叫做「大英國協」（如圖 10.4 所示）。

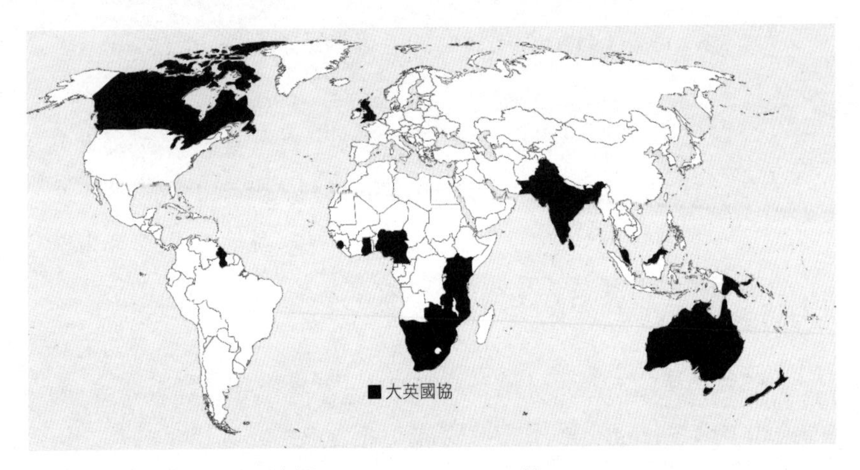

圖 10.4　大英國協。資料來源：www.thecommonwealth.org

雖然，這個群體在英國人的國家意識中已經褪色，但它的整體國內生產毛額的規模，卻在快速成長中。它可支撐起英國的可能性，是因最近前保守黨內閣大臣大衛•豪爾（David Howell）在他的著作《舊的脈絡與新的連結》（Old Links and New Ties）中倡議。在書中，他強調大英國協是一個「展延跨越五十四個獨立國家，包括十六個王國和三十八個共和國，以及其他君主政體的網絡，總人口約在二十億左右，正大約是全人類總數的三分之一；從文獻上看，是個至少佔世界貿易百分之二十的經濟巨人，而成長的前景，足以讓歐洲投以羨慕的眼光。」

國協的成長前景有多吸引人，難以形容，而且還並不只限於它的亞洲成員而已。這個集團還包括許多近來成長強勁的非洲國家。的確，很多正面的判斷認為，非洲經濟可能就像亞洲小龍幾十年前所表現的一樣，即將起飛。有趣的是，與期望相反，國協並不只限於大英帝國的舊有成員國。莫三比克與盧安達兩國都是成員，而其他國家過去雖不曾是帝國的一部份，也表達了加入的興趣。

很重要的是，不要過度仰賴大英國協的可能性，它並不是像歐盟那樣的一個經濟聯盟，它甚至也不是一個自由貿易區或關稅聯盟。大衛•豪爾強調，在一個新的數位網路時代，國家聯盟的概念看起來逐漸落伍。大英國協能為會員國提供的是一系列可以促進貿易的脈絡與連結。在它的核心是英語與以英國模式為基礎的類似制度和法治結構。

甚至曾經有過一個建立國協投資銀行，一個國協商務簽證以及國協飛機場排隊等候順序的建議。即使這聽起來不像是要改變遊戲規則，但大英國協貿易增加的可能性，不應該被輕易地忽略了。到頭來，歐盟也是從歐洲煤鋼共同體開始的。

綜合英國應該尋求在脫離歐盟之後的各種形式的作法，包括：

1、與歐盟的自由貿易協定。
2、北美自由貿易協定會員資格。
3、與世界上愈多的國家簽訂自由貿易協定愈好，包括中國。
4、與大英國協會員國更進一步的聯繫。

當思考此一願景時，許多英國人（以及其他地方的人）想像，英國應沒有能力協商自由貿易協定，因為它是如此的一個小而不顯眼的國家，但這並不正確。如同圖 10.5 所清楚表達的，英國仍然是一個滿大的國家，大約是世界上第五大經濟體，比俄羅斯、巴西和印度還大。

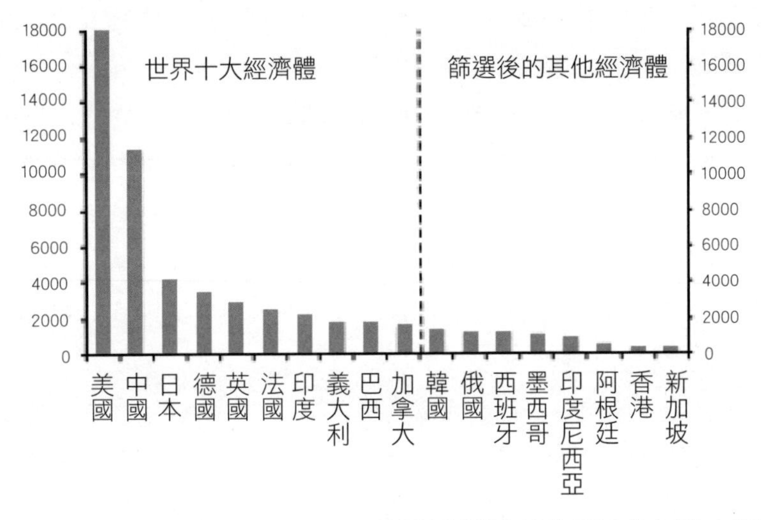

圖 10.5　2015 年世界十大經濟體，以及經篩選後的其他經濟體（國內總生產的市場價值，美金 10 億）。資料來源：國際貨幣基金（IMF）

那它為何無法協商到令人滿意的貿易協定？美國做到了，然後說美國是超大的國家。那新加坡呢？然後答案是新加坡特別的小。這似乎是神算女先知卡珊卓相信你必須是非常大或者非常小，而英國正好落在兩者之間。有點像是反轉童話三隻熊和金髮小女孩的故事：太大了就不夠小，太小了又不夠大。

事實上是，作為一個仍然是顯著經濟體以及其他國家的大出口市場，英國的地位極佳，足以與世界上許多國家協商有利的貿易條件，就如同瑞士一般，我已經在前面解釋過了。

我在第六章談過的人口因素，將會有巨大的影響，除非完全改變大量移民的狀況。看起來德國、義大利和西班牙的人口將準備下滑，而法國人口小幅上升之後穩定不變，同時英國人口快速上升，就像我在第七章提過的，二〇五〇年之後英國的人口很可能將超越德國。

若以此推論，英國很容易就可成為歐盟最大的經濟體。雖然到了那個時點，也很確定的會被巴西與印度超越；但它超越法國和德國，意味著英國在世界上的排名可能仍然是第六。這種比較是依據國內生產毛額的市值所作，用購買力相對值來看，正確的排名也許會有些不同，但實質觀點仍然立論確鑿。

願景

當想到歐盟的未來，要抓住的關鍵觀念是未來二十到三十年間的世界權力結構，會經歷一段劇烈的變動；而在這個過程中，歐盟的領導人非常渴望要把歐盟植入。我們無法知道事情會如何發展，但最不可能的就是類似歐盟創立者如何看待它。歐盟的創立者，已嚐到了願景根本失敗的苦果，就像有試著要打最後一場戰役習慣的將軍們，他們會迷戀於與地理位置上接近的國家，有緊密的經濟與政治合作的想法。有趣的是，這與一直到第一次世界大戰為止的廣大長條形疆界聯合而成一個互相連接帝國的大陸經驗吻合。但是，如果看過去幾十年以來世界上發生了什麼事，那這種願景與當代現實是失調的。

而且，也與過去海運主導的政治與經濟聯盟站在完全相反的立足點，擴展並跨越極大的距離。英國、法國、西班牙、葡萄牙與荷蘭，全都曾經跨越七海建立巨大的帝國。十七世紀甚至到了十九世紀和二十世紀初期，在遼闊的帝國疆域間，溝通是困難的，但還是發生了。

沒錯，要讓這些集團持續政治結盟形式，並不是今天我們所能接受的，也就是所謂的「帝國」。但不管怎樣，在那個時候，卻是一種行得通的結盟方式。更進而說，有些大英帝國的成員由殖民地進展而為領地，有效的自我統治與其他帝國成員平起平坐；大家跟母國透過歷史、共享的法律與政治體制、共通的語言、共有同一君主而相連結，即使沒有現代溝通方式的便利。

英國製造並管理了如此的一個幅員廣闊的帝國，是世界上所曾見過最大的，讓它在世上到處存活（也忍受了許多它的消亡），而且是在一個距離真的需要被考慮的年代。在網路時代，英國相信與隔壁鄰居成婚才能從事經濟與政治上相對等的事務，這真是極為特別的。如果曾經有過一個時代，語言、文化、共享的歷史、法律、人民的感受，可以超越地理疆界的，那這確定就是個例子了。

現代傳播方式所做到的，是改變結盟的可能性。即時性的跨世界溝通，意指集團的形成並不受限於地理上靠近的成員。這是在世界經濟方面很清楚被認同的，總而言之，這就是全球化的真正意義。在美國的工廠，常常需要生產的關鍵零組件，由中國、印度、韓國或其他任何地方來供應。

對世界政治來說，全球化似乎很少有任何影響。但為何政治或其他形式的結盟，無法跨越遠距離而繁茂，這到現在為止，也找不到好的理由。

這樣說，並不完全表示我否定了距離的重要性。例如，當談到環境與安全時，那就是地理位置接近的鄰居，會有最多的共同問題。但這就像家庭會有來自守望相助團隊的鄰居一般，並不需要因此而將財務與社會事項混為一談。所以，歐洲的國家可以在安全與環境議題方面合作，但並不一定要成立一個貨幣、財政和政治的聯盟。

歐盟拉出了一個明顯的成效：它同時是太小又太大。作為一個政治實體，它是太大了；而做為一個自給自足或者自我為中心的經濟聯盟，它又太小了。在經濟事務方面，唯一有參與意義的一個實體，就是全世界。從這點來說，所有歐盟的國家都已經是成員了。

學者的共識

不管整合計畫的失敗和危險，有一個確定的謎團就是，為何有這麼多的學者——特別是歐洲的菁英，當然也包括那些在美國機構之內的，並不承認這個問題（當然有些人已認知到，而且對歐盟的懷疑主義幾乎到處都在上升）。這理由當然是他們只看到他們想要看的，而在任何方面當他們承認有問題時，他們會「很心胸寬闊」的，期望改善會發生。

這種朝向廣泛錯誤認知的系統性傾向，具有優良的純正血統。在二十世紀初期，數不清的歐洲學者，接受了共產主義而對蘇聯提供狂熱的支持。兩次大戰期間，許多西方學者成了共產黨的成員，包括後來成為英國的財政大臣兼國防部長的丹尼斯•希利

（Denis Healey）。蘇聯支持者的名單有：英國作家蕭伯納、H• G• 威爾斯（H.G. Wells）以及華特•杜蘭蒂（Walter Duranty）；德國作家依米爾•路德維希（Emil Ludwig）、亨利希•曼（Heinrich Mann）和萊恩•富斯特萬格（Lion Feuchtwanger）；美國作家西奧多•德萊塞（Theodore Dreiser）；以及，法國作家西蒙•波娃、羅曼•羅蘭、阿納托爾•法郎士（Anatole France）、亨利•巴比塞（Henri Barbusse）、路易•阿拉貢（Louis Aragon）以及愛爾莎•特奧萊（Elsa Triolet）。在一九二〇年代，這些仰慕者訪問蘇聯，而且對於他們所看到的印象深刻，因為在過去從不曾在他們身上發生過。他們被安排參觀的是波坦金村莊（Potemkin villages）內的工業、農業以及其他專門打造的景象，用來取悅他們並獲得他們的讚許。基本的問題是，為何有這麼多的聰明而老練的人，這麼容易就接受了？答案是因為他們對於在資本主義社會所看到的感到失望，並希望相信有更好的做法。而且談到蘇聯，他們對於共產主義之前的沙皇制度缺點非常了解。

在第二次世界大戰當中與之後的期間，與蘇聯站在同一陣線甚至更具吸引力，因為蘇聯勇敢的站出來對抗法西斯主義，而且對擊敗法西斯主義卓有功績，這應該是西方民主國家姑息希特勒的膽怯行為的對比。然而，這卻是一種過於樂觀的看法，因為抹煞了史達林同意《德蘇互不侵犯條約》的事實，而第一個向希特勒宣戰的國家是英國與法國。但為何要讓事實在一個方便有利的迷思之前被擋住呢？迷思持續存在，而且還協助我們接受了幾位受過高等教育、曾為蘇聯作間諜的英國人。

在這裡，我並不是要建議歐盟或者歐洲更緊密聯合的概念，要與邪惡的共產主義相提並論。我的觀點反而是，許多聰明而具有想法的人，被當代的偉大問題所完全誤導，是很容易而又很可能的。人們會被學者的共識所淹沒，共識的觀點有它們自己的生命，當它們根深柢固時，要移轉是很難的。人們可以被引導去相信他們想要相信的，因為那給了世界及其未來一個舒適的觀點。這種學術鎮靜劑就像是藥物——而且成癮之後很難戒掉。

政治的幻覺

不同的國家，有不同的困擾，且會與其他事物交相作用之下，影響它對歐盟的態度。在英國，政策的建立是在三大嚴重的經濟妄想之中，展現出主導持續保留歐盟會員資格的態度：上位症候群、規模至上論以及對「親近」的迷戀。在過去二十多年以來，世界經濟的成功，特別是許多新興市場的成功發展，卻明顯與這些「經濟智者」所誇耀的背道而馳。

如果歐元能夠存活，那必定要某種的財政與政治聯盟東拼西湊，以拯救貨幣聯盟，並讓英國邊緣化。這個聯盟也一定會徵稅、尋求合諧化和持續規範，一直到（已經接受許多補助的）牛兒回家為止。所有的指標都看出，沒有基本的改革，這樣的聯盟，會做出對歐盟經濟成長極度有害的決定。歐元的形成以及它惡劣的經濟效果，是令人震驚的警訊，而且未來還會持續發生。

當然，用根本的方式從內部改革歐盟，應該是對的，而英國應該在這方面做出重要的努力。但不管怎樣，基本的改革仍然是陳義過高。歐盟應該在權力與野心方面都退一步，特別是「日益緊密的聯盟」必須要被丟棄。這完全與造成經濟上的災難無關，它可能成為新建立的自信與進步的基石。同樣的想法也適用於歐盟的其他成員，他們對於聯盟的忍耐已達到極限。

這個問題並不只是經濟，還有關於民主和政府品質。但就像我在本書中所討論的，經濟的結果伴隨著政府治理不佳而來。基於到現在為止所經驗到的，以及需要被迫加入某種政治聯盟國家的多元本質，期待從歐盟得到最壞的結果，真的是正確的。它已經給了我們「世界貨幣」，看起來它也將要給我們「世界政府」。

必須承認，歐元並不是歐盟病情的總和，甚至也並不是每一件在歐洲出錯事件的源頭。從這一點來看，極端的歐盟懷疑論者過度解讀了這個個案。然而，歐洲的領導人卻專注於完全錯誤的事情。他們的夢想是關於建立「團結」，意思應該是指建立「卓越」，即便那是表示多元化，而在大部份的歐洲歷史，就一直都是如此的。

對經濟學無知或所知有限的這些歐洲菁英的行為，幾乎是「確然」與歐洲的利益相反，為條約、協議以及追求共識的限制所困擾。國家進步，是建構在不論大小的工廠、商店、服務業當中的平民百姓看似單調乏味的行為之上；只要他們能夠在相對不受官僚阻礙的環境限制之中，追求經濟利益。然而，菁英們卻對此所知有限。

同時，跟著整合主義者的時程計畫與他們的社會模型，歐洲國家政府所追求的是一種妄想。這些政府體積龐大，但沒有讓它們更有效率；相反的，它們在做傳統政府所做的事，是無可救藥地缺乏效率：龐大，躊躇，昂貴，但是無法勝任。這是來自於右派的挑剔。來自左派的抱怨，是國家在全球化和市場猛攻之下，扮演「社會安全」提供者的角色上，是失敗的。

歐洲的沒落，是經濟與政治交互作用的結果。經濟進步允許了自我毀滅習慣的被縱容。政治運作的品質下降，政客們不經思索的提供人民各種麻醉劑，使得沒落的源頭持續。沒完沒了的談論「日益緊密的聯盟」，變成了對建立歐洲成功目標的一個巨大的阻礙。

在歐盟較為弱勢的成員之中，對於歐洲菁英所提政策的反對，正因為它們體制上的弱勢和它們並非誠信的近代歷史，而被緩和了。它們對於飄盪在布魯塞爾的驕傲自大、不勝任以及貪腐的習氣，已經容忍太久了。

危機與轉機

但這是改變的開始，整個歐洲的人們都被捲入。如果不是，那我們將面對非常醜陋的狀況：經濟遲緩的綜合體，或者，在極端的情境之下，崩潰，因為對政治機構缺乏信任，仇恨外國人以及種族主義，都可能是致命的。

從這本書中出現的希望是，透過根本上改革它的運作方式和它的本質，歐盟將會有能力對歐洲未來的成功作出貢獻。如果這無法達成，那希望應該是歐盟解體，讓歐洲的單一民族國家獨自存在，或成為某種新組織的一部份，這樣才能增進歐洲的進步，和促進歐洲對世界的影響。

XI 英國公投以及其他相關挑戰

歐盟現正在一個分水嶺上，它所面臨的最重大挑戰是，英國針對歐盟會員資格所舉行的公民投票。投票的結果將會有非常深遠的影響，這還不只是對英國自身，也是對歐盟的整體。

英國公投直接擴大了歐盟的核心問題，當中摻雜了經濟與政治的議題，而且深深相互糾葛。不良的政治結構，製造出不良的決策，然後這些通常還會引發負面的經濟後果。的確，經濟成功的秘訣就在於一個國家的體制結構，以及生產的能力；同理，不良的經濟結果，則往往會製造出醜陋的政治結局。而圍繞英國公投所引發的辯論，也正是政治與經濟問題相互衝撞的展現。

到公民投票之路

由於大衛•卡麥隆所屬保守黨的內部壓力，公民投票正在推行之中，而大部分的阻礙則來自於英國獨立黨；在它極具爭議卻又擁有個人魅力的領導者奈吉爾•法拉吉（Nigel Farage）的帶領之下，他們在民意調查中獲得好評，而且還有可能搶走好幾百萬明智的保守黨黨員選票。為了在二〇一五年的大選中將保守黨的威脅極小化，卡麥隆被說服要給予承諾：如果保守黨贏得了選舉，他就會在二〇一七年年底之前，舉辦一次歐盟去留的公投。

在那時候，他也許還相信，自己並沒有需要兌現這種承諾的可能，因為保守黨全面大勝的機會顯然極其微小。比較可能的結果，也就是所謂的一種「懸峙國會」（hung parliament），而這必定會驅使保守黨與另外一個自由民主政黨的合作；所以，他們不會受到公投承諾的束縛，當然也不會舉行公投。在這種情況之下，卡麥隆將能從自己的承諾中解套。這對促進保守黨團結以及使票數極大化兩方面，都有正面的作用——而且沒有額外的成本。

然而，卡麥隆是「幸運」的，英國選民並沒有照劇本演出。他們給他的回饋是一次壓倒性的大勝。但隨著勝利而來的卻是尾巴上的刺，他發現自己必須要兌現最初那個似乎很空泛的承諾——脫歐公投。

卡麥隆的限制

對於歐盟，卡麥隆從來就不是一位全力支持者。的確，他常被認為是一位歐盟懷疑論者，能力完備而且深刻務實。原則上，他能夠為留歐或脫歐背書——視兩種情況的後續細節安排而定。

但是，首相並不打算要在接受現況的基礎下做決定。就像他的前輩哈羅德•威爾森（Harold Wilson），在四十年以前，同意舉辦一次有關英國會員資格的公民投票，以便讓自己的（工）黨保持團結；卡麥隆計劃的改變是，英國並不喜歡它的會員資格——或至少要假裝改變。

在二〇一三年一月彭博社演講中，他談得很遠，不只列出了英國需求的購物清單，反而就像第七章裡所討論的，他針對歐盟的失敗做了一次完整的分析，談到需要做些什麼來讓事情回歸正途。更進一步說，他演講的核心較少談到改變英國與歐盟的關係，而是探討歐盟如何改變自己，這對全歐洲人民都有好處。

對於解決問題，這的確是個具有建設性的方法，但是許多傾向於歐盟懷疑論的人，包括本書作者，懷疑歐盟是否還可以被如此改革，繼而使他們願意對英國持續保有會員資格給予支持。但最起碼的，該有一場公民投票的舉行，並且在投票之前他們必須要看到，任何一個改造歐盟的企圖，將會導致什麼樣的可能後果。

只是這些都發生在保守黨二〇一五年五月「令人震驚」的勝利之前。在那之後，當面對必須兌現承諾之時，卡麥隆必須掌握四大關鍵的限制：

1、跨越全歐洲大陸，對於英國讓歐盟陷入另一個危機之中，而招致了嚴重的惱怒——而大部分的人認為那是沒有必要的，因為只是想協助卡麥隆處理他在國內的政治困境。
2、歐盟的根本改革，即使大家都認為那是可能的，也已經同意了，都必須要先做條約的更改；但大家對那興趣缺缺，而且如果時間表是如此的短，甚至沒有機會去深思熟慮。
3、時間表的確是短的，因為在二〇一七年德國會有一次普選，法國也會舉行總統選舉，歐盟將會被受限於突顯兩次選舉。英國的公民投票勢必要在那之前解決。
4、在二〇一五年，一個新的歐洲危機出現了，對歐盟以及對英國持續保有會員資格的投票，具有潛在的巨大影響，那就是數量龐大的移民遷入歐洲。對選民而言，移民的遷入所凸顯的是，對於離開歐盟所引發邊界控制問題辯論的共鳴被強化了。通常在夏季的月份中，移民的遷徙較為頻密。由此推論，公民投票應該在二○一六年夏天全面移民潮發生以前進行，暫且不用去考慮以後的夏天。

因此，這並不是關於英國去留能否推動歐盟改革的前導性規劃，卡麥隆加強外交方面的努力，以確保歐盟領導人儘快確定對於英國要求事項進行協商。

協商的策略

他應該要求多少？在蒙提•派松（Monty Python）的著作《大腦的生命》（The Life of Brian）中，永遠不變的討價還價場景是，先要求多一點，然後再在壓力之下逐步退讓，最後在兩位主事者的各自起點之間的某處達成協議。但無論這種方式的功效為何，如要同時達成好幾個目標，勢必會遭遇失敗。無可避免的，英國媒體將視之為失敗，而且還會再次加以檢視，好像是英國與它的歐洲大陸夥伴協商不佳，然後會大大影響對「脫歐」的投票。

所以，相反的，策略性的選擇是要求少一點；只要求從某個觀點來說，是英國的夥伴們被期望可以合理接受的。然後卡麥隆就可以帶著他的「協議」回來，並向他的選民展示為一種勝利，而且他能夠進行一種留在「改革過的歐盟」之中的運動。所以，卡麥隆塑造了一種協議，在二○一六年二月歐盟理事會的一次會議中被採納。他也決定了在.○一六年六月二十三日舉行公投，賦予大部分的政府組織充份時間準備投票活動，讓英國留在歐盟之中。

在這個現實政治的故事中，有兩點玄妙之處：首先，如果他在彭博社演講中是真誠的，那表示他只能夠從他的歐洲夥伴那裡得到極少數的保證，所以有什麼能夠說服立場明顯的歐洲懷疑論者和以務實著稱的卡麥隆，去支持英國持續保留會員資格？

第二，如果已經做成決定，那他為何不在協商開始以前公告，然後才能掩蓋他在歐盟已經不再強勢的地位？如果你把數字告訴你的對手，而且不管他們如何承認，或不承認失敗，你都將支持你與選民的協議，你不會使他們讓步的意願極大化。如果第一個玄妙之處永遠無從解決，因為關鍵因素深埋於卡麥隆的內心；那第二點看起來比較不像一個玄妙之處，而是一個大失策。

一場「交易」

卡麥隆要求了五件事情，包含了微不足道的筆記本式問題，和跨領域影響主權的問題：

1、如果歐盟移民的子女住在國外，他們將無法享有兒童福利和兒童的稅負減免。
2、為了要能夠申請在職福利，一位歐盟移民必須住在英國而且持續繳稅至少四年。
3、英國被排除於「日益緊密的聯盟」之外。
4、國家的國會能夠阻擋不被期待的歐洲立法。
5、保護非歐元區國家不受歐元區管轄，而且與此相關的，是對倫敦金融城的保護。

在所有的觀點中，他真的確保了一些事情，雖說這絕對比他所要求的少。而在協議之下，住在國外的移民子女仍然可以申請福利，只是他們的福利是比照他們母國所應享有的福利水準。

卡麥隆限制在英國至少住了四年的人申請在職福利方面是失敗的。但無論如何，當極高水位的移民，給國家的社會安全制度與公共服務施加壓力時，這個協議對整體移民人數踩了緊急剎車。這個剎車將持續七年，而且沒有更新的選項。任何國家想要適用這個剎車機制，必須向歐盟執委會提出申請，而核准也必須來自歐盟理事會。

至於對「日益緊密的聯盟」，這個協議中說：大家公認，英國……並沒有針對與歐盟的進一步政治整合做出承諾。與日益緊密的聯盟有關的參考事項，並不適用於英國。

這個協議對個別國家國會的權力提供了一種「紅牌」制度，只要百分之五十五的成員同意，允許國家的國會否決立法。

但不管怎樣，這些「勝利」是相當空洞的。這個協議是否在法律上無懈可擊甚至都是不確定的。特別是，它的觀點有可能會被歐洲法院所推翻。

所謂的「紅牌」制度，是一個笑話。到頭來，絕大部分的國家必須從一開始就支持立法。在這樣的情況之下，要確保百分之五十五以上國會成員的支持來反對一項措施，將會是完全不可能的。同時，限制移民申請福利，對於限制遷徙至英國的移民數量是毫無幫助的。而且，對於移民流入的限時「剎車」是由歐盟所控制的，而不是英國。

確認英國並沒有對「日益緊密的聯盟」做出承諾，倒是有些價值的，但是它的功能因缺乏堅定的保障而止步，就像對抗歐元的管轄不及於非歐元區的國家像是英國一般。再來，為了要確保這些「勝利」，卡麥隆必須要做出一個重要的讓步，那就是，英國不能干涉歐元區走向進一步的整合。這是英國針對這個問題否決權的有效棄守，而這是英國在處理「後公投」協商時所打的最強的一張牌。

所以，清楚的結果是，自從卡麥隆於二〇一三年一月在彭博社的演講中提出了「高期望」之後，他在二〇一六年二月所達成的協議卻是個苦澀的失望。他所要求的是令人驚訝的少，而且，顯然的，他所得到的甚至更少。這結局可能是，協議的細節應該無法、而且可能也不會，說服任何人該如何投票。這應該是要靠對於政治與經濟問題的小心評量，然而這些問題大致上與卡麥隆開始從事他的外交任務之前是一樣的。

不管怎樣，有好幾個關鍵的問題被分析家放在一旁，搖擺未決，而現在需要被重新檢視了。首先要開始的問題是，為何這麼多的企業領袖明顯支持留在歐盟，如果經濟問題的確是受到均衡對待的話。

為何大企業支持保留會員資格

並不是所有的企業領袖都支持留歐，但是絕大部分的大型企業領導人以及他們的遊說組織像是英國工業聯合會，都支持留歐則是個事實（就像他們也贊成加入歐元區一般）。我們必須假設，他們是看到了對於自己事業的好處，但那也並不表示他們所感受到的自身利益就代表英國整體的利益，或者說，基於政治或憲法的因素支持留歐。針對這兩個問題，企業領袖除了他們因為是普通公民而擁有那一票之外，完全不夠資格通過考驗。

事實上，當解讀企業領袖說些什麼時，有一個經濟學上的關鍵結構性功能需要特別注意。即使如果英國脫歐的利益與損害的淨平衡恰好是零（若將整個國家看成一體之下），那還是會有個別的獲益者與受害者；而且相當容易了解的是，後者將會讓事情單純化而寧願留在歐盟之內。英國脫歐的潛在受害者，是那些對歐洲大量外銷、從世界其他部分小量進口、而且擁有相對較小的英國本土生意的公司。落在這個類別中的公司都極為龐大，而且在英國工業聯合會當中極具代表性。

相反的，英國脫歐的好處應該會不成比例地為消費者所感受到，以較低的物價的形式，包括食物的價錢，也許也包括較低的稅賦。而企業方面的獲益者，應該會是那些受害於多餘的歐盟規章，卻又沒有對歐盟從事很多外銷的公司。這些企業都多半是規模小，並不是英國工業聯合會所代表的公司。

還有一個獲益的類別，並不會出現在任何企業領導者的計算之中，那就是在公共與非營利部門中，因歐盟規章神主牌的結束所帶來的利益。英國最多成果發表的癌症研究者安格斯•大格列許教授（Angus Dalgleish）告訴記者多明尼克•勞森（Dominic Lawson），歐盟的臨床實驗指令（Clinical Trials Directive）增加的實驗成本超過十倍。

結局是，雖然企業領袖的聲音要被聽到是重要的，但是我們必須要小心的思考，他們在經濟利益的平衡方面會有特殊的洞察力——然而對於政治與憲政方面的重要問題仍涉獵不足。

蘇格蘭的問題

很少有憲政方面的問題，會比蘇格蘭問題更重要。許多人相信，如果英國離開歐盟，這勢必會引起蘇格蘭作為大不列顛王國成員的第二次公投；而根據目前的民意調查以及蘇格蘭人極有可能會投票留在歐盟，這會導致蘇格蘭的「脫英」。如果這個推理是紮實的，勢必會讓許多歐盟懷疑論者暫時止步而多想想。他們也許並不喜歡一個聯盟，即所謂的歐盟，但他們對於另外一個聯盟卻是強力支持的：大不列顛王國。

事實上，蘇格蘭的爭議並不像它看起來那麼具威脅性。英國政府並無義務一定要退讓而舉行第二次公民投票，如果蘇格蘭民族黨認為他們可以獲勝；而且對英國西敏寺政府而言，會有一個不願如此作為的標記，應該是要為「一個世代」解決問題。

還有，雖然目前的民意調查並沒有隨之起舞，自從二〇一四年九月的公投之後，經濟狀況是向反對獨立的方向尖銳移動。經濟的辯論在最好的情況下都永遠是脆弱的，尤其是當中還有一個弔詭的問題，那就是，獨立的蘇格蘭會使用何種貨幣。但那是在石油價格每桶一百二十美元的時候。現在的價格是接近每桶四十美元，一個獨立的蘇格蘭，將立即必須增加鉅額的稅收，以及（或者）採取對不當公共支出的輪流縮減。

更進一步的說，自從二〇一四年九月以來，歐盟已經大幅度的改變了。不管英國是否離開，它都已在危機之中。在這些狀況下，如果蘇格蘭離開了英國，它要去哪裡找到一個支持它的家？即使歐盟仍然存活，它也無義務邀請蘇格蘭重新加入。的確，幾位的歐盟的領導者說得很清楚，蘇格蘭必須在其他想要加入國家的行列中找到位子。而且特別是西班牙，由於加泰隆尼亞的獨立問題，可能會拒絕任何有關承認蘇格蘭的舉動。

安全與外交政策

蘇格蘭的命運會直接衝擊英國的安全。有時候的爭論點是，如果英國離開歐盟將會危及安全，特別是現況，有著俄羅斯普丁好戰性格的增長，以及國際恐怖主義的升高。

這些觀點是前後不一致的，因為安全只是一個面向，而且歐盟幾乎是無所貢獻。英國的北大西洋公約組織會員資格賦予了保護，而即使離開歐盟，也會持續。的確，除了法國是個例外，其他的歐盟會員對於國防問題所採取的是一種並不熱衷的姿態。片面限制武器論者以及和平主義論者傾向於強勢，而這些國家經常無法達到北約組織的承諾，國防支出至少達到國內生產毛額的百分之二。如果我們的國防必須仰賴其他的歐洲國家，那就讓上帝來救我們吧！

同時，在情報與反恐方面，英國持續表現超標。英國是所謂的「五眼」聯盟國家之一，彼此分享情資：美國、英國、加拿大、澳洲以及紐西蘭。注意到這些國家在關鍵優勢上的共同點是自然無奇的。

同樣的，雖然對一些國家而言，英國如果離開了歐盟，重要性似乎將會下降，但它仍然將扮演一個全球性的關鍵角色。諷刺的是，如果對於英國在聯合國安全理事會的永久席位有立即的威脅，那必定是來自歐盟——有著高度興趣替換英國，以及法國的席位。就像大衛•歐文爵士（Lord David Owen）曾經說過的：

> 藉口說我們國家在政治、經濟與軍事上都太弱，所以不能投票贊成脫歐，是荒謬的，這種人活該把他笑出議會。

英國脫歐對歐盟的影響

如果英國脫歐發生了（也不可能在歐盟更糟的時候發生了），會促使某些發展而導致歐盟結束。首先，一個簡單的事情就是英國對歐盟預算的貢獻，大約是一百億英鎊的淨額。在平時，把這個負擔由其他歐盟成員來分擔，也許並不太困難，但現在並不是平時，有哪個國家會排隊來接受它們的負擔？又是德國嗎？法國？其結果在各會員國之間，會造成一種不得體的爭吵。

同時，在其他幾個國家當中，對於新協議的喧鬧，或者會員資格的公投，將是很可能的。領銜的國家有捷克、匈牙利、波蘭以及荷蘭。而法國的歐盟懷疑論者，則會對著英國脫歐的前景舔嘴唇，所看到的是二〇一七年總統大選中的期望。

但是，英國脫歐的真正主要威脅，要幾年以後才會來到。如果英國在歐盟之外進步繁榮，那它將導致對歐盟改革、或是離開與解體的嚴重壓力。而且我們已不斷的重複觀察到，歐盟要改革自己是多麼的困難。所以，歐盟的瓦解是極有可能的。

這樣的預期，是否會讓英國的歐盟懷疑論者暫停思考？剛好相反。我已討論過，不管在早期的幾十年，歐盟為歐洲獲致什麼成果，它現在已經超過了它的使用年限。它的菁英主義、自我膨脹浪費，和專注於規章與和諧，的確已成了阻礙歐洲進步的主要因素。依此推論，如果英國脫歐導致了歐盟的末日，那英國應該是為歐洲人民做了一項重大的服務。

歐盟的大麻煩

本書指出了歐盟大麻煩的四大主要源頭。有趣的是，自從第一版出版以來，每一個大麻煩都因為新狀況的發生，而有了新的支持論點。

首先，是歐盟根本上不民主的特質。歐盟執委會並非由選舉產生。歐洲議會相較於對應的國家國會，是一個較弱的組織，而且它本意如此。同時，歐洲法庭並不接受挑戰。「歐洲整合」是歐洲的菁英從上而下，強加在歐洲人民身上的專案。

第二，主要因為它的組織結構，歐盟做了一些令人驚訝的壞決策。壞的決策過程，源自於一種獨有的特性組合：從歐盟源頭發散而出的如夢幻般的品質，以及它要成為一個全方位國家的終極野心，個別會員國之間的討價還價，一個權力過大的官僚體系，對於國家之間差異的輕蔑，對於市場知識的不足，而且又不予尊重，積弱的議會監督，以及議會與歐洲選民之間的完全缺乏連結。

第三，由於它的壞決策，包括從歐元區的總體災難，到大量的個體干預而阻礙了商業，歐盟是一個巨大的經濟失敗區。雖然擁有歐洲傳統的明顯優勢，歐盟的表現不但輸給了新興國家，也不如世界上的其他先進經濟體。同時，它的勞動市場是個恥辱，導致了上百萬人民——特別是年輕人，生活在痛苦之中。

第四，歐盟並不知道它到底是什麼，也不知道它的目的是什麼。它目前的野心似乎是持續變得更大。它目前與烏克蘭在協商的某種形式的副會員資格，扮演著促使普丁併吞克里米亞和東烏克蘭不穩定的關鍵角色。在類似的脈絡之下，現在它在承認土耳其成為完全會員方面，又邁前了一步。隨著大約八千萬的土耳其人被允許在歐盟之內任何地方遷徙、居住和工作，這肯定會成為一場「完全災難」的處方。相反的，本書所曾討論的是歐洲應該接納土耳其，成為歐洲某個機構的一個完整的成員：但是那個機構必定不能包含人員的自由遷徙，這仍然與追求財政與政治的聯盟有距離。

歐盟將走到末路

每當提起歐盟的未來，經常讓我想起的比較對象是蘇聯，它存續的時間剛好不到七十年。羅馬條約簽訂後的七十年，會把我們帶到二〇二七年。我完全無法確定歐盟將可存活那麼久。

眾所周知的，對於歐盟的如何開始，英國並沒有扮演任何角色；但我認為歐盟如何結束，它將扮演一個主要的角色。這應該是合適的，英國人民對世界做出了不起的貢獻，但這些貢獻卻沒有均衡的分布在所有領域。我們對流行音樂的貢獻是傑出的，而我們對於非流行音樂，例如，古典音樂的貢獻，卻沒有在同一個層次。我們的古典音樂作曲家固然優秀，但卻無法說他們足可與來自德國（和奧地利）最偉大的音樂家相提並論。在繪畫方面，我們無法與義大利、西班牙、法國，甚至可能是荷蘭人平起平坐。當然，我們的本地食物是獨特的，但也不是以一種我們所期望的形式呈現。

我們對世界的貢獻，在科學和先進知識方面是巨大的。然而，我質疑英國對世界做出的最偉大全面貢獻，並不是在這些令人讚揚的方面，反而是在光譜的另一個極端，有關複雜多變的民主政府體制，議會與不成文法是自由與進步的基石。

很明顯的是英國的天才，或者是他們不變的貶英本質，在某種程度上使我們能夠避免因為歐盟優勢所帶來的兩大謬誤：歐元以及申根免護照旅遊區。然而，這些勝利只是微不足道的。歐盟朝向一個可怕的結局猛衝，包括經濟的、政治的與社會的方面。如果英國選民選擇留在歐盟，雖然他們可避免即將來到危機中的最壞部份，但他們將無法避免累積災難溢出，跨越海峽。

如果，他們選擇把英國從歐盟中移出，雖然過程中有許多痛苦的調適，但他們會帶動一系列的後果；那不但會拯救英國，也會拯救整個歐洲。而且只要保持英國人最擅長的，他們將會站在標竿的地位，來協助從殘舊的碎片中建立一個新的歐洲。

後記

小心希臘來要禮物

二〇一五年一月，希臘危機進入一個新的階段。在一次突發性的普選之後，反對希臘紓困計畫的激進左翼聯盟，與極端國家主義的獨立希臘黨，組成了一個聯合政府。激進左翼聯盟希望以某種形式把希臘債務一筆勾銷，以及結束或至少緩解前任政府所執行的撙節措施。

激進左翼聯盟政府立即與由德國領導的其他歐元區會員國面對面協商，這些會員國並沒有準備要對希臘鬆手，甚至也不願意放緩現行的撙節措施。假如沒有他們的同意，希臘當然就會很快用盡資金而導致違約，使得脫離歐元區是不可避免的情況。然而，即便是大家同意了，希臘所能有的，也只是多幾個月的資金，隱藏的財務危機仍會持續，因為希臘必須找到方法來管理它的巨額債務，和確保到期借款得以展延。

如果希臘政府在面對這個狀況時退讓（看起來像是會的），這應該會造成激進左翼聯盟放棄爭取和贏得選舉的計畫成真，如此將造成希臘政治動盪不安。

有趣的是，激進左翼聯盟不像其他歐洲國家的反對黨，它並不支持從歐盟甚至歐元區退出。他們要的只是對管理公共財務方面，能有更寬鬆的條件。事實上，這樣的野心算不上是荒謬，希臘的公共債務高到（約是國內生產毛額的百分之一百七十五）讓債權人很難想像有一天他們會全數清償，除非部份或全部勾銷，而這真的可能會發生。但如果真的發生了，就會產生兩大問題：第一，希臘被放過了，那表示有人要準備損失他的那份資產（也就是對希臘政府的債權）；損失中的一大塊，會落在公共部門，包括歐洲央行。

希臘是個小的經濟體，即使它的債務佔國內生產毛額很高的比重，它的債務絕對額度是相當小的。據此推論，希臘債務重整，對債權人所造成的損失，應是可以承受的。

然而，這正是第二個問題的發生之處。如果希臘（至少是一部份）被鬆綁了，接下來的是，拒絕葡萄牙、西班牙與義大利放緩撙節措施，或是要求塗銷債務的壓力，會有可能產生嗎？之後，又會怎樣影響法國政府在那裡執行紓困計畫？

在盤算這些問題時，希臘政府與歐元區的官員們，雙方可能都會覺得合理，他們的出手比在二〇一二年危機密布時要強多了。並不只是希臘此刻的赤字正被塗銷，而且已出現大幅盈餘；也就是說，如果塗銷債務的利息，稅收就會超過政府支出。這表示希臘是站在一個可違約的強勢地位，如果它作這樣的選擇，就不用為了日常的融資問題跑到市場上去找錢。所不可否認的是，它會需要資金來挹注到期的負債，但同樣的，如果催促還款過於急迫，那就會用雙方同意展延的方式來對債務「違約」，之後再來排除對新資金的需求。

歐元區的官員們（以及德國政府）更加有準備的盤算如何面對希臘違約，或甚至退出歐元區；這是因為把同樣情況傳染給其他歐元區會員國的風險，要比在二〇一二年時小得多，特別是現在歐洲央行明顯的有能力在市場上購買政府債券，而且，根據德拉吉的說法，已準備好「要用任何必須的努力」，來讓歐元區保持在一起。假如我們要強調這個重點的話，那希臘危機在二〇一五年初再度被點燃時，其他周邊國家的政府債券收益，就會下跌。

從歐盟的觀點來看，希臘脫歐是可以被接受的，但必須小心以對。就像我在第四章討論過的，關鍵問題是希臘在歐元區之外的表現如何。如果它表現良好，至少要像它目前情況，那麼歐元區的好日子就屈指可數了。特別要指出的是，要保留義大利會有困難。義大利的違約與脫歐的結果，將會很嚴重，還可能會導致歐盟的崩解。

如果歐洲文明的搖籃——希臘，離開歐元區就會導致它的崩解，將是既諷刺又具有象徵意義。希臘是一個許多經濟學家提出警告，認為不應被接受加入歐元區的國家，但歐洲的政治菁英們，還是接受了它。就像古代希臘人常說的：傲慢走了，天譴就來了！

附筆

歷史繼續演進

在二〇一二年歐元的存廢危機當中，我造訪了在維也納近郊的申布倫美泉宮（Schonbrunn Palace）。它是個中歐時期的漢普頓式宮殿（Mitteleuropean Hampton Court），只是更為壯麗。就在哈布斯堡君主們管理他們廣大領土的書桌之後，你會從其中的一個漂亮房間，看到一片美麗的公園；而從另外一個方向往下看，則是一條朝向維也納中心的街道。

權力與聲望從此處溢出。的確，幾個世紀以來，哈布斯堡帝國是歐洲的強權之一。在第一次世界大戰結束，它解體的那個夜晚，誰又會想到維也納會回縮成小小奧地利的首都，只留下音樂的傳承和薩赫蛋糕呢？然而這卻已是既定事實，只留下了美麗的建築物，像是美泉宮，在在提醒我們過往的壯麗。

在並不太久的未來，我懷疑觀光客是否也將造訪位於布魯塞爾的歐盟建築物，站在失去的權力當中沉思；而這個城市已從歐洲的實質上的首都，退回到並不很久以前的文化十字路口，和美味的淡菜薯條之家（moules-frites）。

詞彙表 Glossary

Aggregate demand 總需求：一個經濟體對貨物與服務需求的總體水準。

ASEAN 東南亞國協：成立於一九七六年，它的成員國包括汶萊、柬埔寨、印尼、寮國、馬來西亞、緬甸、菲律賓、新加坡、泰國與越南。這是個自由貿易區而不是一個關稅聯盟。

CAP 共同農業政策：Common Agricultural Policy 之縮寫；為歐洲的農業人口增加所得，但也因此把農產品的價格用人為的方式維持在高處。

Common Market 共同市場：歐洲經濟共同體 EEC 的俗稱，一九五七年根據《羅馬條約》成立。

Competitiveness 競爭力：一個國家的一般物價與工資水準，依據目前市場的匯率轉換後，與其他國家相比較的結果。如果相對於別的國家較高，表示此國家不具競爭力。

Customs Union 關稅聯盟：一個國家群體，對於來自群體以外國家的進口施加同樣的限制；但在群體內各國之間，則採行自由貿易或接近自由貿易的運作方式。

Deflation 通貨緊縮：一種一般物價水準跌落的過程，相反的就是通貨膨脹。

Devaluation or depreciation 貨幣貶值：相對於其他貨幣的一種貨幣價值跌落的過程。這是一個國家可用以重建競爭力，卻不需要經過物價下跌的手段。

ECB 歐洲中央銀行：European Central Bank 之縮寫；總部設於法蘭克福，這是整個歐元區的中央銀行。

ECHR 歐洲人權法院或歐洲人權公約：這個縮寫可用於代表歐洲人權法院 European Court of Human Rights（但不可與 ECJ 混淆），或歐洲人權公約 European Convention on Human Rights。

ECJ 歐洲法院：European Court of Justice 之縮寫；成立於一九五二年，位在盧森堡，它的判決法律效力橫跨歐盟。

Economies of scale 經濟規模：隨著產出的增加，每單位的平均成本下降的趨勢。

ECSC 歐洲煤鋼共同體：European Coal and Steel Community 之縮寫；成立於一九五一年，這是 EEC——歐洲經濟共同體 European Economic Community 的先行者。

EEC 歐洲經濟共同體：European Economic Community 之縮寫；根據《羅馬條約》於一九五七年成立，後來成為歐洲共同體 European Community（EC），然後成為歐盟 European Union（EU）。

EFSF 歐洲金融穩定基金：European Financial Stability Facility 之縮寫；一種用於提供歐元區有麻煩成員財務支援的基金。

EFTA 歐洲自由貿易協定：European Free Trade Association 之縮寫；成立於一九六〇年。這是某種形式的歐洲經濟共同體的敵手，但是當英國在一九七二年離開時，它流失了更多的會員而明顯褪色。它仍然存在，會員包括冰島、列支敦士登、挪威與瑞士。如果歐盟解體的話，它有可能成為新歐洲貿易集團的核心。

EMU 歐洲貨幣聯盟：European Monetary Union 之縮寫；歐元區所有國家使用單一貨幣的制度。

ERM 匯率機制：Exchange Rate Mechanism 之縮寫；歐元的前身。

ESM 歐洲金融穩定機制：European Support Mechanism 之縮寫；提供歐元區有麻煩成員財務支援的基金。

EU 歐盟：European Union 之縮寫；在一九五七年根據《羅馬條約》最先被賦予生命的聯盟，歐洲經濟共同體的目前名稱。

European Commission 歐盟執行委員會：歐盟實質上的政府。

European Social Charter 歐洲社會憲章：建制於一九六一年，為工作條件及對特定集團有利的勞動市場干預提供指導方針。

Eurozone 歐元區：使用歐元作為貨幣的國家集團。

Foreign Direct Investment（FDI）國外直接投資：企業在另外一個國家，對工廠、機械、建築物與其他企業資產方面的投資。

Free Trade 自由貿易：跨越國家買賣貨物與服務而不需要課徵關稅，採用額度或其他限制的做法。

GATT 關稅暨貿易總協定：General Agreement on Tariffs and Trade 之縮寫；成立於一九四七年，目的是協商並執行有關貿易自由化的多國協議。在一九九五年為世界貿易組織（World Trade Organization,WTO）所承續。

GDP 國內生產毛額：Gross Domestic Product 之縮寫；最經常被使用於衡量一個國家的產出或收入。

Gold Standard 金本位：一種把貨幣與特定數量（也就是這種貨幣可以交換的）黃金的連繫制度。這種制度在英國的領導下，於十九世紀時是全盛時期。雖然後來英國離開兩次，先是在一九一四年，然後一九二五年回來；後於一九三一年再次離開。在一九三〇年代晚期，金本位制度被有效毀棄。

Inflation 通貨膨脹：一種物價普遍上升的過程；通貨緊縮的反面。

Internal Devaluation 內部貶值：物價下跌的過程，透過此過程，國家可以重建競爭力，卻不需要改變匯率。

Keynesian 凱因斯式：與約翰•梅納•凱因斯（John Maynard Keynes）或後來被稱為凱因斯爵士有關。它通常被認為是二十世紀最偉大的經濟學家，或有史以來最偉大的經濟學家之一。「凱因斯式」經常被用來解讀一種政策，有時候會是採行政府赤字預算的手段，來刺激整體需求增加。

Lisbon Agenda 里斯本計畫：一個重新提振歐洲經濟表現的計畫。在二〇〇〇年宣布，一般認為它是失敗的。

MEP 歐洲議會成員：Member of European Parliament 之縮寫。

Mercosur Mercado Comn del Sur（Common Market of the South）南方共同市場：一個在一九九一年成立的經濟整合計畫，它的成員包括創始會員阿根廷、巴西、巴拉圭和烏拉圭以及夥伴會員委內瑞拉、智利與玻利維亞。

NAFTA 北美自由貿易協定：North America Free Trade Association 之縮寫；於一九九四年在美國、加拿大和墨西哥之間建立，這是一個自由貿易集團，而不是一個關稅聯盟。

NATO 北大西洋公約組織：North Atlantic Treaty Organization 之縮寫；所有的會員國，包括大部份的西歐與美國，承諾共同防禦。

OECD 經濟合作暨發展組織：Organization for Economic Co-operation and Development

OMTs 直接貨幣交易：Outright Monetary Transactions 之縮寫；歐洲中央銀行的一種政策，隨時準備購買有問題的歐元會員國的債券，而沒有潛在的限制。此政策在二〇一二年七月宣布，但到了二〇一三年底還沒有實施。

Open Europe 開放歐洲：一個總部在英國的智庫。

Optimum Currency Area 最適通貨區：一個國家群體或者一個區域，根據一些理論上的條件，能夠最妥適的在單一貨幣之下運作的程度，而不需要每個國家或地區使用自己的貨幣。

Productivity 生產力：在既定的時間之下，每單位的投入所產出的量。生產力常被用來量測與勞力投入的關係，意指人均產出的水準。

Review of Competences 能力的檢討：由英國政府在二〇一二年七月宣布的一個主要的研究計畫，內容包括題目極為廣泛的一系列報告。整個報告在二〇一四年秋天完成。

Schengen 申根：於一九九五年所簽署的協議，允許在許多歐洲國家旅行而不需要護照。 Single Market 單一市場一種合併了會員國之間自由貿易以及所有會員國都同意的標準與規則之下，全面實施的制度。歐洲單一市場於一九九二年成立。

Stability and Growth Pact 穩定暨成長協定：在一九九七年開始實施的一個協議，目的是要限制歐元區會員國政府的預算赤字。

Subsidiarity 輔助性原則：在歐盟之內，所有的決定必須儘可能在接近它的公民情況之下做成的原則。

Target 2 Balances 第二目標餘額：歐元區之內在清算機制之下，一個中央銀行對其他中央銀行的請求權或義務，被稱為第二目標。德國的中央銀行對其他國家的中央銀行有巨額的請求權。

Tariffs 關稅：進口國對進口貨物所課徵的稅。

Treaty of Rome 羅馬條約：在一九五七年簽署，建立了歐洲經濟共同體，後來演變成為歐盟。

TTIP 跨大西洋貿易與投資夥伴協定：Transatlantic Trade and Investment Partnership 之縮寫；仍然在歐盟與美國之間協商，但如果成功的話，它將建立一個北大西洋自由貿易區。

WTD 工時指令：Working Time Directive 之縮寫；在其他的條件之下，列出了每日與每周的最高工時限制。

WTO 世界貿易組織：World Trade Organization 之縮寫；成立於一九九五年，是關稅暨貿易總協定的承續組織。

附錄
英國脫歐大事記

遠在 40 多年前，英國即已加入歐洲經濟共同體，在經濟、貿易和法律方面都已經與歐盟緊密相連，如今想在短短兩三年內「離婚」，而且還要過程平穩，談何容易？

同床異夢

1946 年	英國首相邱吉爾對英國與歐洲的關係做了如下界定：我們在歐洲，但不屬於歐洲。
1960 年	英國首次申請加入歐洲經濟共同體，遭法國總統戴高樂否決。
1973 年	英國首相希斯重啟加入歐共體談判，終成為成員國。
1975 年	英國首相威爾森舉行公投，決定英國繼續留在歐共體。
1997 年	英國首相布萊爾計劃在 1997 年後加入歐元，遭到財政大臣戈登•布朗阻止。

提出公投

2013 年 1 月 23 日	首相卡麥隆承諾，保守黨如果贏得 2015 年大選，制定與歐盟關係的新原則，然後就脱歐問題舉行全民公投。 卡麥隆的「脱歐公投」言論，有助於其重新獲得部分流向支持脱歐的獨立黨選票。卡麥隆亦希望以此作為與歐盟談判籌碼，獲得對英國更為有利的成員國條件。
2015 年 5 月 7 日	保守黨大選獲勝，卡麥隆證實將舉行留歐／脱歐公投。 2015 年 5 月 28 日 英國政府向下議院提交並公布有關「脱歐公投」議案，承諾將在 2017 年底之前舉行投票。
2016 年 2 月 18 日	歐盟理事會同意歐盟改革方案，唐寧街宣布舉行公投。
2016 年 2 月 20 日	首相卡麥隆宣布已與歐盟達成協議，英國將享有「特別地位」，並宣布公投將於 6 月舉行。

決定脱歐

2016 年 6 月 23 日	英國舉行「脱歐」公投，最終結果，支持脱歐選民票數 17,176,006 票，占總投票數 52%；支持留歐選民票數 15,952,444 票，占總數 48%。結果出乎意料，脱歐派勝出，英國成為歐盟 28 個成員國中，第一個脱歐國。 卡麥隆在公投結果出爐後宣佈辭職，將留任到 2016 年 9 月。
2016 年 6 月 26 日	不滿英國脱歐公投結果，民眾發起聯署簽名請願，呼籲二次公投。英國議會網站上民眾發起二次公投請願，簽名人數高達四百萬人，創英國請願簽名人數最高紀錄。
2016 年 6 月 30 日	英國首相卡麥隆警告歐盟，若想與英國順利洽談單一市場問題，必須管控移往英國的移民潮。德國總理梅克爾則警告英國，必須在控制移民以及與單一市場自由貿易之間做出抉擇，二者不能兩全。
2016 年 7 月 9 日	英國政府正式拒絕第二次脱歐公投請願。
2016 年 7 月 13 日	原內政大臣梅伊出任英國首相。
2016 年 10 月 2 日	梅伊表示 2017 年 3 月底前會啟動《里斯本條約》第 50 條。

2016 年 11 月 3 日	高院裁定，政府在正式啟動「脫歐」程序，展開脫歐協商前，必須獲得國會下議院表決通過。歐盟《里斯本條約》第 50 條在英國高等法院面臨挑戰。
2017 年 1 月 17 日	英國首相梅伊發表脫歐演說，提出脫歐談判十二項談判目標，並稱寧願無協議，也不接受壞協議，並表示英國政府不會試圖成為歐盟單一市場的永久性成員。
2017 年 2 月 1 日	英國國會以 498 票贊成、114 票反對，通過法案，授權梅伊展開脫歐程序。
2017 年 3 月 13 日	國會投票通過，以 274 票贊成、118 票反對，通過授權梅伊啟動《里斯本條約》第 50 條脫歐程序。

脫歐談判

2017 年 3 月 29 日	梅伊正式遞交脫歐通知，發函歐洲理事會主席圖斯克，啟動《里斯本條約》第 50 條，展開脫歐談判；歐盟則須於四十八小時內提交談判草案（該草案還須經過二十七個成員國同意）。英國預計將於 2019 年 3 月 29 日脫歐。（依據該條約，歐盟會員國若要脫離歐盟，必須在通知歐洲理事會之後二年內完成協議。）
2017 年 3 月 30 日	英國政府公布「大廢除法案」細節。該法案亦稱為「退出歐盟法案」，內容係確保英國脫歐後，歐洲法律將不再適用於這個國家，未來將由英國國會決定哪些法律該修改或推翻。
2017 年 4 月 18 日	梅伊宣布提前大選。
2017 年 4 月 29 日	歐盟峰會通過英國脫歐談判指導方針，確定歐盟方面的脫歐談判立場——先分手再協商未來關係。談判的三個重點：公民權利、分手費以及南北愛邊境。
2017 年 6 月 8 日	英國提前舉行國會選舉，保守黨失去國會大多數議席，成為少數政府。
2017 年 6 月 19 日	英國正式啟動與歐盟第一階段脫歐談判。
2017 年 6 月 22 日	英國首相梅伊保證，已在英國合法生活的歐盟人不會被迫離開；脫歐之前即已在英住滿五年的歐盟人，會獲得與英國公民一樣的權利。但所要求條件是，歐盟必須給予在歐盟地區英國人同等權利。

2017 年 6 月 26 日	梅伊組閣成功。
2017 年 9 月 22 日	英國首相梅伊在意大利佛羅倫薩發表演説，表示英國願意出錢換取兩年的過渡期。外界分析，數目為大約二百億歐元。
2017 年 9 月 25 日	第四輪談判沒有結果。
2017 年 10 月 9 日	第五輪談判沒有結果。歐洲理事會峰會，歐盟領袖認為談判進展不足以進入下一個階段。英國公布脱歐後備選計畫，包括無協議脱歐的方案。
2017 年 11 月 29 日	英國與歐盟雙方達成分手費共識。
2017 年 12 月 4 日	梅伊與歐盟領導人會晤，以議定「分手費」、歐盟公民權利及北愛爾蘭邊境等項「離婚協議」，並將進入下一階段：協商脱歐後英國與歐盟的貿易關係。 （在北愛爾蘭邊境問題上，對於愛爾蘭總理瓦拉德卡的要求——北愛與愛爾蘭邊境絕不回到有任何檢查的「硬邊境」，梅伊原打算讓步，讓北愛留在歐盟關稅同盟及共同市場，邊境也維持目前自由通行的狀態。這意謂著北愛除了名稱變更之外，實質上仍留在歐盟。但支持脱歐的 DUP 領導人佛斯特無法接受北愛不同於英國其他地區，以不同經濟或政治形式離開歐盟，因此梅伊不得不撤回協議。）
2017 年 12 月 8 日	英國與歐盟在比利時布魯塞爾談判，取得重大突破，達成第一階段脱歐協議——分手條款：同意保留歐盟公民在英權利、北愛爾蘭不設關卡、英國同意付出至少四百億歐元分手費。
2017 年 12 月 15 日	英國與歐盟就分手費、愛爾蘭邊界和歐盟國家公民權等問題達成協議後，雙方同意啟動脱歐第二階段談判。
2018 年 2 月 28 日	歐盟公布英國脱歐條約草案，展現強硬態度，提出過渡期期限（英國必須在 2020 年 12 月 31 日前徹底脱歐）以及其他相關規定。英國方面，梅伊已表示無法接受。
2018 年 3 月 19 日	英國與歐盟達成過渡期協議；過渡期結束日期、旅英歐盟公民在英國脱歐前後地位及漁業政策。
2018 年 6 月 20 日	英國國會正式批准脱歐法案。
2018 年 6 月 26 日	英國完成脱歐立法；英國女王簽署「退出歐盟法案」；英國脱歐成為英國正式法案。
2018 年 7 月 6 日	首相梅伊與內閣達成脱歐共識。

2018 年 7 月 7 日	梅伊與內閣成員，就英國脱歐問題與未達協議脱歐的可能性，達成「契克斯協議」，內容包括英國將與歐盟保持密切關係、成立英歐自貿區和共同規範。
2018 年 7 月 9 日	脱歐大臣戴維斯、副大臣、英國外相宣布辭職，以抗議梅伊脱歐政策不夠強硬。
2018 年 7 月 12 日	英國公布脱歐白皮書，訂出脱歐後與歐盟未來經濟和安全關係等計畫細節。
2018 年 3 月 19 日	英國與歐盟就過渡期達成共識。
2018 年 9 月 19 日	歐盟理事會非官方會議否決英國「契克斯方案」。
2018 年 9 月 23 日	英國工黨黨大會支持脱歐二次公投。
2018 年 10 月 22 日	梅伊更新脱歐談判進展。梅伊國會報告，脱歐談判進度已達 95%，愛爾蘭邊界問題雖尚未解決，但雙方已就直布羅陀和英國在賽普勒斯的軍事基地等問題取得共識。
2018 年 11 月 14 日	英國內閣同意支持和歐盟達成的脱歐協議草案，歐盟發布長達 585 頁的脱歐協議草案全文。
2018 年 11 月 25 日	歐盟二十七個成員國領袖，在布魯塞爾高峰會上批准英國脱歐協議。 根據協議，2019 年 3 月正式脱歐後，英歐之間到 2020 年底前仍會維持一段過渡期。期間英國不再擁有歐盟事務的投票權與影響力，但其他部分仍暫時維持不變；英國仍可繼續參與歐盟關稅同盟與單一市場。英國同意另支付約三百九十億英鎊（約為新台幣 1.56 兆）分手費，分多年攤還，以及愛爾蘭邊界保障機制。
2018 年 11 月 17 日	愛爾蘭總理表示，英國必須書面保證脱歐之後南北愛之間不會恢復「硬邊境」。南北愛問題逐漸成為現階段脱歐談判最大難題。
2018 年 11 月 20 日	英國首相召開內閣會議，同意大幅增加分手費，金額可能提高至四百億英鎊。條件是只在達成貿易協議後，才能確定分手費的最終數目。
2018 年 11 月 22 日	英國與歐盟達成未來關係宣言草案。
2018 年 11 月 25 日	歐盟領袖正式簽署通過英國脱歐協議草案。
2018 年 12 月 4 日	英國首相與歐盟委員會主席會面，於分手費取得一致共識，但是南北愛問題因為北愛民主統一黨的反對而無法達成一致。

2018年12月7日	英國首相在取得民主統一黨同意後，連夜趕往布魯塞爾進行談判。第二天，英國與歐盟宣布達成脫歐協議。
2018年12月10日	首相梅伊延後國會表決脫歐協議。宣布英國可單邊撤回脫歐決定。
2018年12月11日	梅伊延後國會將就脫歐協議表決時間。（協議極可能遭否決。若國會否決脫歐協議，英國恐陷空前政治混亂，包括2019年3月脫歐失序，梅伊將面臨黨內逼宮、在野黨發動提前大選甚至二次公投。）
2018年12月12日	保守黨國會議員對梅伊提出不信任表決，梅伊安全過關。
2019年1月15日	國會以432票對202票，否決脫歐協議，要求再協商。工黨對政府提出不信任動議。
2019年1月16日	工黨提出對梅伊政府不信任動議，325票對306票，未通過。
2019年1月21日	梅伊提出B計畫。
2019年1月29日	梅伊將與歐盟重新協商，意圖以替代方案取代原保障計畫。
2019年2月24日	梅伊延遲議會投票時程。
2019年3月6日	歐盟要求英國提出可接受的新方案。
2019年3月7日	英國下議院確定投票日期。
2019年3月11日	歐盟官員同意修改脫歐協議。
2019年3月12日	修正版脫歐協議再次遭到國會否決。
2019年3月13日	英國脫歐二度表決，國會就「不應該在任何情況下無協議脫歐」舉行投票，以391對242票，第二度否決英國首相梅伊與歐盟達成的脫歐協議草案。
2019年3月14日	英國下議院以418票贊成、202票反對，通過延後脫歐時程至少三個月；原訂「脫歐零時」，將從3月29日午夜11點，「至少」延後到今年6月30日。梅伊得以擁有更多時間，說服保守黨內疑歐派議員支持她的脫歐協議。 歐盟將於21日舉行兩天高峰會。目前對於英國推遲脫歐的決定，歐盟未見反彈，歐洲理事會主席圖斯克甚至願意主動介入，呼籲歐盟給予英國更長的延期時間，「讓英國人能有機會再一次好好思考。」

國家圖書館出版品預行編目 (CIP) 資料

歐盟大麻煩（中文增訂版）：英國脫歐與歐盟前景 / 羅傑 ・ 布特爾 (Roger Bootle) 著 ; 侯英豪譯 . -- 增訂一版 . -- 新北市 : 好優文化 , 2019.04

面；　公分 . -- (view ; 44)

譯自 : The trouble with Europe : why the EU isn't working, how it can be reformed, what could take its place

ISBN 978-986-96931-8-9(平裝)

1. 歐洲聯盟 2. 總體經濟 3. 政治經濟

550　108003757

VIEW 060

歐盟大麻煩

（中文增訂版）英國脫歐與歐盟前景

作　　者 / 羅傑・布特爾（Roger Bootle）
譯　　者 / 侯英豪
封面設計 / 陳姿妤 chentzuuyun@gmail.com
內文排版 / 余德忠
圖像提供 / 達志影像

社　　長 / 陳純純
總 編 輯 / 鄭　潔
主　　編 / 梁志君
編　　輯 / 唐岱蘭
特約編輯 / 耿大祥
整合行銷總監 / 孫祥芸
整合行銷經理 / 陳彥吟

北區業務負責人 / 陳卿瑋（mail：fp745a@elitebook.tw）
中區業務負責人 / 蔡世添（mail：tien5213@gmail.com）
南區業務負責人 / 林碧惠（mail：s7334822@gmail.com）

出版發行 / 好優文化
電話 / 02-8914-6405
傳真 / 02-2910-7127
劃撥帳號 / 50197591
劃撥戶名 / 好優文化出版有限公司
E—Mail / good@elitebook.tw
出色文化臉書 / https://www.facebook.com/goodpublish
地址 / 台灣新北市新店區寶興路 45 巷 6 弄 5 號 6 樓

法律顧問 / 六合法律事務所　李佩昌律師
印　　製 / 皇甫彩藝印刷股份有限公司

書　　號 / VIEW 060
ISBN / 978-986-96931-8-9
初版一刷 / 2019 年 4 月
定價 / 新台幣 450 元

Great Publish
好優文化

讀者基本資料

歐盟大麻煩 中文增訂版

姓名：________________ □女 □男 年齡________________

地址：____

電話：O:____________ H:____________ 手機:________________

E-MAIL：____

學歷 □ 國中(含以下) □ 高中職 □ 大專 □ 研究所以上

職業 □ 生產/製造 □金融/商業 □傳播/廣告 □軍警/公務員□教育/文化

□ 旅遊/運輸 □醫療/保健 □仲介/服務 □學生 □ 自由/家管 □其他

◆ 您從何處知道此書？

□ 書店□書訊□書評□報紙□廣播□電視□網路□廣告DM

□ 親友介紹 □其他

◆ 您以何種方式購買本書？

□ 實體書店，________________書店 □網路書店，________________書店

□ 其他 ______________

◆ 您的閱讀習慣(可複選)

□商業□兩性□親子□ 文學□ 心靈養生□社會科學□自然科學

□語言學習 □ 歷史□ 傳記□宗教哲學 □百科□藝術□休閒生活

□電腦資訊 □ 偶像藝人□ 小說 □其他

◆ 您購買本書的原因(可複選)

□內容吸引人□主題特別□ 促銷活動 □ 作者名氣 □ 親友介紹

□書名□封面設計□ 整體包裝□ 贈品

□網路介紹，網站名稱____________________ □其他________________

◆ 您對本書的評價(1.非常滿意 2. 滿意 3.尚可 4.待改進)

書名_____ 封面設計_____ 版面編排_____ 印刷_____ 內容_____

整體評價_____

◆ 給予我們的建議：____

※凡填妥讀者基本資料並郵寄或傳真回出版社，就有機會獲得精美小禮物※

請投遞郵筒寄回或傳真至：02-2910-7127，謝謝您的支持！

廣　告　回　信
板橋郵局登記證
板橋廣字第891號

免　貼　郵　票

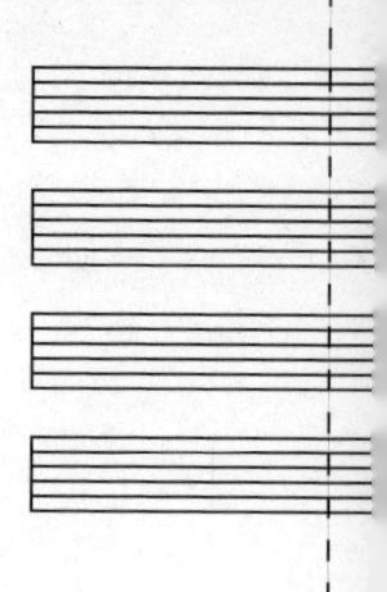

23145

新北市新店區寶興路45巷6弄5號6樓

好優文化出版有限公司

讀者服務部　收

請沿線對折寄回，謝謝。

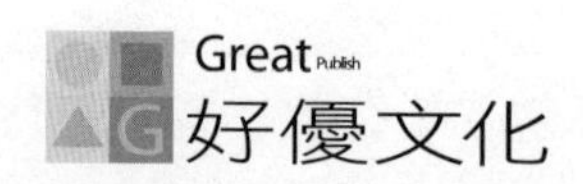

請以膠帶封口

View
Dubium sapientiae initium

View
Dubium sapientiae initium